# BASTIAT

## ET LE

# LIBRE-ÉCHANGE

### PAR

## A. BOUCHIÉ DE BELLE

AVOCAT A LA COUR D'APPEL DE PARIS

---

OUVRAGE COURONNÉ PAR LA CHAMBRE DE COMMERCE
DE BORDEAUX

---

PARIS

GUILLAUMIN ET Cⁱᵉ, LIBRAIRES

Éditeurs du Journal des Économistes, de la Collection des principaux
Économistes, du Dictionnaire de l'Économie politique,
du Dictionnaire universel du Commerce et de la Navigation, etc.

RUE RICHELIEU, 14

1878

# LIBRAIRIE GUILLAUMIN ET C<sup>ie</sup>

### EXTRAIT DU CATALOGUE:

**Journal des Économistes.** Revue mensuelle de l'économie politique et
de la statistique. Année 1842 à 1877 compris, 133 volumes, grand
in-8 . . . . . . . . . . . . . . . . . . . . . . . . . 1,230 fr.
    Abonnement annuel. Prix . . . . . . . . . . . . . . . . 36 fr.

**Dictionnaire de l'Économie politique,** contenant, par ordre alphabé-
tique, l'exposition des principes de la science, l'opinion des écrivains qui
ont le plus contribué à sa fondation et à ses progrès, la bibliographie générale de l'Économie politique par noms d'auteurs et par ordre des matières
avec des notices biographiques et appréciation raisonnée des principaux ouvrages, sous la direction de MM *Ch. Coquelin* et *Guillaumin*, 2 beaux volumes grand in-8, de près de 1,000 pages chacun, à deux colonnes, avec huit
magnifiques portraits sur acier. Prix, broché . . . . . . . . . 50 fr.
    Demi-reliure veau ou chagrin . . . . . . . . . . . . 56 fr.

**Dictionnaire universel théorique et pratique du Commerce et de
la Navigation,** contenant: Marchandises. — Géographie et statistique
commerciales. — Métrologie universelle et comparée. — Comptabilité.
— Droit commercial terrestre et maritime — Navigation. — Douanes —
Économie politique, commerciale et industrielle. — Finances, administration commerciale. — Établissements commerciaux et financiers; — publiés sous la direction de M. *Guillaumin*, 2 superbes volumes grand-in-8
de 3,380 pages à 2 colonnes, contenant la matière de plus de 40 volumes
grand in-8, imprimés avec le plus grand soin sur papier collé et glacé,
Prix . . . . . . . . . . . . . . . . . . . . . . . . . 60 fr.
Reliés en demi-veau ou chagrin. Prix . . . . . . . . . . . 69 fr.
Reliés en veau plein, tranche marbrée  Prix . . . . . . . . . 80 fr.

**Collection des principaux Économistes.** 16 beaux vol. gr. in-8, en-
richis de commentaires, notes explicatives et notices historiques, contenant les œuvres des *Économistes financiers du* XVIIIe siècle (Vauban,
Boisguillebert, Law, Melon, Dutot, etc.); de Quesnay et des Physiocrates, de Turgot, de Malthus, de J.-B. Say, de Ricardo, et Mélanges
divers (Hume, Forbonnais, Condillac, Condorcet, Lavoisier, Franklin, Nec-
ker, Galiani et Morellet, Montyon, Bentham.) (*Collection rare.*)

**Économistes et Publicistes contemporains.** *Volumes in-8.* —
Contenant: Banfield, — Frédéric Bastiat, — Ad. Blanqui, — Bluntschli,
— Block, — Boissonnade, — Carey, — Michel Chevalier, — Cibrario, —
Benjamin Constant. — Dunnuyer, — Léon Faucher, — Théodore Fix,
— Joseph Garnier, — Groties, — Hautefeuille, — Klüber, — de Laver-
gne, — Livingston, — Mac Culloch, — Martens. — Massé, — John-
Stuart Mill, Minghetti, — Hippolyte Passy, — Pradier-Fodéré, — Roscher,
— Rossi, — Vattel, etc.

**Bibliothèque des sciences morales et politiques.** *Volumes in-18.*
— Contenant, outre les *précédents,* les ouvrages de : Baudrillart, — Bec-
caria, — Coquelin, — Laferrière, — Lerminier, — Leymarie, — Moreau
de Jonnès, — Rapet, — L. Reybaud, — Abbé de Saint-Pierre, — Saint-
Simon, — J.-B. Say, — Adam Smith, — Stirling, — Sudre, — Vivien,
Arthur Young, etc.

**Annuaire de l'Économie politique et de la Statisque,** depuis 1841.
1 fort vol. in-18 chaque année.

Paris.—Imp. ROBERT et BUHL, 28, rue du Poirier (Montmartre)

# BASTIAT

## ET LE

# LIBRE-ÉCHANGE

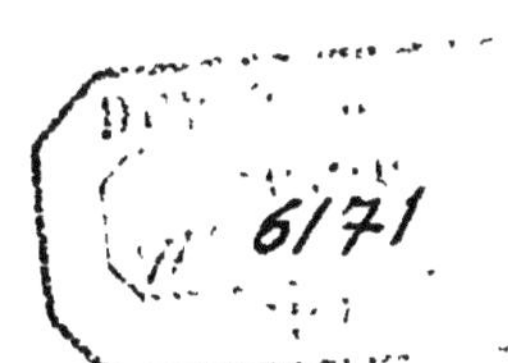

PARIS. — Impr. ROBERT ET BUHL, rue du Poirier, 28, Montmartre

# BASTIAT

## ET LE

# LIBRE-ÉCHANGE

PAR

## A. BOUCHIÉ DE BELLE

AVOCAT A LA COUR D'APPEL DE PARIS

---

OUVRAGE COURONNÉ PAR LA CHAMBRE DE COMMERCE
DE BORDEAUX

---

PARIS

GUILLAUMIN ET C^ie, LIBRAIRES

Éditeurs du Journal des Economistes, de la Collection des principaux
Économistes, du Dictionnaire de l'Économie politique,
du Dictionnaire universel du Commerce et de la Navigation, etc.

RUE RICHELIEU, 14

1878

# PRÉFACE

La Chambre de Commerce de Bordeaux avait mis
au concours, pour l'année 1875, le sujet suivant :

« Etudes sur les travaux de Bastiat.

» Le suivre :

« 1° Dans sa lutte contre les réformateurs modernes;
« sa conception de la rente et ses *Harmonies économi-*
« *ques*, en démontrant qu'il n'y a pas antagonisme entre
« le capital et le travail; qu'au contraire le capital est
« l'auxiliaire précieux et indispensable du travail, et
« réciproquement;

« 2° Dans sa lutte contre le système protecteur : dire
« qu'elle a été à ce dernier point de vue l'influence de
« la doctrine appliquée dans les traités de 1860 sur la

« richesse nationale et en particulier sur le bien-être
« des classes ouvrières.

« Le prix à décerner est élevé à la somme de 2,000 fr.

« Des mentions honorables pourront être accordées
« en dehors des prix. »

Le mardi, 31 juillet 1877, à une heure et demie,
la Chambre s'est réunie en séance extraordinaire,
sur la proposition de la Commission du prix
Bastiat, pour entendre la lecture du rapport rédigé
au nom de la Commission du prix Bastiat.

M. le rapporteur donne lecture du travail suivant :

Huit mémoires sont parvenus au secrétariat de la Chambre
de Commerce :

Le mémoire n° 1, ayant pour épigraphe : *La liberté fera
aux hommes une justice que l'arbitraire ne saurait leur faire*
(Lamartine), contient 130 pages.

Le n° 2 a été retiré par son auteur ;

Le n° 3, ayant pour épigraphe : *Lumière et Justice,* contient 333 pages.

Le n° 4, ayant pour épigraphe : *Élevez le niveau intellectuel d'une nation et vous arriverez à la suppression des entraves mises aux transactions des hommes* (Michel Chevalier),
contient 100 pages ;

Le n° 5, ayant pour épigraphe : *Il faut beaucoup de philosophie pour observer ce qu'on voit tous les jours* (Rousseau),
contient 211 pages ;

Le n° 6, ayant pour épigraphe : *L'utile c'est le juste,* contient aussi 211 pages ;

Le nº 7, ayant pour épigraphe : *Ex nihilo nihil, Time is money,* contient 225 pages ;

Enfin, le nº 8, ayant pour épigraphe : *Les êtres particuliers intelligents peuvent avoir des lois qu'ils ont faites, mais ils en ont aussi qu'ils n'ont pas faites* (Montesquieu, *Esprit des lois,* liv. I, chap. 1), contient 710 pages et forme presque un traité complet d'économie politique.

Les sept mémoires dont les épigraphes sont reproduites ont été soumis d'abord à un examen sommaire. Tous ces mémoires ayant été reconnus dignes d'un examen plus approfondi, la grande commission a chargé une sous-commission de quatre membres de cet examen définitif.

Cette sous-commission a produit le résultat de son travail à la commission plénière le 24 février 1877.

La majorité de la sous-commission a conclu en faveur du nº 1.

Seul d'une oppinion opposée en présence de trois professeurs d'économie politique éminents, et reconnaissant d'ailleurs un véritable mérite d'érudition et de forme au mémoire nº 1, je m'étais ralié finalement à la majorité sous certaines réserves dont je demandais l'insertion dans le rapport final.

Avant de donner lecture de ces réserves à la commission, je lui adressai les paroles suivantes :

« Ma situation de représentant unique de la Chambre de
» commerce dans la sous-commission m'impose une très-
» grande responsabilité ; aussi je vous demande la per-
» mission de réfuter succinctement les erreurs écono-
» miques que me paraissent contenir les mémoires nº 1
» et 8, et de répudier, comme l'ont fait, d'ailleurs, les
» autres membres de la sous-commission, les principes
» philosophiques qui sont exposés vers la fin du mémoire

» n° 1. Je demande, en même temps, que le rapport défi-
» nitif reproduise, au moins en substance, la réfutation
» des erreurs que je signale; cette réfutation sera l'ex-
» pression de l'opinion-de la minorité de la sous-commis-
» sion. »

Plusieurs membres de la commission ont paru frappés
de la gravité et du nombre des réserves formulées, et se
sont demandé s'il serait rationnel de couronner un
ouvrage dont une très grande partie se trouverait in-
firmée par le rapport. Cette manière de voir a été partagée
par l'un des professeurs de la sous-commission ; il n'a pas
été d'avis qu'il fût convenable d'insérer dans le rapport les
nombreuses réserves formulées par le représentant de la
Chambre de commerce. Du reste, d'autres membres de la
commission, tout en reconnaissant aux auteurs des mémoires le droit absolu de la discussion, ont pensé que
l'auteur du mémoire n° 1 s'est écarté du programme en
donnant une part si prééminente à la critique du système
économique de Bastiat ; ce programme, en effet, demande
surtout aux concurrents de mettre en lumière le mérite
exceptionnel du grand économiste qui a eu la gloire de
couper les racines du socialisme en démontrant l'harmonie
des intérêts dans la société, et de prouver la nécessité de
l'union entre le capital et le travail, car, sans cette union,
tout progrès est impossible. Dans cette situation, la majorité de la commission a pensé qu'il serait étrange de
donner le haut patronage de la Chambre de commerce à
une œuvre qui paraît non-seulement s'attacher d'une
façon toute spéciale à saper le système économique de
Bastiat dans sa base essentielle, mais encore à propager
une doctrine antispiritualiste dont le danger n'est plus à
démontrer depuis les tristes événements de 1871. La majorité de la commission a jugé, en conséquence, qu'elle ne
pouvait décerner le prix au mémoire n° 1.

La sous-commission consultée, après avoir écarté le mémoire n° 8 comme soutenant à peu près. les mêmes doctrines économiques que le n° 1 a jugé que le mémoire n° 5 : « Il faut beaucoup de philosophie pour observer ce » qu'on voit tous les jours, » est celui qui, tout en se rapprochant le plus du programme de la Chambre de commerce, a, pour la forme comme pour le fond, des qualités qui méritent un premier rang, et que le n° 6 vient immédiatement après.

En conséquence, la commission a décidé que le prix de *deux mille francs* sera décerné à l'auteur du mémoire n° 5 (1).

MM. Gide et Saignat, membre de la sous-commission, n'ayant pas cru devoir accepter la mission de faire le rapport définitif, cet honneur périlleux m'est échu, je puis même dire qu'il m'a été imposé par la Chambre de commerce ; simple volontaire de la science, je suis donc autorisé doublement à invoquer l'indulgence des juges du concours.

Avant d'entreprendre ce travail, je me trouvais en présence de deux méthodes : rendrais-je compte successivement de chacun des sept mémoires? ou me bornerais-je à examiner dans un ordre logique les points de doctrine contestables en puisant au besoin des moyens de réfutation dans le texte de ces divers mémoires, et à présenter finalement dans un cadre raccourci le mérite comparatif des travaux de ce concours? La première de ces méthodes m'exposant à des répétitions nombreuses, j'ai donné la préférence à la deuxième.

---

(1) Le pli, décacheté le 13 juillet 1877 par le Président de la Chambre de commerce, indique M. A. Bouchié de Belle, avocat à la cour d'appel de Paris, comme auteur du mémoire n° 5.

Je soumets aujourd'hui ce travail à la Chambre; là où il eût fallu le talent d'un maître, un humble et insuffisant disciple de Bastiat ne saurait avoir réussi; mais la Chambre de commerce n'attendait pas cela de moi, car dans ce cas, je me fusse absolument récusé. Ce que j'avais pu promettre, c'était du travail et du zèle, et cette promesse je l'ai tenue.

M. M.

## I

Messieurs, si les mémoires présentés à ce concours
apprécient diversement les œuvres de Frédéric Bastiat, ils
s'accordent tous pour rendre hommage aux qualités excep-
tionnelles de l'écrivain si éminent qui a trouvé le secret de
rendre attrayante une science abstraite dont quelques
auteurs avaient fait un épouvantail. Ils ne sont pas moins
unanimes sur les mérites de l'homme privé, de ce moraliste
irréprochable qui, dans sa touchante simplicité, a su
voiler aux yeux de ses contemporains l'existence de
l'homme de génie.

L'auteur du mémoire n° 8 place Bastiat entre Turgot et
Condorcet et il ajoute : « Quel volume charmant on pour-
» rait faire en extrayant des œuvres de Bastiat toutes les
» fleurs ravissantes dont il les a ornées ! »

« Bastrat, dit l'auteur du n° 7, a préparé les matériaux
» pour construire un grand édifice..... Le temps lui a
» manqué..... Nous ne pouvons, dit-il, que répéter les
» paroles suivantes, si pleine de vérité, de M. Frédéric
» Passy : Il ne s'est occupé, pendant le peu d'années qui
» lui ont été données, que de répandre çà et là, sans
» repos ni trève, par toutes les voies et sous toutes les
» formes, les pensées utiles, consolantes ou graves que
» suggéraient chaque jour à sa prompte intelligence et à sa
» réflexion exercée les faits pressés et divers d'un temps
» d'agitation et de fièvre. »

De son côté, l'auteur du n° 6 s'exprime ainsi : « Chaque
» siècle est personnifié par un petit nombre d'hommes.
» Parmi ceux qui auront obtenu une place prééminente
» dans le XIX<sup>e</sup> siècle, on placera certainement Frédéric
» Bastiat. »

Voici comment s'exprime l'auteur du n° 5 : « Bastiat,
» arrivé juste au moment où le système protecteur était
» poussé jusque dans ses conséquences les plus exagérées,
» et où les sectes socialistes offraient toutes les solutions
» basées sur la contrainte, proclama hautement que la
» liberté seule pouvait pondérer les intérêts ; qu'il existait
» des lois naturelles dont l'inobservance produisait l'anta-
» gonisme entre les hommes ; il s'appliqua à démontrer
» l'harmonie des intérêts dans un livre immortel malheu-
» reusement inachevé ; mais la proclamation de ce principe
» suffit à sa gloire. »

L'auteur du n° 4 dit à son tour : « Liberté, harmonie,
» voilà le pivot du système économique de Bastiat. L'in-
» fluence de cet économiste grandira à mesure que dispa-
» raîtront les préjugés, imprimés en nous par notre
» éducation gréco-romaine. »

L'auteur du n° 3 établit que depuis Bastiat l'économie
politique est une science dans toute la vigueur du mot, et
qu'il ne saurait plus y avoir en économie des sectes diverses, pas plus qu'il n'y en a en mécanique, ou dans toute
autre science définitivement fondée.

Enfin l'auteur du n° 1, quoique contestant la portée
scientifique de la définition de la valeur, cette pierre angu-
laire de l'œuvre de Bastiat, lui rend pleinement justice sous
d'autres rapports. Après avoir cité les grandes lois naturelles mises en lumière par Bastiat, il ajoute : « Ne doutons
» pas que la diffusion de l'enseignement économique dans
» un avenir prochain ne les fasse reconnaître partout à
» l'égal des axiomes de géométrie... Rien n'éclairera mieux

» les esprits sincères et équilibrés, rien ne les ralliera plus
» tôt à la vérité que la lecture de ses écrits...... Rien ne
» résiste à cet œil pénétrant qu'anime la passion de la
» vérité...... Bastiat a eu son heure d'inspiration : il a été
» marqué du signe des privilégiés..... ce choc de l'étincelle
» suffit pour le placer au rang des maîtres. Madame
» Auguste Craven a dit que l'objet le plus digne d'être
» montré aux hommes est une âme humaine ; à l'intérêt
» scientifique et philosophique des *Harmonies* s'ajoutera le
» spectacle d'une âme qui souffre et qui dans sa pureté n'a
» que des paroles de douceur et d'abnégation. Le deuil y
» côtoie la science, et cet esprit charmant qui a égrené
» tant de perles dans ses opuscules, cette noble intelligence
» prend une teinte grave et mélancolique. Des lignes
» ponctuées, des lacunes trahissent une main défaillante,
» et l'on est invinciblement attiré vers ce philosophe, vers
» cet honnête homme qui succombe pour ainsi dire sous
» nos yeux. »

Tel fut l'homme dont le nom grandira d'âge en âge,
comme l'a dit l'illustre Lamartine. La gloire de Bastiat a
été de démontrer l'harmonie des intérêts d'où découle la
nécessité inéluctable d'une étroite solidarité entre les
hommes de tous les pays. C'est grâce à ce principe fécond,
mis en lumière de jour en jour, que les barrières artificielles élevées de peuple à peuple par l'ignorance et une
haine aveugle disparaîtront peu à peu ; et, avec ces barrières, la guerre dans la mesure que peut comporter l'imperfection de l'homme, comme l'a laissé entendre Bastiat
quand il a dit : « En tout ce qui concerne l'homme, cet être
» qui n'est perfectible que parce qu'il est imparfait, l'har-
» monie ne consiste pas dans l'absence absolue du mal,
» mais dans sa graduelle réduction. »

Jusqu'ici, en Europe, les hommes d'Etat se sont conduits
d'après la vieille maxime de l'antagonisme des intérêts

procédant directement de la conquête et de l'esclavage;
chacun a voulu affaiblir et ruiner son voisin, dans le but
illusoire d'augmenter sa fortune et sa puissance ; de là
cette politique de ruse et d'intrigue qui a semé la misère
et la désolation dans l'ancienne société.

L'Amérique du Nord a su échapper, en partie, au danger
de cette pernicieuse politique, grâce au bon sens de ses
premiers hommes d'Etat qui ont fusionné les diverses
colonies anglo-saxonnes au moyen des liens d'une fédé-
ration affranchie de toutes barrières de douanes. Combien
ce vaste pays eût accru sa richesse, si ses hommes politiques nouveaux, trop oublieux des principes enseignés par
Franklin, n'eussent créé à l'aide des tarifs douaniers,
dirigés contre les industries européennes, une féodalité
industrielle intérieure dont le privilége écrasant pèse sur
le pays au point de ralentir le courant d'immigration attiré
naturellement par un continent en grande partie inoccupé !

La Grande-Bretagne, qui avait pratiqué si longtemps le
système de l'isolement, s'inspira la première des enseignements d'Adam Smith et des économistes français, sous
l'impulsion clairvoyante des Cobden et des Bright ; elle
changea enfin l'orientation de sa politique commerciale, il
y a une trentaine d'années, et rentra hardiment dans la
voie naturelle de la liberté des échanges ; cette heureuse
évolution a augmenté la richesse et la puissance de cette
nation au-delà de la prévision de ses hommes d'Etat ; elle
a, en effet, participé, selon les enseignements de la science
économique, aux avantages naturels et industriels de tous
les peuples du monde par le simple mécanisme de l'échange
libre. Voilà le modèle que doivent imiter désormais les
peuples civilisés ; ce sont les seules conquêtes fécondes ;
au lieu de semer des ruines et d'exciter de dangereuses
rancunes, ces conquêtes rapprochent les peuples et les
unissent par les liens solides et durables d'un commun

intérêt; dès lors les hommes d'Etat substituent naturelle
ment à l'ancienne politique dépourvue de franchise la
simple et droite politique de l'honnêteté.

C'est de ce point de vue élevé que la plupart des écrivains qui ont répondu à l'appel de la Chambre de commerce de Bordeaux ont apprécié les conséquences de
l'œuvre vraiment hors ligne de Frédéric Bastiat.

Nous allons maintenant passer successivement en revue
les points de doctrine contestables que nous avons relevés
dans les divers mémoires présentés à ce concours. Toutefois, avant d'aborder cet examen, nous croyons devoir
expliquer, pour ne donner lieu à aucune méprise, le sens
que nous attacherons à certains mots.

Le mot *rente* se rapportant plus spécialement, d'après les
auteurs anglais, aux *valeurs* attribuées par eux *aux puissances indestructibles du sol* (Smith) ou aux *facultés productives et impérissables de la terre* (Ricardo) ou aux *agents
naturels* d'après J. B. Say, nous substituerons au mot *rente,*
suivant les circonstances, les mots *revenu, revenu foncier,
fermage, loyer* ou *intérêt.*

Le mot *utilité* s'entendra toujours de l'*utilité gratuite ;* et
le mot *valeur* ne s'appliquera qu'à l'*utilité onéreuse,* c'est-
à-dire aux efforts de l'homme tant physiques qu'intellectuels, appliqués à surmonter des obstacles.

Nous grouperons sous huit titres différents les points de
doctrine contestables que nous avons relevés dans les sept
mémoires présentés à ce concours, en indiquant en regard
de chaque proposition le numéro du mémoire d'où elle a
été extraite.

## II

### ÉCHANGE, DIVISION DU TRAVAIL, RÉGIME PROTECTEUR

*Mém. n° 8. Page 605.* — Les pays les moins favorisés ont plus à recevoir qu'à donner aux autres.

*Mém. n° 8. Page 565.* — En parlant de l'appauvrissement de l'Espagne et du Portugal, l'auteur semble douter du principe mis en évidence par J. B. Say, que les produits se paient avec des produits.

*Mém. n° 8. Page 606.* — Les peuples pauvres ont intérêt à produire ce que demandent les étrangers, et même d'ac-quérir la faculté de se donner eux-mêmes ce que la nature leur a refusé : à cet effet ils font sagement, comme Cromwell et Colbert, de sacrifier le présent à l'avenir, en interdisant l'entrée des produits qu'ils n'ont pas, mais qu'un travail plus intense peut leur donner.

*Mém. n° 8. Page 609.* — L'auteur soutient que la production industrielle est plus avantageuse que la production agricole, d'où la nécessité du régime protecteur à titre transitoire.

*Mém. n° 8.* — L'auteur critique M. Michel Chevalier qui, dans son rapport sur l'Exposition universelle de 1867, soutient que certains peuples ont avantage à ne produire que des matières premières. Il dit que l'agriculture deviendra le lot des peuples inférieurs.

*Mém. n° 5. Page 177.* — L'auteur dit : « Certes je ne suis pas de ceux qui pensent que le régime protecteur ait toujours été mauvais. Il a rendu de grands services au moment où la France débutait dans l'industrie. »

Nous avons à examiner quelle part de vérité contient l'assertion suivante : « Les pays les moins favorisés ont *plus à recevoir* qu'à *donner aux autres.* »

Il est certain que la nécessité de l'échange est une loi providentielle ; cette loi dérive de l'extrême variété des productions de la terre par suite de la diversité des climats, de la composition chimique du sol, partout différente, et des aptitudes spéciales de chaque homme et de chaque peuple ; c'est donc la force des choses qui a amené la division du travail et la multiplication de la richesse qui en a été la conséquence ; en obéissant à cette loi naturelle, l'homme cède son superflu contre les objets dont il est dépourvu. De prime abord, on serait tenté de croire que la situation des deux échangistes n'est pas égale, car, en observant attentivement les faits, on ne tarde pas à remarquer que dans toute transaction opérée librement et de bonne foi, chacun des contractants attribue une *utilité* plus grande à l'objet qu'il reçoit qu'à celui dont il se dessaisit ; mais il résulte précisément de cette appréciation commune aux deux échangistes que l'avantage en *valeur* est exactement le même de chaque côté ; chacun d'eux, en effet, considère seulement la peine qui lui est épargnée et cette peine est évaluée très sûrement. Il est, toutefois, vrai de dire que les peuples pauvres ont encore plus d'intérêt à pratiquer la liberté des échanges que les peuples riches, car, comme nous aurons occasion de le démontrer plus loin à propos de la transmission gratuite des avantages naturels, deux peuples unis par l'échange sont, l'un par rapport à l'autre, comme deux associés ; ils partagent, en deux portions égales, la somme totale de leurs bénéfices réunis, bien que l'un d'eux, plus intelligent ou plus favorisé par le sort, ait versé au compte « profits » une somme supérieure à celle de l'autre associé.

L'auteur du mémoire n° 8, en parlant de l'appauvrissement de l'Espagne et du Portugal, semble mettre en doute la vérité du grand principe mis en évidence par J. B. Say : « Que les produits achetés aux étrangers se paient toujours avec des produits nationaux. » L'auteur, il est vrai, a mal choisi ses exemples ; il n'aurait peut-être pas conclu de la même manière s'il avait porté ses regards sur le commerce des anciennes républiques de Venise et de Gênes. L'Espagne, après la découverte du Nouveau-Monde, dominée par les préjugés du temps, a trouvé des germes de décadence et de ruine dans ce qui a fait momentanément sa prospérité ; elle s'est, en effet, approprié une bonne partie des richesses métalliques du monde nouvellement découvert sans donner de contre-valeur ; or, le châtiment ordinaire, infligé à l'acquéreur de toute richesse par la voie facile du jeu, de la force ou de la ruse, ne s'est pas fait attendre longtemps : les métaux précieux, acquis sans peine et sans déboursement d'une valeur équivalente de produits nationaux, jetés tout d'un coup sur le marché de la métropole, y produisirent d'abord une brusque perturbation dans les prix de toutes choses ; c'est ce qui détermina, sans doute, les détenteurs de l'or à s'adresser au dehors pour l'acquisition d'une foule d'objets qu'ils pouvaient s'y procurer à meilleur compte ; le gouvernement édicta vainement les peines les plus terribles contre les exportateurs de l'or ; l'or continua à émigrer, et un jour, quand l'or fut à peu près épuisé, le pays se trouva sans or et sans produits. On voyait bien un produit, l'or, qui s'échangeait contre d'autres produits, mais il manquait un anneau à la chaîne du mécanisme fécond de l'échange : l'or importé en Espagne ne représentait pas un produit espagnol, mais la dépouille des malheureux indigènes d'Ispagnola, du Mexique et du Pérou.

Il n'en eût pas été ainsi si, dès le début, des marchandises prises en Espagne avaient servi à l'acquisition régulière de l'or ou à la rémunération des travaux agricoles ; d'heureuses conséquences eussent été produites par ces échanges de bon aloi : tout d'abord, paiement du capital-marchandises exporté de la métropole, ensuite entretien constant de la fabrication encouragée par des retours réguliers ; enfin, développement des industries agricoles et manufacturières par le remploi des bénéfices, de la solde des marins et de l'amortissement des navires. D'un autre côté, au lieu de la disparition violente des indigènes d'Amérique, on eût été témoin de leur prospérité et d'une augmentation progressive de la production générale du pays, de sorte que l'affluence de l'or en Espagne, précédée par l'accroissement régulier des autres capitaux, n'y aurait pas produit de perturbation immédiate ; la dépréciation eût été lente et probablement inaperçue, comme il est arrivé lors de la découverte des mines d'or de l'Australie et de la Californie.

Les choses ne se sont malheureusement pas passées ainsi en Espagne ; non-seulement du XVe au XVIIIe siècle, mais encore de nos jours, les saines idées économiques y ont peu progressé, et les hommes d'État de ce malheureux pays, imbus encore des préjugés du temps de Charles-Quint, veulent bien vendre des produits aux étrangers, mais à la condition de leur acheter le moins possible ; et, sous prétexte de créer une industrie manufacturière, ils imposent à l'industrie agricole, à la seule industrie vraiment nationale de l'Espagne, le fardeau écrasant d'une protection ruineuse et décevante.

C'est donc bien à tort que l'auteur du mémoire nᵒ 8 sou-

tient que les peuples pauvres ont intérêt à produire artificiellement, au moyen des tarifs douaniers, les articles
demandés par les étrangers. Les étrangers, d'ailleurs, ne
recherchent que les objets produits à bon marché, sans
l'artifice des tarifs; or, la production artificielle revient à
haut prix, et la statistique démontre qu'un des effets les
plus certains des tarifs protecteurs, c'est de retenir les
produits protégés dans le pays; ces tarifs, en effet, ont
pour but principal de forcer les consommateurs indigènes
à payer cher ce qu'ils pourraient se procurer au dehors à
meilleur compte. Les tarifs protecteurs, sous prétexte
d'augmenter la somme de travail, créent une charge, un
véritable impôt pour le pays. En réalité, ils obligent un
capital déjà occupé fructueusement à abandonner ce travail
rémunérateur et à se porter vers un autre travail présen-
tant de la perte dans les conditions ordinaires, mais pour
l'entreprise duquel on offre une prime; or, cette prime est
prélevée par l'Etat sur toutes les autres branches de travail; le pays, pris dans son ensemble, est non-seulement
en perte du montant de cette prime, mais encore de la
perte amenée par la perturbation du travail déplacé; il est,
par conséquent, plus avantageux de laisser chaque pays
produire librement ce que le climat et les aptitudes de ses
habitants lui permettent de donner sans autre encouragement de la part de l'État que celui de la sécurité.

Le régime protecteur n'est donc jamais nécessaire à
aucun moment de la vie d'un peuple, comme semble le
croire l'auteur du mémoire nᵘ 5.

Le véritable intérêt des peuples, quand ils débutent dans
la vie politique, comme à la Plata, par exemple, c'est de
laisser à chaque particulier la liberté du choix de sa profession, et de ne jamais faire intervenir la loi autrement
que pour garantir la sécurité des personnes et des biens.
Ce qui importe, avant tout, c'est que chacun produise;

l'Etat n'a pas à se préoccuper d'autre chose, car, chaque particulier est plus apte que l'Etat à discerner ce qui lui est le plus avantageux; or, ce qui est avantageux à tous les particuliers l'est aussi à l'Etat. En laissant ainsi les choses aller d'elles-mêmes, la première industrie qui apparaît est généralement l'industrie pastorale; la culture se borne d'abord au simple jardinage, mais elle se développe à mesure de l'augmentation de la population; et par contre, à partir de ce moment, l'étendue des pâturages se restreint dans la même proportion: le prix de la viande augmente à mesure que le prix du pain diminue. Les industries naissent une à une dès qu'il y a avantage pour les habitants à produire sur place ce qu'on recevait du dehors; il n'est besoin pour cela d'aucun encouragement; on arrive ainsi d'étape en étape, et naturellement, par la force des choses, à implanter successivement toutes les industries, sans qu'il en coûte rien au pays, mais chacune naît à son heure.

Il peut se faire, toutefois, que, dans un intérêt de sécurité et d'indépendance, un pays juge opportun d'implanter avant l'heure quelques industries spéciales; dans ce cas, le sacrifice jugé nécessaire doit être à la charge de tous et payé par le budget national, afin que chacun sache ce que coûtent annuellement les industries protégées. Malheur aux peuples qui procèdent par prohibitions ou par droits différentiels! ils dépensent mille pour obtenir cent, sans se douter de ce résultat désastreux.

De ce qui précède il résulte clairement que la seule chose vraiment avantageuse pour un pays c'est la liberté du travail, laquelle implique un gouvernement régulier capable de maintenir la sécurité et de créer des voies de communication nécessaires pour aider à la circulation des produits. Nous ne pouvons donc admettre avec l'auteur du mémoire n° 8 (page 609) que la production industrielle soit plus avantageuse que la production agricole; cette assertion a même lieu de nous surprendre de la part d'un partisan décidé de la théorie d'Adam Smith, théorie d'après laquelle, comme on sait, le propriétaire du sol aurait le moyen de se faire payer le produit des forces de la nature, en sus de son propre travail.

Les faits observés dans les pays qui jouissent de la liberté du travail démontrent que les bénéfices nets des diverses industries tendent à se rapprocher d'un commun niveau; les différences apparentes dans les résultats comparatifs entre l'industrie agricole et les autres industries sont la simple représentation d'une prime destinée à couvrir des risques très réels.

Quand, dans une industrie manufacturière, les bénéfices paraissent élevés, on peut être assuré que les catastrophes y sont fréquentes; si, au contraire, les revenus agricoles se réduisent à 2 et 3 p. 100 dans certains pays, ils sont une preuve de la sécurité dont jouit cette industrie et d'une grande stabilité dans la moyenne des récoltes. L'auteur du mémoire n° 8 nous paraît donc être dans l'erreur quand il parle des forces d'une *progression constante* dont disposerait l'industrie manufacturière, tandis que l'agriculture suivrait une progression décroissante; l'une et l'autre industrie ne peuvent produire qu'en raison de leurs débouchés, autrement dit de la demande; est-il besoin d'ajouter que le capital appliqué à des améliorations du sol peut augmenter la production agricole dans une proportion de plus en plus en rapport avec le perfectionnement des anciens procédés de culture? M. Michel Chevalier est de cet avis, lorsque, dans son grand rapport sur l'Exposition universelle de 1867, il soutient que certains peuples ont intérêt à ne produire que des matières premières. Pour prouver le contraire, l'auteur du mémoire n° 8 cite la machine à tricoter, exposée en 1867, et faisant 480,000 mailles à la minute, alors qu'une femme adroite en produit seulement 80 dans le même laps de temps. Qu'est-ce à dire? Une invention ne peut-elle améliorer aussi les procédés usités en agriculture? Mais, alors même qu'il ne s'en produirait pas, un peuple agricole profitera, au même titre que le peuple manufacturier, des bienfaits de la nouvelle machine à tricoter; il lui suffira d'échanger ses produits contre ceux de cette machine perfectionnée; nous ne voyons donc pas que l'agriculture doive nécessairement donner de moins beaux résultats que l'industrie manufacturière; nous croyons, au contraire, que les peuples ont intérêt à rester exclusivement agricoles jusqu'au jour où l'industrie manufacturière peut naître, piospérer et grandir sans soutien artificiel. Combien l'Espagne eût gagné à suivre ce régime économique rationnel! nous en dirons autant des États-Unis, et, hélas! aussi de la France!

## III


### SUR QUEL PRINCIPE EST BASÉE LA PROPRIÉTÉ ?


L'homme en venant au monde est dénué de tout, mais il possède un corps et une intelligence; lorsque ces deux forces, intimement unies, sont parvenues à leur complet épanouissement, elles se combinent et s'associent pour produire les choses nécessaires à leur conservation et à leur développement successif.

L'homme trouve partout des matériaux, mais il est obligé de les disposer ou de les transformer pour ses besoins immédiats ou futurs; avant d'agir il lui faut penser; la pensée a ainsi une part prédominante dans la formation des produits.

C'est donc avec raison que saint Paul donne à la propriété une origine divine; elle est aussi ancienne que l'homme et antérieure à toute société ; c'est même dans le but de conserver à chacun le fruit de son travail que les premiers hommes se sont constitués en tribus ; et dès ce moment ils ont considéré comme une souveraine injustice l'action de tuer et celle de prendre par ruse ou par fraude le bien d'autrui, ces deux attentats primordiaux contre la propriété.

C'est donc avec infiniment de raison que Quesnay considère la loi de propriété comme une loi naturelle supérieure à toutes les lois positives. Bastiat n'est pas

moins fondé à dire avec son rare bon sens : « que ce n'est
» pas parce qu'il y a des lois qu'il y a des propriétés, mais
» parce qu'il y a des propriétés qu'il y a des lois. »

Nous considérons en conséquence comme mal fondée la
thèse en vertu de laquelle l'auteur du mémoire n° 1 essaie
d'établir d'une part que la propriété repose sur la loi
positive et d'autre part que Bastiat a eu tort d'invoquer en
sa faveur le principe de justice.

Pour prouver cette assertion hardie, l'auteur juge prudent
de l'abriter sous des noms justement célèbres, mais dont
les écrits ont paru bien avant la fondation de la science
économique, tels que Pascal et Montesquieu ; « de grands
» esprits, dit-il, ont placé dans la loi le principe de la
» propriété, et Pascal a déclaré que le titre par lequel on
» possède un bien n'est pas un titre fondé sur la nature,
» mais sur un établissement humain, » et il ajoute que le
propriétaire, en présence des revendications du socialisme,
se hâte d'invoquer *prosaïquement* la loi.

Sans doute, le propriétaire invoque la loi contre celui qui
veut le priver de sa chose, mais s'il n'avait pas d'autre titre,
le socialisme pourrait lui répondre avec raison : la loi,
c'est la force et non le droit ; mais, ainsi que nous l'avons
dit après Quesnay et Bastiat, la loi positive est intervenue
simplement pour constater le droit de propriété et en
assurer la jouissance légitime.

Il est vrai que dans le cours des siècles il y a eu des attentats nombreux contre la propriété et il a fallu transiger
souvent pour ressaisir une partie des biens dont certains
particuliers avaient été dépouillés par la force ; c'est par
suite de ces transactions que la propriété a revêtu des
formes diverses suivant le caprice des conquérants ; mais
la propriété, en tous pays, n'a qu'une origine : elle est le
produit du travail intellectuel et physique ; elle fait, pour
ainsi dire, partie de la personne humaine ; elle représente,

en effet, une portion de sa vie, et c'est pour ce motif qu'elle
est considérée comme chose sacrée, même par les peuples
primitifs chez lesquels cependant il n'existe aucune loi
écrite.

Le droit de propriété dérive donc du travail et repose
sur la base indestructible de la justice. La loi vient posté-
rieurement constater ce droit en lui donnant pour sanction
la force collective; mais elle est impuissante à créer ce
droit quand il ne préexiste pas. S'il n'en était ainsi, il suffirait de s'emparer d'un pays par la violence, d'en distri-
buer les parcelles au moyen d'une loi rendue en due forme,
et l'on ne serait nullement en désaccord avec les grands
esprits qui ont placé dans la loi le principe de la propriété;
et celle-ci, au lieu de ne représenter que du travail fécondé
par l'intelligence et l'épargne du passé, serait le fruit d'une
odieuse spoliation. Le principe d'utilité invoqué par l'auteur, ne paraîtrait pas non plus violé; il est vrai, cependant, de dire que l'*utilité* véritable doit reposer sur la
*justice*, comme l'a soutenu l'auteur du mémoire n° 6 dont
l'épigraphe choisi est : « l'*Utile* c'est le *Juste;* » il ne nous
semble pas possible, en effet, quand on parle d'*utilité*, de
faire abstraction de la *Justice*, sans quoi une iniquité telle
que l'esclavage pourrait aisément se défendre. L'honneur
de Frédéric Bastiat, comme le dit l'auteur du mémoire n° 6,
c'est d'avoir donné à la propriété une base conforme à la
*justice*, et prouvé qu'elle n'est pas seulement *utile*, mais
qu'avant tout elle est *juste*. L'auteur du mémoire n° 7 (*Time
is money*) dit de son côté que l'Économie politique n'est pas
seulement la science de l'*utile;* « sans doute, dit-il, la morale
» et le droit constituent des sciences séparées, mais c'est
» dans le droit que la science économique prend ses ra-
» cines profondes. L'*utile* varie; le *juste* est une mesure
» absolue; si l'économie politique est la science des ri-
» chesses, elle est la science des richesses légitimes. »

M. de Fontenay avait déjà dit la même chose sous une autre forme; pour lui l'économie est une science de droits et non de faits. « Quand on parle, dit-il, d'*équivalence* de « services, de *répartitions* de valeurs, de *justes* profits dé *lé-* « *gitimes* salaires, de ce qui *revient* à celui-ci, de ce qui est » *dû* à celui-là, il est plus clair que le jour qu'on pose et » résout à chaque pas des questions de *justice*. « (Page 177.)

Nous en avons dit assez, croyons-nous, pour démontrer que, contrairement aux assertions de l'auteur du mémoire n° 1, la propriété n'est fondée ni sur la loi positive, ni sur le principe d'*utilité*; elle n'est pas, comme le dit Mirabeau, une création sociale, et les lois ne la font pas naître; elle a sa source dans le travail intellectuel et physique de l'homme; elle revient donc en entier à celui qui l'a créée et l'on ne peut la lui prendre sans son consentement; il y aurait injustice souveraine à l'en dépouiller par la ruse ou par la force; donc il est vrai d'affirmer que la propriété repose sur la base inébranlable de la *justice*.

# IV

## THÉORIE DE LA VALEUR

« La Valeur, dit Bastiat, est le rapport de deux services
« échangés.

» Bien loin, dit-il, que la valeur soit en proportion néces-
» saire avec le travail *accompli* par celui qui rend le ser-
» vice, on peut dire qu'elle est plutôt proportionnelle au
» travail épargné à celui qui le reçoit : c'est du reste la loi
» des valeurs, loi générale et qui n'a pas été, que je sache,
» observée par les théoriciens, quoiqu'elle gouverne là
» pratique universelle. »

L'auteur du mémoire n° 1 dit de cette théorie : « On ne
» peut nier ce qu'il y a d'ingénieux dans cette tentative
» pour embrasser tous les faits par une règle unique. Ce-
» pendant nous ne sommes pas entièrement satisfait de
» cette théorie de la valeur, qui nous paraît manquer d'ho-
» mogénéité. Il semble qu'elle contienne deux doctrines
» différentes, à la faveur de l'élasticité du mot *service*. La
» première fonde la notion de *valeur* sur l'*effort;* la seconde
» reconnaît que la valeur peut exister sans l'*effort*. Il y a là
» non pas une contradiction réelle, car les deux théories
» sont vraies pour des cas divers, mais la preuve que la
» *valeur* est un phénomène complexe et qu'on ne peut en
» exprimer la raison dans une formule rapide. L'exemple
» du diamant, écueil des écoles française et anglaise, né

» laisse pas d'être embarrassant pour la conception primi-
» tive de Bastiat, celle des *efforts échangés*. Aussi dans sa
» définition introduit-il le mot de *service* qui est susceptible
» d'une signification plus étendue, mais qui ne se plie à
» toutes les circonstances qu'à l'aide d'une sorte de double
» sens et d'un peu de subtilité. La théorie de la valeur, en
» tant que déduction et preuve du principe d'harmonie, ne
» peut rigoureusement s'entendre que de l'échange des
» *efforts*, Elle se rapproche alors de la théorie de Smith, qui
» place la valeur dans le travail, et son caractère harmo-
» nique lui vient de l'équivalence, de l'équité des rémuné-
» rations et d'une conformité absolue avec l'idée de jus-
» tice. La théorie qui place la valeur dans la rareté ou dans
» le travail épargné ne saurait présenter un caractère d'har-
» monie aussi immédiat, parce que la rémunération du ha-
» sard ou d'un travail négatif et l'idée de justice ne sont
» pas adéquates. » (Pages 8 et 9 du mémoire n° 1.)

On nous pardonnera cette longue citation ; elle était nécessaire pour établir clairement le point de départ d'une
discussion capitale; car, comme le dit l'auteur du mémoire n° 7, « la théorie de la valeur est la clé de la science.»

La définition si simple qu'en a donnée Frédéric Bastiat a
suscité une vive opposition parmi ses contemporains, et
l'on peut dire que les économistes se sont partagés en
deux camps sur cette question fondamentale. Le temps,
des faits mieux observés, des découvertes scientifiques
nouvelles, prononceront entre les partisans de la théorie
de Bastiat et ceux de l'École anglaise. Remarquons toutefois que depuis vingt-sept ans les partisans des définitions
de Smith et de Ricardo n'ont pas conquis de recrues nouvelles, tandis que les disciples de Bastiat semblent visiblement en avoir gagné. L'auteur du mémoire n° 1 prétend, il
est vrai, que M. P.-A. Boutron, lauréat de l'Institut, a découvert un troisième élément de la valeur que Bastiat

n'aurait pas entrevu : c'est ce que nous aurons bientôt occasion d'examiner. En attendant on sera frappé du manque
de précision de l'auteur du mémoire n° 1 dans  son attaque
contre la définition de Bastiat: il attribue en outre à celui-
ci  des termes dont il ne s'est pas servi, et avec l'aide du
mot *efforts* qui ne se trouve pas dans la définition, il en fait
presque un partisan de la théorie de Smith.

Avant d'aller plus loin, exposons en quelques lignes les
idées fondamentales de Bastiat sur la valeur.

Ce qui *vaut* c'est le service *humain* et non le service *naturel*. Tout  homme  jouit  *gratuitement* de toutes les utilités
fournies ou élaborées par la nature, à la condition de *prendre la peine* de les  recueillir  ou  de  *restituer*  un  service
équivalent à ceux  qui prennent cette peine pour lui.

L'erreur  commune  à  plusieurs  économistes  vient de la
confusion  de  la  valeur  avec  l'utilité;  l'eau est utile, mais
elle se trouve en telle abondance qu'elle n'a aucune valeur;
elle acquiert une valeur apparente dans certains cas, quand
il faut  par  exemple la  transporter au loin ; mais cette valeur est la seule représentation  du  service  rendu  par  le
négociant, car s'il lui prenait fantaisie d'exagérer la valeur
de ce service et de vouloir  faire  payer  l'eau elle-même,
d'autres industriels prendraient la peine d'aller puiser cette
eau gratuitement à la source, et en se contentant de la
simple rémunération de leur peine ils obtiendraient la préférence sur le marché. Il en  est  de  même  de  l'air  qu'on
envoie sous l'eau au moyen d'un  scaphandre pour alimenter la respiration des  plongeurs, ou  de celui dont on se
sert pour faire  marcher  un  moulin ou un navire. Le service humain seul se trouve rémunéré, le service naturel
est toujours gratuit et il n'est  pas au pouvoir de l'homme
d'en retirer une rémunération.

La  valeur  n'est  pas proportionnelle avec le travail fait ;
elle est équivalente au  travail épargné à autrui ; cette dis-

tinction est fondamentale; elle indique clairement les tendances opposées des partisans des monopoles et de la . liberté du travail; le progrès n'est évidemment possible qu'avec cette liberté.

La valeur, enfin, n'est pas dans la matière; l'or, l'argent, le cuivre, le fer, la houille, le froment sont sans valeur tant que le *travail humain* ne la leur a pas communiquée. Ceux qui, comme les auteurs des mémoires n<sup>os</sup> 1 et 8, croient que ces matières sont une création naturelle de valeur, indépendamment de tout travail humain, sont dans le domaine de la science économique comme ces marins égarés au milieu de l'Océan, dont le navire désemparé flotte au gré du vent sans gouvernail et sans boussole.

C'est, en effet, dans cette erreur capitale de l'École anglaise que les socialistes ont puisé leurs armes pour attaquer la légitimité de la propriété. S'il existe une création naturelle de valeur, celui qui clôt un champ et le cultive, celui qui découvre et exploite une mine, s'emparent des dons du créateur au détriment de la communauté et commettent une injustice ; et dès lors Proudhon et Victor Considérant ont raison dans leurs revendications; mais nous espérons établir la fausseté des faits sur lesquels l'École anglaise et les socialistes Français ont appuyé leurs théories.

Nous soutenons avec Frédéric Bastiat et son École qu'il n'existe point une valeur de nature, que le travail humain seul est payé dans les échanges, et que le service est évalué de part et d'autre non en raison du travail de production, mais en raison du travail qu'il faudrait exécuter si on se rendait ce service à soi-même.

M. P.-A. Boutron, auteur d'un livre sur la *Rente foncière* couronné par l'Institut en 1858, aurait, au rapport de l'auteur du Mémoire n° 1, découvert un troisième élément de la valeur, et complète par conséquent, la définition inexacte de Frédéric Bastiat. Nous n'aurions pas voulu, à propos de ce concours, discuter des théories soutenues par un auteur pris en dehors des concurrents; cependant, puisque l'un de ces derniers invoque l'autorité d'un auteur étranger au concours, nous sommes contraints de jeter un coup d'œil rapide sur l'œuvre de M. Boutron.

Une œuvre couronnée par l'Institut doit avoir une valeur considérable, et il y aurait témérité de notre part à vouloir le contester; mais l'Institut, si nous nous en rapportons à de nombreux précédents, n'a pas entendu couronner un système; il a seulement récompensé un auteur qui s'est livré à des recherches scientifiques très-étendues. Nous avons été étonnés, du reste, de ne pas trouver en tête de l'ouvrage le rapport de M. Hippolyte Passy; l'auteur en a simplement transcrit quelques extraits en donnant pour excuse que les critiques formulées à l'origine n'auraient plus d'objet, l'ouvrage ayant été remanié depuis.

L'édition de 1867 de la *Rente foncière* nous paraît être à beaucoup d'égards une œuvre toute personnelle à l'auteur, et nous n'en serons que mieux à l'aise pour en critiquer certaines parties.

Un troisième élément de la valeur avait été indiqué par Adam Smith sous le nom de *rente;* mais cet élément ne s'appliquait qu'au revenu foncier; M. Boutron le généralise, et il appelle *rente* le résultat de toutes les inégalités. Bastiat avait constaté ces inégalités naturelles avant M. Boutron, mais il lui avait répugné d'appeler d'un mot qui équivaut dans la langue de Smith à une usurpation, un fait naturel qui apparaît partout. Sous le bénéfice de cette observation, il n'y a pas une divergence bien profonde, sous ce rapport, entre Bastiat et M. Boutron.

La divergence réelle, inconciliable entre M. Boutron et le grand économiste, c'est que M. Boutron attribue de la valeur à ce qu'il appelle les *richesses naturelles.* Et pourtant il admet avec Bastiat que le prix de vente d'un objet se détermine, non par le travail qu'il a coûté à produire, mais par celui qui serait nécessaire pour en produire un pareil. Nous allons, à ce propos, relever de grandes contradictions.

» Il y a, dit M. Boutron, des richesses naturelles qui n'ont » coûté presque rien à leur premier possesseur et qui, » néanmoins, ont une valeur vénale considérable. (Page 19.)

Puis il est tenté d'admettre avec Ricardo que la valeur d'un objet se détermine par les frais de production ; mais apercevant de suite le côté faible de cette proposition, il ajoute : « Si la formule des frais de production est *fausse* » à certains égards, du moins elle est *nette* et n'a rien » d'*équivoque*. La formule de Bastiat, dit-il encore, ne *signifie* » *rien* ou elle signifie que les prix sont *proportionnels aux* » *utilités*. »

Une formule fausse ne peut pas avoir beaucoup de netteté, à notre humble avis ; en second lieu, nous ne pouvons admettre que pour avoir plus facilement raison de Bastiat, M. Boutron lui fasse dire des énormités ; jamais, au grand jamais, Bastiat n'a soutenu que les *prix* sont *proportionnels* aux *utilités*, car il a fait une distinction capitale entre l'*utilité gratuite* et l'*utilité onéreuse*, l'une provenant des forces naturelles et l'autre du travail humain. Quoique dise M. Boutron, nous le ramènerons toujours, pour déterminer la *valeur*, à la formule de Bastiat qu'il a admise dès le début de son ouvrage. Quand deux possesseurs d'objets différents sont en présence pour se les transmettre librement après débat contradictoire, chacun d'eux calcule non la *peine prise* par son cédant, mais la peine qu'il lui *faudrait prendre* pour se procurer l'objet ses désirs. Chacun des échangistes rend service à l'autre, et, quand le marche est conclu, les deux services sont jugés d'égale valeur. Quand Bastiat, analysant ces deux opérations, a dit : « La valeur est l'appréciation ou » le rapport de deux services échangés librement » n'a-t-il

pas dit une vérité incontestable? Et cependant M. Boutron
le prend de haut avec Bastiat, comme on en peut juger
par les lignes suivantes extraites de la page 396 de son
livre : « nous ne voulons pas prolonger, dit-il, cette épreuve
» si terrible pour les faux systèmes ; nous regretterions
» d'avoir la main trop rude pour un homme tel que Bas-
« tiat. »

Or, veut-on se faire une idée de l'épreuve si terrible à
laquelle M. Boutron soumet la définition de Bastiat?
La voici : « Une femme du monde achète pour 15 fr. une
» paire de chaussures ; elle achète, en même temps, pour
» 1,500 fr. une garniture de dentelles dont elle fait des vo-
» lants à une robe de bal. Si nous en croyons Bastiat, dit
» M. Boutron, nous dirons que le marchand de dentelles a
» rendu à cette personne un service cent fois plus considé-
» rable que celui du marchand de chaussures. Voilà une
» première conséquence qui est au moins originale. » Nous
nous faisons illusion, peut-être, mais en l'absence du grand
économiste qui n'est malheureusement pas ici pour répli-
quer, il nous semble que nous n'avons qu'à renvoyer
M. Boutron à la formule de la peine épargnée admise par
lui, et à la loi de l'offre et de la demande : le mari de la
dame en question a su se pourvoir amplement de ces sortes
d'utilités au moyen desquelles on acquitte des services
rendus ; or, il estime avec beaucoup d'autres que s'il était
obligé de fabriquer lui-même la chaussure nécessaire à sa
femme et les dentelles dont elle a la fantaisie d'orner sa
robe de bal, il dépenserait bien au-delà de la somme qui lui
est demandée pour ces objets ; il n'hésite donc pas à la
débourser.

Nous ferons grâce de la seconde hypothèse où il est question de loup-cervier et de courtisane et nous nous conten-
terons de citer le troisième :

« Un enfant, dit M. Boutron (page 396), tombe à l'eau ; il

» est sur le point de se noyer; mais un homme généreux
» qui aperçoit le danger se jette aussitôt dans la rivière,
» nage vers l'enfant et le ramène vivant sur le rivage. Non-
» seulement, cet homme ne demande rien, mais les parents
» qui sont accourus et qui se confondent en remercîments,
» ont assez de pudeur pour ne rien lui offrir. Voilà un ser-
» vice rendu gratuitement; faudra-t-il dire pour cela que
» son importance est nulle? »

Nous éprouvons quelque embarras, non pas à répondre,
mais à nous voir obligés de répondre à une telle objection,
qui ne voit, en effet, que M. Boutron, à l'exemple de Proudhon dans la question de la gratuité du crédit, sort du
domaine de l'économie politique pour entrer dans· celui du
sentiment et de la bienfaisance?

Bastiat affirme dans tous ses écrits que le concours de la
nature est toujours. gratuit et toujours cédé gratuitement
quand il se trouve mêlé au travail effectif. On dit par méto-
nymie : l'eau vaut tant l'hectolitre sur tel marché; l'air envoyé au fond de l'eau vaut tant le mètre cube : mais il est
toujours sous-entendu que l'eau et l'air sont gratuits et que
ce qui est payé c'est le service rendu par le porteur d'eau
ou par le propriétaire de scaphandre. M. Boutron ne nie
point cela; il dit toutefois (page 31) : « Si on considère l'es-
» pèce humaine tout entière, on peut dire que le concours
» de la nature lui est donné gratuitement; mais quand on
» envisage la position d'un consommateur *isolé* on voit que
» *souvent* il est obligé de payer à quelqu'un le service pro-
» ductif rendu par un agent naturel. » Comment peut-il se
faire que la gratuité s'étende à l'espèce humaine tout entière et pas à une fraction de cette espèce, c'est ce que
M. Boutron n'explique pas clairement.

Nous ne pouvons donc admettre avec l'auteur du mémoire n° 1 que M. Boutron ait infirmé en rien la définition
de la valeur de Bastiat, ni qu'il ait trouvé une théorie nou-

volle des revenus. Bastiat, avait, avant lui, signalé les inégalités naturelles d'où résulte l'harmonie dans la société.

M. de Fontenay, disciple de Bastiat, auteur d'un livre remarquable sur le *Revenu foncier*, dit en excellents termes :
« La nature est passive; elle est un rouage de trans-
» mission du mouvement. Ce n'est pas la nature qui tra-
» vaille, c'est l'homme qui force les agents physiques à
» exécuter sa volonté, comme les animaux qu'il dompte
» pour pouvoir s'en servir. »

Quand nous parlerons un peu plus loin de la rente foncière et des erreurs commises selon nous, à ce sujet, par
les auteurs des Mémoires nos 1 et 8, nous démontrerons que
ces erreurs sur la valeur et le revenu foncier ont été pui-
sées dans Smith et Ricardo; pour le moment, nous nous
tiendrons exclusivement dans le domaine de la *valeur*.

L'école anglaise est beaucoup trop portée à croire que le
*travail* est une quantité fixe et une sorte d'étalon de la
valeur; nous adresserons le même reproche aux auteurs des
Mémoires nos 1 et 8 et à M. Boutron. Si on n'admet pas que
la valeur consiste dans l'appréciation réciproque de deux
services dans un lieu et un moment donnés, nous ne trou-
verons pas seulement trois éléments, comme M. Boutron,
dans la formation de la valeur; mais nous découvrirons une
foule de causes qui contribuent à la modifier : il y a, en
premier lieu, l'intelligence directrice qui varie, dans d'immenses proportions, d'un homme à un autre ; puis l'aptitude
individuelle au travail, le milieu social, le loyer des capitaux, la régularité des saisons, les perturbations atmosphériques, les calamités, la guerre, la peste, l'incendie, le
naufrage, etc., enfin, l'intensité des besoins ou l'offre et la
demande, tandis que tout cela et bien d'autres causes de
variation de la valeur rentrent dans le cadre si simple de la
définition de Bastiat.

La grande objection des adversaires de la définition de la

valeur de l'immortel auteur des *Harmonies*, est tirée de la différence de fertilité des terres. Il s'agit d'abord de s'entendre sur le mot de *fertilité*, car il est des terrains pauvres qui rapportent cependant plus que certains terrains réputés riches. Ce qu'il y a de vrai, c'est que chaque terrain a une aptitude spéciale, mais le difficile est de la découvrir, car il en est des terrains à l'origine comme des mines : beaucoup en cherchent de bonnes et en sont pour leurs frais et leur peine; mais, finalement, comme dit Ch. Comte, *celui qui a le mieux choisi a le mieux mérité.*

Pour mieux préciser le nœud du débat, nous allons reproduire l'objection capitale de l'auteur du Mémoire n° 1 (page 21) : « Bastiat se préoccupe cependant de l'objection
» tirée de la différence du prix des terres; si l'on paye en
» effet, en France, l'hectare de terre cultivée depuis 100 fr.
» jusqu'à *10,000* fr;, il faut bien que la fertilité du sol soit
» pour quelque chose dans cet écart. L'acquéreur considère
» ce que la terre rapportera, et il sait qu'elle rapportera se-
» lon sa fécondité. Cette fécondité a donc une valeur propre
» intrinsèque, indépendante de tout travail humain. »
- Voici ce qu'avait déjà répondu le maître « J'ai montré, dit-
» il, que la *valeur* avait pour fondement moins la *peine prise*
» par celui qui la cède, que la *peine épargnée* à celui qui la
» reçoit; et c'est pour cela que je l'ai fait résider dans
» quelque chose qui embrasse ces deux éléments : le ser-
» vice. Vous m'offrez du blé, que m'importent le temps et
» la peine qu'il vous a coûté? Ce qui me préoccupe surtout
» c'est le temps et la peine qu'il m'en coûterait pour m'en
» procurer ailleurs. La valeur du sol naît, flotte, se fixe
» comme celle de l'or, du fer, de l'eau, du conseil de l'avo-
» cat, de la consultation du médecin, du chant, de la danse
» ou du tableau de l'artiste, comme toutes les valeurs;
» mais il ne s'en-suit nullement que de deux travaux appli-
» qués au sol, l'un ne puisse être beaucoup plus heureuse-
» ment rémunéré que l'autre. »

Nous nous permettrons d'ajouter quelques considérations à ces paroles du maître.

Il y a dans l'objection formulée par l'auteur du Mémoire n° 1 un côté spécieux qu'il importe tout d'abord de faire bien ressortir; il nous parle de la *différence actuelle* du prix des terres dans un pays cultivé depuis plus de vingt siècles; mais ce qu'il devrait nous faire connaître c'est le prix de revient primitif de chacune de ces terres; s'il pouvait nous adresser ce compte, dont plus de soixante générations ont fourni les incommensurables éléments, il arriverait certainement à constater que le revenu net de beaucoup de terrains réputés pauvres est supérieur à celui de certains autres d'une grande fertilité actuelle. Quand on a devant soi l'admirable panorama des cultures qui bordent la Garonne depuis les côtes de Lormont jusqu'aux plaines de Toulouse, il semble qu'on a devant soi l'œuvre d'une fée bienfaisante et qu'il a fallu peu de peine pour créer ces merveilles; mais combien on change de manière de voir quand on se transporte par la pensée vers ces solitudes du Nouveau-Monde et de l'Afrique, où la végétation est si puissante et où les difficultés à vaincre pour assainir et approprier les terres sont presque insurmontables, en raison même de l'excès de leur fertilité naturelle! On comprend alors que les terres, quelles qu'elles soient, n'aient que la valeur du travail d'appropriation; on a en même temps l'explication des désastres de beaucoup de colonisations; disons mieux : il est un fait d'expérience attesté tous les jours par les cultivateurs de la campagne : c'est qu'il existe peu de terres qui vaillent aujourd'hui ce qu'elles ont coûté de travail, déduction faite de leurs revenus accumulés. L'auteur du Mémoire n° 8, grand partisan cependant des idées de Smith et de Ricardo, en fait lui-même l'aveu (page 317) : » le propriétaire, dit-il, est le capitaliste le plus utile, mais « le *plus mal payé*, car combien de propriétaires ne reti-

» rent point de leur terre un revenu égal à l'intérêt des
» capitaux ! »

Un fait cité par l'auteur du Mémoire n° 7 vient à l'appui de
notre thèse ; il s'agit du dessèchement d'un lac en Hollande :
» les acheteurs des terrains provenant de cette appropria-
» tion n'ont pu, dit-il, payer la fertilité naturelle, car les prix
» payés n'ont pas couvert les frais de l'entreprise. Pourtant,
» depuis vingt ans ces terrains ont décuplé de valeur : c'est
» qu'ils rendent autant de services que dix terrains sem-
» blables au temps du desséchement. »

Voici un autre fait indéniable : depuis 1789 le territoire
français a doublé sa production et au-delà. Cette augmentation est incontestablement le fruit du travail et ne peut
venir de la fertilité naturelle.

C'est ce qu'exprime en d'autres termes l'auteur du Mémoire n° 4 qui a des connaissances spéciales en agriculture :
» Si les produits résultent de la multiplication des deux
» facteurs : les forces naturelles et le travail, comme il n'y
» a que ce dernier qui puisse changer, ce sont nos efforts
» seuls qui contribuent à cette augmentation. »

Nous croyons en avoir dit assez pour justifier la théorie
de Bastiat, les faits observés chaque jour viennent en con-
firmer la justesse. L'auteur du Mémoire n° 1, en rendant
compte des études de M. P. C. Dubost qui avait accompagné
en Algérie le comte Le Hon, président de l'enquête agricole
algérienne, avoue que les faits observés par cet économiste
confirment la théorie de Bastiat sur la valeur et sur le revenu
foncier. « Deux lois, dit M. Dubost, se détachent avec rigueur
» des faits contatés par l'enquête : la première c'est que la
» valeur du sol s'élève dans le voisinage des centres, des
» routes, dans les lieux où la population et les capitaux
» abondent ; elle s'abaisse régulièrement à mesure que ces
» causes s'éloignent ou disparaissent.

« La seconde c'est que le taux de l'intérêt foncier ou le

» rapport qui existe entre la valeur et le revenu marche en
» sens inverse de sa valeur. Si la valeur du sol est élevée,
» le taux de l'intérêt foncier est faible; si la valeur du sol
» est faible, le taux de l'intérêt foncier est élevé. »

Relevons encore ce fait dans l'enquête algérienne : il y a
un écart faible entre la valeur vénale du sol en culture et
celle du sol non défriché ; 35 à 40 fr. par hectare en territoire civil, et 15 à 20 fr. en territoire militaire; or, de l'aveu
de tous les colons européens, les frais de défrichement sont
bien plus élevés et varient de 150 à 500 fr. par hectare.

Ces faits pleins d'intérêt nous suggèrent les réflexions
suivantes :

*Premièrement,* on voit combien les frais d'appropriation
varient suivant la nature des terrains ; si les uns ne coûtent
que 150 fr. à défricher et si d'autres coûtent jusqu'à 500 fr.
par hectare, il faut néccessairement que le produit brut de
ces terrains varie dans une large mesure; mais pour savoir
lequel de ces terrains rend le meilleur revenu, il faudrait
établir le compte de chacun d'eux par doit et avoir, et il
pourrait très bien arriver qu'en définitive la balance crédi-
trice des terrains légers fût supérieure à celle des terrains
forts dont les frais de défrichement ont été si considérables.

*Deuxièmement,* il paraît difficile de prime abord d'expliquer la différence minime qui existe entre la valeur vénale
du sol en culture et celle du sol non défriché, en présence
du coût très élevé des frais de défrichement.

Cette faible différence doit provenir de ce que les premières récoltes, profitant d'une fertilité accumulée par un
repos de longue durée, remboursent et au-delà les frais de
défrichement au propriétaire primitif, et de ce que le propriétaire subséquent se trouve dans l'obligation de restituer
à chers deniers à ce terrain la somme de fertilité qui lui a
été enlevée par la première récolte.

*Troisièmement.* Enfin, le fait de la différence de valeur des terres, suivant leur situation en territoire civil ou militaire, confirme la justesse de l'observation de Montesquieu, observation dont le sens est le suivant : les terres produisent, non en raison de leur fertilité, mais en raison de la liberté dont jouit le cultivateur.

On voit avec quelle étonnante concordance les faits observés en Algérie par M. Dubost confirment en tous points la théorie de Bastiat; dans les endroits éloignés des centres et des routes, la terre y a si peu de valeur qu'elle représente à peine les frais d'occupation déboursés par l'État; la valeur de ces terres n'est donc que l'équivalent de la sécurité procurée aux contribuables par l'emploi fructueux d'une partie de leurs cotisations.

Ainsi que nous venons de l'établir, la fertilité est chose essentiellement relative; elle a même parfois une utilité négative, comme le fait observer M. de Fontenay, au point de vue du revenu net, car elle produit souvent une végétation exubérante, ennemie de l'homme, et dont la destruction nécessaire rend si onéreuse à l'origine l'appropriation des terrains réputés riches et féconds.

Ce qui est vrai, c'est que les aptitudes de la terre varient à l'infini selon les climats et la composition chimique du sol; l'on peut dire que chaque production spéciale du sol a un mérite absolu, puisque chacune s'adresse à un goût, à un besoin spécial qui ne peuvent être entièrement satisfaits par une production analogue. La valeur relative des produits est infiniment variable suivant la demande qui en est faite, et cette demande elle-même varie suivant les usages, les mœurs, les climats, le degré de civilisation; tel objet dépourvu de valeur pendant des siècles, parce qu'il ne répondait à aucun besoin, en acquiert tout à coup une grande; la houille a été longtemps délaissée parce que les immenses forêts primitives répondaient à tous les besoins de l'industrie et du chauffage; les plantes les plus utiles pour un état

de civilisation plus avancée, telles que le cotonnier, le ca-
féier, le mûrier, ont végété solitairement des milliers d'années avant d'avoir contribué au vêtement de l'homme, à sa
nourriture, ou à l'embellissement de sa demeure. Ajoutons
que la demande seule ne suffit pas pour donner de la valeur
aux matières élaborées par la nature ; elle leur est d'abord
communiquée par le travail sous ses deux formes de travail
actuel et de travail antérieur. Roscher, auteur allemand,
dit avec raison : « Le sol ne donne rien sans l'intervention
» du travail et du capital. »

L'auteur du Mémoire n° 8 dit au contraire, à la page 333 :
« Un grand avocat doit exercer sa profession pour recevoir
» sa rente; le propriétaire n'a rien à faire ; la nature tra-
» vaille pour lui et souvent ce qu'il a de mieux à faire c'est
» de ne pas la contrarier. » Il nous avait paru mieux
inspiré quand il constatait, dans un autre chapitre que « c'est
» le capital qui a fait la propriété. »

M. Droz dit de son côté : « On paie les terres en raison
» de leur produit : si la rente (le revenu) est considérable,
» le prix d'achat le fut aussi. » Par prix d'achat, M. Droz
entend aussi évidemment les frais d'appropriation quand un
terrain est concédé gratuitement à l'origine ; et ces frais,
ou l'élément *dépense*, comme dit M. de Fontenay, l'homme
en est le maître absolu ; c'est à lui d'appliquer à chaque
nature de terrain le capital dont ce terrain peut reproduire
le revenu ; c'est l'intelligence, aidée de l'expérience, qui
prononce et non les soi-disants agents naturels dont l'unique
destination consiste à obéir à l'impulsion qu'ils ont reçue du
libre arbitre de l'homme.

Les partisans de la *valeur de nature* sont forcés d'avouer
que la concurrence des producteurs entre eux, quand ils
s'attachent à cultiver ou à manufacturer le même objet, les
empêche de profiter exclusivement des forces de la nature;
mais ils objectent qu'il y a des exceptions communément

appelées — improprement, croyons-nous, — *monopoles naturels* ; par exemple des mines d'or, d'argent, de mercure,
de·charbon, des terrains privilégiés produisant des vins
exquis entre tous, etc.

On peut répondre que tous les hommes indistinctement
ont droit à ces découvertes pour la recherche desquelles
ils courent des risques ; les heureux possesseurs en tirent
un parti d'autant plus lucratif que des milliers d'hommes
ont cherché ces mêmes avantages sans pouvoir les obtenir.
Les hommes ainsi favorisés dans leurs recherches, par
des chances heureuses, profitent seuls de cette aubaine;
mais les acquéreurs de seconde main se trouvent les uns
par rapport aux autres dans une situation identique, par la
raison que les mines, les terres, se vendent en proportion
du revenu moyen qu'on en peut retirer; par conséquent les
propriétaires actuels ne peuvent obtenir des terres, quelle
que soit leur fertilité, que les simples revenus des capitaux
qu'ils y ont placés; il n'existe donc pas de *valeur de nature*;
la valeur se crée par le travail intellectuel et physique et
varie sans cesse suivant le temps et le milieu social; elle
se fixe contradictoirement et librement dans l'échange par
les possesseurs légitimes ; l'auteur du Mémoire n° 1, pas
plus que M. Boutron, ne nous paraissent avoir amoindri en
rien la portée scientique de la définition de la valeur par
Bastiat; cette définition n'est atteinte par aucune de leurs
objections; d'où il résulte véritablement que la propriété
repose sur des bases indestructibles, malgré les·attaques
de l'ancienne école socialiste et des rares adeptes qu'elle
compte aujourd'hui parmi nous.

## V

### REVENU FONCIER OU RENTE FONCIÈRE

*Mémoire n° 1.* — De l'analyse si connue de Ricardo, il résulte·
que la terre donne une rente représentative de sa fécondité naturelle et indépendante du fermage destiné à
rémunérer l'emploi des capitaux.

*Mémoire n° 8.* — L'auteur soutient, à la page 584,.que les
hommes font payer l'action de la nature. Les Bordelais,
dit-il, font payer suffisamment cher le vin de Bordeaux;
les Chinoi:, le thé; les Arabes, le Moka, pour qu'il soit
possible de partager l'illusion de Bastiat, il y a même bien
· des occasions de faire payer le soleil.

*Mémoire n° 8.* — Toutes les inégalités naturelles donnent
lieu à la rente; mais la rente de la terre a ce caractère
particulier de se produire souvent sans aucun concours
personnel de celui qui en bénéficie.

Comme le fait observer l'auteur du Mémoire n° 5, il existe
deux écoles en économie politique : l'une, essentiellement
spiritualiste, veut rattacher cette science à la philosophie
et l'établir sur des principes puisés dans le droit naturel,
dans la morale et la religion; elle reconnaît à l'homme des
besoins supérieurs à ses besoins purement physiques.
L'autre école, au contraire, ne s'occupe que des intérêts du
corps; elle néglige le côté moral de l'homme comme n'étant

pas de son dommaine; c'est de cette école que relèvent les diverses sectes socialistes et la philosophie appelée *positiviste*. Frédéric Bastiat est l'un des adeptes les plus convaincus et les plus brillants de l'école spiritualiste; pour lui les sociétés sont organisées comme des corps vivants et il constate qu'elles obéissent toutes à des lois générales évidemment établies par la même intelligence supérieure qui a su assigner aux astres et aux constellations la voie hors de laquelle il leur est interdit de graviter dans l'immensité de l'espace. On a pu voir, d'après nos citations, que les auteurs des mémoires n°s 1 et 8 appartiennent à l'Ecole anglaise, c'est-à-dire, à celle dont les investigations ne vont pas au-delà des intérêts purement matériels.

Nulle question économique n'était plus propre à révéler les tendances des deux Ecoles que la question du revenu foncier.

On connaît la définition d'Adam Smith, sur laquelle les socialistes se sont appuyés pour nier le droit de propriété. Cet écomiste, illustre à tant de titres, a dit, en effet, qu'en sus du revenu légitime provenant du travail de l'homme, le propriétaire d'un bien-fonds prélevait un revenu illégitime qu'il a appelé *Rent of laud*, lequel proviendrait pour le tiers ou le quart des forces de la nature.

De son côté, Ricardo a donné plusieurs définitionsde la rente, dont l'une surtout a fourni des armes redoutables aux socialistes. Il a, toutefois, fait faire un pas important à la question, en admettant que la *rente* n'existe pas toujours, notamment, quand la totalité des terres d'un pays n'est pas appropriée; il suppose, dans ce cas, que les propriétaires ne peuvent rien prélever sur les *facultés productives et impérissables* du sol par la concurrence possible des terres non encore occupées; mais quand un pays est entièrement cultivé, comme l'Angleterre, la *rente* pour Ricardo est représentée par la différence de revenu qui existe entre les plus mauvais terrains et les meilleurs; il suppose, en effet, qu'on a d'abord cultivé les terres de première qualité, puis qu'on a successivement attaqué les autres en descendant de degré en degré l'échelle de la fertilité.

Ce système est adopté sans restriction par l'auteur du Mémoire nº 1 comme on peut en juger par la citation suivante extraite de la page 21 : « Voilà qui est exact (ceci se
» rapporte à l'apologue de frère Jonathan de Bastiat) ; mais
» est-ce répondre aux théoriciens de la propriété foncière
» européenne que de leur opposer la propriété américaine;
» Les conditions ne sont-elles pas différentes dans les deux
» contrées? En Europe, toutes les terres sont appropriées;
» en Amérique, il en reste encore beaucoup de libres; chez
» nous la terre manque à la population; aux Etats-Unis la
» population manque à la terre. Compte-t-on pour rien un
» élément aussi capital que la *limitation* du nombre des
» terres? La thèse de Bastiat, rigoureusement vraie dans
» l'hypothèse de l'abondance indéfinie des terres, cesse
» d'être applicable à la propriété foncière telle qu'elle est
» constituée sous nos yeux. Non-seulement elle n'en peut
» rendre compte, mais son auteur est conduit à mutiler la
» réalité et à nier l'existence de la *rente...* Tant qu'il y a
» des terres libres, comme aux Etats-Unis, la rente foncière
» n'apparaît pas; il est sous-entendu que nous parlons du
» far-west, car autour de New-York et de tous les centres
» de population importants, la *rente existe*, variant suivant
» des degrés qui dépendent, comme en Europe, de la
» fertilité naturelle du champ, de sa distance du mar-
» ché, etc.

Avant de réfuter les erreurs capitales que renferme, selon nous, ce passage emprunté au Mémoire nº 1, constatons d'après Bastiat et M. Carey le mal fondé de plusieurs observations de Ricardo. Il n'est pas exact qu'à l'origine les hommes aient choisi d'abord les terres les plus fertiles pour s'attaquer ensuite aux terres de moins en moins fécondes ; dans tout pays neuf, inhabité, dépourvu par conséquent de routes, et couvert le plus souvent de forêts et de marécages, l'homme se trouve accablé par la disproportion des moyens infimes dont il dispose avec les difficultés immenses qui se dressent devant lui ; non-seulement il n'a pas le loisir de chercher les meilleures terres, mais il manque des connaissances nécessaires pour les découvrir ; l'homme dans cet état primitif court au plus pressé, il choisit non le terrain le plus fertile, mais le plus facile à défricher. C'est le plus souvent un terrain sablonneux situé sur un coteau, à l'abri des inondations, et cependant assez rapproché d'un cours d'eau pour pouvoir communiquer aisément avec les contrées voisines. Les terrains d'alluvion ne peuvent être attaqués qu'au moment où des provisions mises en réserve en grandes quantités permettent d'abattre les arbres gigantesques, d'élever des digues et de creuser des canaux d'assainissement. Voilà pourquoi la première chose à demander aux partisans de la doctrine de Ricardo sera toujours celle-ci : Faites-nous connaître le prix de revient comparatif de la mise en culture des terres grasses et des terres maigres ; jusque-là nous pourrons soutenir que les terres maigres rapportent proportionnellement autant que les terres réputées fécondes ; il doit même arriver que des terres de qualité inférieure donnent un revenu net supérieur à celui des autres, en raison de la faible somme dépensée pour leur mise en valeur ; car, comme l'a très-justement fait observer M. de Fontenay, le revenu n'est qu'une balance de compte entre une valeur produite et une valeur dépensée.

Ricardo, comme Malthus, s'est trop laissé impressionner par le milieu social auquel il appartenait ; il n'a pas suffisamment porté son attention sur l'existence des lois positives contraires aux droits naturels ; Ricardo a raisonné comme si l'Angleterre n'avait pas édicté de ces lois homicides; pourquoi les cultivateurs de son temps ensemençaient-ils en blé des terres naturellement impropres à la culture des céréales? par la seule raison que des droits prohibitifs rejetaient hors du Royaume-Uni les blés étrangers dont les propriétaires fonciers redoutaient la concurrence. Il n'en aurait pas été ainsi si l'Angleterre, au temps de Ricardo, avait joui du régime économique rationnel qui a tant multiplié sa richesse depuis une trentaine d'années; les propriétaires n'auraient pu cultiver du blé que dans les véritables terres à céréales, par suite de la concurrence des terres de même nature situées dans les pays voisins. On voit ici clairement que Ricardo a mal observé; la loi qu'il a cru formuler n'a été que l'effet momentané d'un tarif protecteur.

Abordons maintenant les assertions de l'auteur du Mémoire nº 1 basées sur les doctrines dont nous venons de démontrer le peu de solidité. Est-il absolument vrai de sou_tenir qu'en Europe la terre manque à la population? On peut dire avec plus de vérité que le capital manque à la terre; si, en effet, on possédait assez de ressources pour amender et améliorer les terres, on en doublerait et triplerait le revenu, ce qui équivaudrait au doublement et triplement des surfaces cultivées sans nécessiter un travail proportionnel. La science n'a pas dit, d'ailleurs, son dernier mot, et elle ne le dira jamais; que se passera-t-il le jour où elle pourra s'emparer à peu de frais des matières fertilisantes répandues à profusion dans l'espace? Ne parviendra-t-on pas alors à quintupler, à décupler peut-être, d'une manière effective, les surfaces occupées aujourd'hui en Europe.

Nous avons voulu suivre jusqu'aux extrèmes limites l'auteur du Mémoire nº 1 sur le terrain de discussion choisi par lui-même; il suppose, en effet, ou du moins il semble

supposer que la division du travail, que la loi de l'offre et
de la demande n'exercent pas en agriculture la même influence que dans le milieu industriel; mais c'est une erreur
détruite par les faits les plus constants : les agriculteurs,
comme les travailleurs des autres professions, ne peuvent
produire qu'en raison de la demande ; si, dans une Société
donnée, il ne peut subsister qu'un nombre déterminé de
maçon et de charpentiers, il en est de même pour les agriculteurs, car l'état d'agriculteur n'est pas un état privi.
légié : on voit tous les jours des terres changer de
mains par la voie de l'échange, et le stimulant de la concurrence y limiter les profits à leur minimum nécessaire
comme dans les autres branches de travail; en supposant,
comme les adeptes de l'Ecole anglaise, que l'agriculture
offrit l'avantage de tirer un revenu de ce qui n'a rien coûté,
elle attirerait tant de concurrents que ce revenu providen-
tiel ne tarderait pas à passer en entier dans la poche des
consommateurs.

Mais, dira-t-on, est-ce que le fermage exigé par le propriétaire de celui qui demande à cultiver une terre occupée
ne représente pas le produit de ces facultés *indestructibles*
du sol, dont parle Ricardo, et pour l'obtention duquel le
travail n'est pas nécessaire ?

Nous répondrons négativement, sans aucune hésita-
tion

Quand ou défriche un terrain pour la première fois, il
faut détruire les arbres et les plantes parasites, creuser
des fossés, bâtir une habitation et des dépendances pour
abriter les animaux et les récoltes; il est évident qu'une
récolte ne peut rembourser ces premières dépenses; il y a
même à ajouter à ces dépenses indispensables, qui doivent
être payées par un certain nombre de récoltes successives,
l'intérêt de ce capital engagé, plus des frais incessants
d'entretien des travaux primitifs et un amortissement pour

reconstituer les immeubles au bout d'une certaine période;
c'est la jouissance de tous ces avantages qui constitue et
justifie le fermage.

Quand les terres inoccupées sont en quantité illimitée, le
fermier qui prend à ferme une propriété déjà faite, juge
qu'il lui faudrait dépenser, en appropriant lui-même une
terre voisine, un capital supérieur à celui dont il offre librement de payer le revenu moyen; si toutes les terres du
pays sont occupées, le taux du fermage se détermine par la
libre concurrence que se font les propriétaires entre eux,
pour retirer un revenu de leur capital foncier.

On a vu par la citation extraite du Mémoire n° 1 que l'auteur convient avec Ricardo que dans les pays peu habités,
comme le far-west des Etats-Unis, les terres sont sans valeur; on en retire un *revenu* après l'appropriation, mais non
pas une *rente*; la *rente* n'apparaît, selon ces auteurs, que
dans les pays peuplés comme en Europe ou dans les envi-
rons des grandes villes d'Amérique comme New-York. Donc
la valeur attribuée à la terre ne peut venir que de deux
sources : du travail et du milieu social. Pour nous en con-
vaincre, il suffira d'analyser les faits qui se produisent dans
toute agglomération humaine; quand deux familles se fixent
l'une à côté de l'autre, elles échangent entre elles les produits
de leur industrie respective sans frais de déplacement; elles
n'ont à supporter et à répartir entre elles que les dépenses
de la rue qui les sépare : mais deux familles ne peuvent pas
produire par elles-mêmes tout ce qui leur est nécessaire :
d'autres familles ne tardent pas à s'en rapprocher pour
écouler leurs produits sur le lieu de consommation; puis
ces familles, consommant à leur tour, attirent par la force
des choses de nouveaux producteurs; c'est ainsi que se
forment les villages et les grandes villes, et que l'affluence
de nombreux vendeurs et acheteurs attirée sur un même
point permet de retirer un revenu très-élevé de certains

emplacements; ces emplacements peuvent atteindre, comme
dans quelques quartiers de Paris, dix et quinze millions par
hectare. Peut-on dire que c'est là une *rente* dans le sens
du mot anglais et constituant une injustice ou un privilége?
Non, on ne le peut pas et la preuve en est dans le fait suivant : comme il est incontestable que dans tout échange
libre les deux contractants ont un avantage jugé égal, sans
quoi l'échange ne se serait pas effectué, il en résulte que
les avantages du marché ou du milieu social sont communs
à tous ceux qui se fixent sur ce marché; il est vrai que les
propriétaires placés par choix ou par hasard près du marché profitent de cette situation ainsi que des routes à la con-
fection desquelles ils ont contribué par l'impôt; mais ce
sont là des avantages naturels et rationnels; ils ne constituent d'injustice à aucun point de vue, car à la prospérité
peut succéder la ruine si l'agglomération vient à se disperser comme cela se voit dans les villes dont la population
diminue; qu'on nous dise ce que valent aujourd'hui les terrains occupés jadis par les palais de Babylone.

Il est donc établi que ce que Ricardo et les auteurs des
Mémoires n⁰ˢ 1 et 8 appellent *rente* est un avantage légitime
dont la source est dans le travail et dans la société, et
jamais dans les forces de la nature. Biastiat avait donc
raison de dire que dans l'isolement les besoins de l'homme
dépassent de beaucoup ses facultés, tandis que dans l'état
social ses facultés peuvent produire bien au-delà de ses
besoins.

Pour établir que la terre a une valeur indépendante du
travail humain, et que la *rente* vient dans certains cas des
seules forces de la nature, on nous à dit : Si une île se
formait tout à coup au milieu de la Garonne vous ne pouvez
nier qu'elle aurait une valeur dont le produit serait bien une
*rente* dans le sens du mot anglais, Pour répondre à cette
objection, nous nous bornerons à poser la question suivante :

Quelle serait la valeur de cette île si, au lieu de se former dans la Garonne, elle émergeait tout à coup du sein de l'Amazone? On voit ainsi tout de suite que la valeur de cette île, dans la Garonne, lui viendrait entièrement du milieu social, et que, par conséquent, la matière est sans valeur tant que le travail humain ne la lui a pas communiquée.

Tout ce que nous ajouterions pour établir la légitimité des revenus, c'est-à-dire de la propriété, serait superflu. Tout ce que le propriétaire vend vient de son travail intellectuel et physique.

Cette démonstration se trouve faite par Ricardo lui-même; il constate, en effet, que les produits de même espèce et de qualité identique ont un prix unique sur le marché, quel qu'en soit le prix de revient; chaque producteur profite ainsi des économies qu'il a su réaliser dans ses frais de production, et ce bénéfice, source de tout progrès, est d'une légitimité incontestable. C'est dans ce sens que l'auteur du Mémoire n° 1, très peu explicite d'ailleurs sur ce sujet, a pu dire, en donnant au mot *rente* le sens d'une économie dans les frais généraux de production, que cette *rente* n'augmente pas le prix des denrées sur le marché; elle tend, au contraire, à les faire baisser, car les producteurs qui s'attardent dans la vieille routine, sont bientôt évincés. En donnant à la *rente* une telle signification, elle ne constituerait plus une injustice, contrairement à ce qu'ont soutenu Smith, Ricardo et J.-B. Say; et cet aveu nous suffit, puisque dans tous les cas la propriété territoriale, acquise par le travail ou par l'échange libre se trouve aussi légitiment assise que toute autre propriété attachée à la fortune des particuliers. Ricardo n'a donc pas eu raison de dire que la propriété foncière est un monopole *injuste* mais *nécessaire*, dont l'effet est de rendre fatalement le riche toujours plus riche, et le pauvre toujours plus pauvre.

## VI

## MÉTAUX PRÉCIEUX

*Mémoire n° 7.* — Dit, en parlant des métaux précieux,
qu'on confond le *signe* avec la *réalité.*

*Mémoire n° 8.* — Les métaux précieux et les moyens de
circulation, dit l'auteur, ne sont pas le capital d'un pays,
mais ils en représentent la valeur.

Nous ne croyons pas devoir laisser passer ces deux asser_
tions contestables, au sujet des métaux précieux et de la
représentation du capital d'un pays à cause des graves
erreurs qu'elles peuvent engendrer.

Les lettres de change, les billets de banque, peuvent
être considérés comme des *signes* ou des promesses de
valeurs ; mais les métaux précieux sont plus que des *signes* ;
ils sont un capital, car ils ont une *valeur effective,* susceptible d'être échangée contre une autre : ils forment donc
une partie du capital d'un pays et servent, pour ainsi dire,
de véhicule pour mettre en mouvement et faire circuler
l'autre partie, généralement plus importante, du capital
national.

Cette faculté qu'ont les métaux précieux de faire mouvoir
les autres capitaux, leur vaut une rémunération ou loyer
qui se nomme taux de l'intérêt. Cet intérêt ne doit pas se
confondre avec l'escompte. L'intérêt représente, non le
le loyer des métaux précieux dans un pays, mais celui de la

masse générale des capitaux qu'il renferme. Cet intérêt est
très-élevé en Californie où cependant les métaux précieux
abondent, mais où la somme générale des capitaux est
minime; l'opposé a lieu en Hollande, en Angleterre et même
en France.

. Le taux de l'escompte représente simplement le loyer du
capital-monnaie disponible sur un marché donné; il varie
dans les diverses localités d'un même pays suivant l'abondance du capital flottant, en quête d'un emploi temporaire;
il peut descendre bien au-dessous du loyer général des
capitaux et s'élever bien au-dessus, selon l'atonie ou l'activité des affaires.

## VII

### SALAIRES.

« Nul n'a traité le salaire, dit l'auteur du Mémoire n⁰ 1,
» avec plus de hauteur que Bastiat; nul, à cette occasion,
» n'a démontré d'une facon plus éclatante qu'il n'y a pas
» antagonisme entre le capital et le travail, et qu'au con-
» traire il sont l'un pour l'autre d'indispensables auxi-
» liaires. »

Nous partageons absolument cette manière de voir de
l'auteur du Mémoire n⁰ 1, car ainsi que le fait remarquer
justement Bastiat, l'accroissement des capitaux produit
pour la masse, de l'utilité gratuite, puisqu'en effet, cet accroissement abaisse l'intérêt et augmente le taux des salaires ; mais nous sommes obligés de formuler quelques
réserves touchant les maximes abstraites de Thünen, citées
par l'auteur sur le même sujet, maximes qui confirment,
paraît-il, en tous points, la doctrine émise par Bastiat sur
les salaires.

Voici deux de ses formules, afin d'en donner une idée.

« Le salaire du travail est au revenu que ce travail
» procure, dans le même rapport que le capital est à l'in-
» térêt. »

« Le salaire naturel est la moyenne proportionnelle entre
» les besoins de l'ouvrier et le produit de son travail. »

Si ces formules confirment la doctrine du grand économiste français, elles ont un mérite incontestable; mais on
ne peut s'empêcher de se demander comment les besoins
et les aptitudes si variables de l'homme peuvent bien se
mesurer par un calcul mathématique? En tous cas, il serait
nécessaire, pour prouver l'exactitude de ces formules, de
citer des faits nombreux à l'appui, en divers temps et en
divers lieux. Nous pensons à ce sujet comme l'auteur du
Mémoire nº 8, qui dit quelque part : « Les choses humaines
» ne comportent pas les calculs mathématiques; elles sont
» soumises à des bouleversements qui rendent inapplica-
» bles les formules algébriques. »

# VIII

## THÉORIE DE MALTHUS SUR LA POPULATION

*Mémoire n° 1.* — On a traité la population comme on avait traité la rente foncière, en posant comme lois générales des faits vrais dans certaines circonstances seulement. L'analyse de Ricardo et le principe de prévoyance de Malthus n'en doivent pas moins subsister, car ils acquerront avec les siècles une portée croissante (page 70)

L'auteur du Mémoire n° 1, après avoir exposé les idées de Bastiat et de M. Carey sur ce sujet difficile et délicat, nous semble pencher trop fortement vers les idées et les principes de Malthus, idées dont on paraît d'ailleurs avoir exagéré la portée, car Malthus était un philosophe respectable.

La question de la population divisera longtemps les économistes et les moralistes; la propagation de l'espèce humaine est, en effet, gouvernée par des lois inconnues qui échapperont probablement toujours à la perspicacité des physiologistes et des philosophes. Comment expliquer, par exemple, cette loi admirable de la division des sexes en deux parties égales dans tous les pays, et le rétablissement très-prompt de cet équilibre quand il a été rompu par une guerre qui a décimé la population mâle?

La formule de Malthus suivant laquelle la population tend à s'accroître plus rapidement que les moyens de subsistance, est niée par de grands esprits; MM. Carey et Bastiat remarquent que le développement de la population accroît dans une proportion correspondante les moyens de subsistance; et les faits observés en Angleterre depuis la mort de Malthus leur ont donné raison, car la population s'est beaucoup accrue dans le Royaume-Uni pendant que les subsistances y ont diminué de prix. Ces faits corroborent l'observation judicieuse de l'auteur du Mémoire n° 7, quand il dit que l'accroissement du nombre de bras augmente la division du travail et par conséquent la production générale.

L'auteur du Mémoire n° 1 soutient au sujet de la population ce qu'il a soutenu au sujet du revenu foncier : Que ce qui est vrai en Amérique ne l'est pas en Europe où toutes les terres sont occupées. A notre tour, nous répéterons que la puissance de production de la terre n'est pas une quantité fixe; cette puissance est le plus souvent une question de capital, de perfectionnement des procédés d'exploitation et d'intelligence directrice; on peut ainsi arriver, dans une certaine mesure, par le judicieux emploi de ces procédés et de ces forces à l'équivalent de la multiplication des surfaces, ce qui permet aussi de multiplier l'espèce humaine dans des proportions autrefois inconnues. Voyez l'homme dans la période de l'état pastoral : il lui faut plusieurs kilomètres carrés pour vivre misérablement; considérez-le, au contraire, dans un état de civilisation avancée : un kilomètre carré suffira à la subsistance de plusieurs centaines d'hommes.

Une des grandes causes, selon nous, de la perturbation observée dans certains pays, dans le développement de la population, en dehors des guerres et des épidémies, vient de la violation des lois économiques par les gouvernements. Malthus n'aurait peut-être pas formulé ses maximes algébriques si, de son temps, les *impôts invisibles* prélevés au nom de la protection agricole, industrielle et navale, n'eussent pesé sur le consommateur d'une façon excessive. Qui pourra jamais évaluer les millions d'hommes enlevés à la France par les tarifs de guerre de la Convention et de l'Empire, tarifs maintenus et parfois aggravés par les gouvernements de 1815 et de 1830?

Et si aujourd'hui encore on se plaint en France de l'état stationnaire de la population, soyons assurés que cet état de choses ne provient pas seulement des guerres trop nombreuses entreprises par le second empire; il provient aussi du milliard d'impôts *invisibles* prélevé chaque année au nom de la protection sur les contribuables, milliard qui vient s'ajouter aux trois milliards d'impôts *visibles* de nos budgets généraux et locaux, d'où il résulte une charge moyenne annuelle d'au moins 550 francs par famille.

A la faute des gouvernements il ne faut pas manquer d'ajouter celle des particuliers et parfois celle des institutions sociales. Des esprits animés d'une grande impartialité, et nullement suspects de vouloir ramener la France vers les coutumes féodales, pensent que nos lois successorales s'éloignent trop des saines traditions des grandes démocraties de l'Amérique du Nord et de la Suisse. Dans ces pays, les lois admettent le partage des successions par égales parts entre les enfants, quand le père n'a pas testé; mais elles le laissent libre de disposer de ses biens : on ne se défie pas des sentiments de justice et d'impartialité du père; on a, au contraire, pour celui-ci, une confiance qui rehausse sa dignité et son autorité dans la famille. Les enfants, ne pouvant compter d'une manière sûre sur les biens du père, se préparent de bonne heure à suivre une carrière pour se créer des moyens d'existence; dans cette situation le père se préoccupe surtout de créer des ressources pour élever convenablement ses enfants et les mettre en mesure de surmonter les difficultés de la vie; il songe moins à leur amasser un capital qu'ils auront la puissance de constituer eux-mêmes par le moyen de l'outillage intellectuel dont il les a largement munis ; et, dès lors, l'accroissement de la famille n'est point redouté, comme cela se voit trop souvent dans la société française de nos jours.

Nous nous bornerons à appeler la plus sérieuse attention des pouvoirs publics sur les conséquences de la loi de 1793 comparées à celles des lois successorales des Etats-Unis et de la Confédération Helvétique ; nous leur signalons, pour le jour où ils se livreront à cette enquête, les effets désastreux causés par la *certitude* qu'ont les enfants, parmi nous, d'hériter des biens de leur père, quelle que soit leur conduite ; bon nombre d'entre eux se laissent détourner de tout travail sérieux par cette *certitude*, et le mal est aggravé trop souvent par des hommes sans scrupules qui, au moyen de quelques avances, trouvent la possibilité de s'assurer de riches successions. Si nos législateurs étaient amenés, après enquête approfondie, à réviser la loi dans le sens américain, les escompteurs avides et insaisissables disparaîtraient promptement, car leurs avances ne reposeraient plus sur la certitude du remboursement.

A ces causes de dépopulation il faut ajouter nécessairement l'imperfection des individus. Cette imperfection est du ressort spécial de la morale et de la religion, mais il n'est point interdit à l'économie politique de faire appel à ces forces supérieures dont l'influence est si considérable sur les destinées de l'homme ; nous savons, en effet, par l'histoire, que les peuples qui ont violé par système la loi morale ont disparu tour à tour de la scène du monde ; ils ont été absorbés par d'autres qui possédaient à un plus haut degré les vertus fondamentales sans lesquelles les peuples comme les individus sont fatalement voués à la mort.

Les considérations qui précèdent nous sont suggérées par les termes redoutables du problème suivant, qui se pose de nos jours : combien existera-t-il de Français à la fin du vingtième siècle dans la vieille terre des Gaules ?

## IX

### Y A-T-IL ANTAGONISME ENTRE LE JUSTE ET L'UTILE?

Notre tâche, en ce qui touche le côté économique des mémoires dont nous avions à rendre compte, est terminé; mais nous ne pouvons laisser passer, sans leur opposer nos raisons, les excursions hardies de l'auteur du Mémoire nº 1, dans le domaine philosophique. Nous serons obligés, pour bien préciser le nœud du débat, de faire plusieurs citations.

« Nous avons vu, dit l'auteur, que le principe de *justice*
» joue un rôle considérable dans l'œuvre de Bastiat; chez
» d'autres économistes, c'est le principe d'*utilité* qui est
» prépondérant; nous l'avons nous-même préféré dans la
» défense de la rente foncière (page 120). Si nous avons été
» sévère pour l'emploi du premier de ces principes, on ne
» doit pas nous en faire un crime; nous avons démontré,
» en effet, qu'il était susceptible d'égarer la science; mais
» ce n'est pas la seule imputation grave que nous puissions
». élever contre lui. Sans méconnaître la grandeur qui s'at-
» tache au nom de *justice*, ni l'impression qu'il produit sur
» l'âme, nous ne saurions dissimuler que le concept qu'il
» exprime est souvent vague, insaisissable, rebelle à
» l'application, et qu'il s'évanouit, pour ainsi dire, devant
» l'analyse. »

Nous avons eu déjà occasion, en parlant du revenu fon-

cier, d'établir que la véritable utilité est toujours conforme
à la justice. Ce que l'économie politique entend par utilité,
en dehors des forces naturelles, est toujours l'œuvre du
travail; or, il est *juste* que le fruit du travail appartienne à
son auteur; personne, sous aucune latitude, ne peut le
contester; il y a une corrélation harmonique entre ces deux
idées, et jamais, nous osons l'affirmer, on ne parviendra à
citer un seul cas où il y ait réellement antagonisme entre
la véritable utilité et la justice.

L'auteur va maintenant, à l'appui de sa thèse contestable,
faire un certain nombre de citations empruntées aux œuvres
du célèbre penseur Blaise Pascal; nous transcrivons la première :

« Sur quoi, dit Pascal, l'homme fondera-t-il l'économie
» du monde qu'il veut gouverner? Sera-ce sur le caprice de
» chaque particulier? Quelle confusion! Sera-ce sur la jus-
» tice? Il l'ignore.

» Certainement, s'il la connaissait, il n'aurait pas établi
» cette maxime, la plus générale de toutes celles qui sont
» parmi les hommes : que chacun suive les mœurs de son
» pays. L'éclat de la véritable équité aurait assujetti tous les
» peuples, et les législateurs n'auraient pas pris pour mo-
» dèle, au lieu de cette justice constante, les fantaisies et
» les caprices des Perses et Allemands. On la verrait plantée
» par tous les États du monde et dans tous les temps,
» au lieu qu'on ne voit presque rien de juste ou d'injuste
» qui ne change de qualité en changeant de climat. Trois
» degrés d'élévation du pôle renversant toute la jurispru-
» dence. Un méridien décide de la vérité; en peu d'années
» de possession, les lois fondamentales changent le droit à
» ses époques. L'entrée de Saturne au Lion nous marque
» l'origine d'un tel crime. Plaisante justice qu'une rivière
» borne! Vérité au-deçà des Pyrénées, erreur au-delà. »

L'auteur après avoir cité ce passage dit : « Il n'est pas

» un philosophe qui ne souscrive à ces réflexions du plus
» grand penseur des temps modernes. » Il conclut de là,
évidemment, qu'il y a confusion parmi les hommes entre ce
qui est juste et injuste; eh bien! dussions-nous être en
désaccord avec le grand penseur du dix-septième siècle,
nous nous permettrons de repousser cette conclusion.
Voyons d'abord, en examinant ce qui précède et ce qui suit
la citation, quelle a été la véritable intention de Pascal. Il
parle de la faiblesse de l'homme, des écarts de son imagi-
nation et de l'extravagance qu'il a de croire qu'il sait où est
la raison et la justice; mais il se garde bien d'affirmer que
la raison et la justice n'existent pas; si elles n'existaient
pas, il n'aurait pu en concevoir l'idée; il affirme, au contraire, qu'il existe des lois naturelles, mais « cette belle
raison corrompue, ajoute-t-il, a tout corrompu. » Quand
donc Pascal déclare qu'un méridien décide de la vérité,
c'est par pitié pour la raison de l'homme et par ironie.
Pourquoi donc l'auteur du Mémoire nᵒ 1 cite-t-il cette pensée
de Pascal sans commentaire? Comme nous venons de le
dire, Pascal ne nie pas l'existence de la justice, et si
l'homme par sa faiblesse ne parvient pas à en connaître
exactement l'essence, du moins il en a l'idée, il la recherche,
il l'aime et il ne confondra jamais avec intention la justice
avec son contraire, ni le bien avec le mal. Ces notions peuvent sans doute s'obscurcir momentanément suivant les
milieux; c'est ce qu'a voulu dire Pascal; mais elles ont été
gravées en traits si profonds dans les consciences, qu'il
suffit, à un moment quelconque dans la vie de l'humanité,
d'effacer les préjugés qui les recouvrent, pour faire revivre
ces notions primordiales dans toute leur énergie native.

L'auteur du Mémoire nᵒ 1, après avoir pris son point
d'appui sur la lettre d'une pensée de Pascal, en prend un
autre sur la philosophie utilitaire de Stuart Mill et accepte
comme fondement de la morale l'*utilité* ou le principe du

plus grand bonheur possible et soutient : « Que les actions
» sont bonnes en proportion de leurs tendances à déve-
» lopper le bonheur, mauvaises dans la mesure de leurs
» tendances au contraire du bonheur. Stuart Mill, continue
» l'auteur, enseigne qu'il n'y a point de principe de morale
» obligatoire par lui-même soit dans le système utilitaire,
» soit dans le système opposé. Les principes que l'on con-
» sidère comme obligatoires par eux-mêmes ont été rendus
» tels par la coutume, jamais par le raisonnement. L'éco-
» nomiste anglais se rencontre ici avec Pascal, qui a dit :
» Rien suivant la seule raison n'est juste de soi; tout branle
» avec le temps. La coutume fait toute l'équité par cette
» seule raison qu'elle est reçue; c'est le fondement mystique
» de son autorité. »

Nous n'avons à faire suivre cette nouvelle citation de
Pascal que d'une simple observation : ces lignes viennent
immédiatement après celles-ci déjà citées par nous : « Il y
» a sans doute des lois naturelles, mais cette belle raison
» corrompue a tout corrompu. » Disons aussi que l'auteur
du Mémoire n° 1 aurait dû faire précéder la citation de
Pascal du commencement de la phrase ainsi conçue : « De
» cette confusion arrive que l'on dit que l'essence de la jus-
» tice est l'autorité du législateur; l'autre la commodité du
» souverain; l'autre la coutume présente, et c'est le plus
» sûr. »

Il n'est pas besoin d'en dire davantage pour démontrer
qu'on a voulu donner à l'ironie de Pascal un sens affir-
matif et positif; mais alors même que cette interprétation
erronnée serait exacte, nous réprouverions une telle doctrine au nom de la conscience humaine manifestement
offensée.

Notre impartialité à l'égard de l'auteur du Mémoire n° 1
ne serait pas complète si nous ne transcrivions les lignes
suivantes qui nous paraissent être un hommage rendu aux

idées spiritualistes de Bastiat, malgré la restriction dont l'aveu est suivi :

« Néanmoins, en ce qui concerne la propagation de la
» science, ce serait refuser un important moyen de succès
» que de bannir la considération du juste. Bastiat, qui est
» essentiellement un propagateur, en a tiré, sauf quelques
» cas, un parti trop heureux pour qu'elle n'ait pas droit de
» cité en économie politique aux conditions que nous venons
» d'indiquer et qui ressortent de l'ensemble de notre
» étude. » (Page 124.)

Dans les six autres Mémoires que nous avons examinés, nous n'avons eu rien à relever de saillant au point de vue philosophique en aucun sens. Nous devons citer, toutefois, une excellente étude de l'auteur du Mémoire n° 8, intitulée : *Problème social*, et quelques passages très-intéressants, concernant le même sujet, des Mémoires n°ˢ 6 et 3.

L'auteur du n° 8 passe en revue la situation sociale actuelle des habitants des États-Unis et des principales contrées de l'Europe. En ce qui touche la France, l'auteur expose que la situation sociale est bonne dans son ensemble et que, nulle part, le problème social, s'il en existe un, n'a été mieux résolu; il paraît même croire, à l'encontre des écrits de M. Louis Reybaud, qu'il n'y a pas en France de problème social, mais simplement des questions économiques qui seront successivement résolues.

L'auteur du n° 6 est aussi de cette opinion : « La ques-
» tion sociale, dit-il, a été résolue dès l'origine des sociétés,
» quand les hommes ont opté pour la société contre l'iso-
» lement. Les bases naturelles et fondamentales de la
» société ne changent pas; il n'y a donc pas de question
» sociale; il n'y a que des questions économiques à résou-
» dre. (Page 40.)

Nous signalerons aussi dans le mémoire n° 3 une réfutation des maximes socialistes du fameux Allemand Karl

Marx. L'auteur de ce Mémoire loue par contre les idées spiritualistes de Bastiat, et combat les doctrines positivistes d'Auguste Comte, professées de nos jours par M. Littré, lequel n'admet pas, comme Bastiat, l'intervention de la Divinité dans l'agencement admirable de l'univers : « Vous » nous demandez, dit M. Littré, s'il y a un Dieu et si l'âme » est immortelle ; nous n'en savons rien ; nous ne pouvons » ni affirmer ni nier. » L'auteur du n° 3 réfute cette doctrine en citant la découverte de Mayer et de Joule, dont M. Hirn a fait connaître, dit-il, « l'immense portée scientifique. L'in- » destructibilité absolue de tout élément de l'univers, ma- » tière ou force, est prouvée, et l'âme humaine, elle aussi, » est impérissable, par cela seul qu'elle est une partie inté- » grante de l'univers. »

## X

### RANG ASSIGNÉ AUX MÉMOIRES ET MÉRITES RESPECTIFS

Vous connaissez maintenant ce qui, au point de vue de la doctrine, nous a paru contestable dans chacun des sept Mémoires produits à ce concours. Vous connaissez aussi le rang qui leur a été assigné par votre commission. Il nous reste à dire 'très-sommairement ce qui, au point de vue du fond ou de la forme, les distingue ou les dépare.

Chacun de ces Mémoires a une physionomie propre ; en prenant dans chacun d'eux ce qu'il y a de meilleur, on arriverait à composer sur *Bastiat* et *ses œuvres* un travail très-remarquable ; mais il n'appartenait pas à votre commission de coordonner ces éléments.

L'auteur du Mémoire n° 1, comme il le reconnaît lui-même, s'est écarté du programme en ce qu'il a fait peut-être une part trop large à la controverse scientifique et philosophique : nous en avons fait ressortir les côtés critiquables et même dangereux. Nous reconnaîtrons, par contre, que ce travail émane d'un esprit distingué et bien au courant des ouvrages marquants en économie politique. La partie relative au libre-échange nous a paru la plus remarquable : nous ne saurions mieux faire, pour en donner une idée, que de citer quelques-uns des passages les mieux écrits :

« La liberté des échanges est le principe le plus considé-
» rable de l'économie politique ; elle en est aussi le cou-
» ronnement. Elle implique toutes les autres libertés et les
» réalise comme des conséquences nécessaires. Elle a sa
» source dans le plus indiscutable attribut de la personna-
» lité humaine : la possession, la propriété de nos facultés
» physiques et morales. Si l'homme est le maître de ses
» organes et de ses puissances virtuelles, il est aussi
» le maître du résultat de ses puissances, ou du fruit
» de son travail. Il n'y a pas de propriété sans le droit
» d'user à sa volonté. L'homme peut donc, non-seulement
» consommer les produits de son travail, mais encore les
» échanger. Toute atteinte à cette liberté est une violation
» du droit naturel et individuel. Voilà, dit l'auteur du mé-
» moire, les inébranlables fondements que Bastiat donnait
» au libre-échange. Mais ce principe ne découle pas seule-
» ment de ces hautes considérations de justice et de liberté ;
» il tire aussi sa force de sa conformité avec l'utilité géné-
» rale. Cette double base n'était pas superflue pour qu'il
» résistât au déchaînement des intérêts coalisés et sortît
» vainqueur de la lutte. Aussi Bastiat n'a-t-il cessé de le
» défendre aux deux points de vue du *droit* et de l'*utile*.....
» Seul le libre-échange renferme la solution des problèmes
» qui exercent tant le génie des hommes d'État. Il permettra
» un jour aux peuples d'employer toute leur énergie et toute
» leur science à dompter les éléments, au lieu de les faire
» servir à des massacres qui ramènent la barbarie au sein
» de la civilisation. Des catastrophes préméditées cesseront
» de retarder leur marche, et les hommes, plus libres et
» mieux inspirés, reconnaîtront leur aberration. Ils se ver-
» ront trop faibles devant les obstacles et les fléaux naturels
» pour les aggraver par les haines nationales et les guerres.
» A ces élans sauvages et désordonnés contre eux-mêmes,
» fruit de la servitude et de l'ignorance, succédera une

» conception plus scientifique des choses. Emancipés d'une
» longue enfance, soustraits par la connaissance progressive
» de la vérité à la tyrannie des préjugés, ils sentiront le
» besoin de l'union commune pour arracher à la nature
» plus de sécurité et de légitimes satisfactions. Qu'est-ce
» qui aura accompli le miracle? La liberté des échanges. »
(Pages 71-72.)

Après avoir lu ces lignes, on se demande comment l'auteur a pu tenter de donner à la propriété une base aussi instable que la loi humaine. On doit dire de la propriété, au contraire, ce que l'auteur du Mémoire dit lui-même de la liberté d'échanger : « Elle a sa source dans le plus indis-« cutable attribut de la personnalité humaine : la pos-« session, la propriété de nos facultés physiques et mo-« rales. »

On se demande, d'un autre côté, comment il a pu soutenir que l'*utilité* ne concorde pas toujours avec la *justice* après avoir dit de l'échange : « Il tire aussi sa force de sa » conformité avec l'utilité générale, et Bastiat n'a cessé de « le défendre, au point de vue du droit et de l'*utile*. »

Enfin on est plus étonné encore d'entendre dire à l'auteur, après ses citations de Pascal et de Stuart Mill : « Toute » atteinte portée à la liberté d'échanger est une violation « du droit naturel et individuel. » Il existe donc un droit naturel et individuel; et c'est sur cette base inébranlable que repose le droit de propriété; or cette base ne serait pas solide si elle ne s'appuyait en même temps sur la justice, laquelle concorde toujours avec la véritable utilité; quand l'utilité ne concorde pas avec la justice, elle prend un autre nom : elle est alors la spoliation.

Le Mémoire nº 3, auquel nous avons emprunté quelques citations, nous a paru correct au point de vue des principes économiques, il a reproduit de très nombreux passages des œuvres de Bastiat et, sous ce rapport, la lecture en serait profitable aux jeunes gens qui n'ont pas eu le loisir d'étudier les œuvres du maître; mais la commission a dû l'éliminer comme s'écartant trop du programme de la Chambre de commerce.

Elle a agi de même à l'égard du Mémoire nᵒ 4 dont nous avons eu occasion de donner quelques bons extraits; il n'a pas d'ailleurs traité la question mise au concours avec suffisamment d'ampleur.

Le Mémoire nᵒ 5 ayant été jugé digne d'obtenir le prix par votre commission, nous allons, avant d'en rien dire, consacrer quelques lignes aux Mémoires nᵒˢ 6, 7 et 8.

L'auteur du Mémoire nᵒ 6 est un de ceux qui ont le mieux répondu, après le nᵒ 5, au programme de la Chambre de commerce; sans avoir du brillant dans la forme, il est net dans l'expression de ses idées et répond d'une façon pratique à chacune des affirmations des protectionnistes. C'est un bon point de départ. Nous avons le pressentiment qu'avec de l'étude et du temps l'auteur deviendra un excellent vulgarisateur: voici une citation à l'appui de cette affirmation.

« Le capital provient du travail et retourne au travail en « augmentant la richesse, ainsi que l'eau de pluie provient » de l'océan et retourne à l'Océan après avoir fécondé la » terre. » (Page 96.)

Ailleurs, pour prouver qu'il n'y a pas antagonisme entre le capital et le travail, l'auteur les personnifie en disant: « Le capital, c'est le charbon, et le travail la locomotive; » ils ne peuvent rien l'un sans l'autre » et sa conclusion est celle-ci : « L'union du capital et du travail peut seule per- » mettre à l'humanité de marcher d'un pas rapide sur la » route du progrès. » (Page 119).

Le Mémoire nᵒ 7 est étendu; il donne des détails historiques sur des faits économiques intéressants, mais qui s'écartent trop du programme; d'un autre côté, il n'explique

pas assez clairement la doctrine économique de Bastiat ;
toutefois, le travail dans son ensemble n'en a pas moins
une sérieuse valeur, l'on aura pu en juger déjà par les citations si pleines de sens que nous avons pu opposer aux
assertions hasardées du Mémoire nº 1.

Le Mémoire nº 8, le plus volumineux de tous, contient
710 grandes pages ; il aborde de nombreuses questions et
s'écarte complétement du programme ; c'est, à vrai dire,
un traité d'économie politique et de philosophie sociale.
L'auteur répète souvent les mêmes idées et les contradictions sont nombreuses ; nous avons relevé, comme on l'a
vu précédemment, bien des assertions contestables. Cet
auteur observe beaucoup de faits, mais il ne paraît pas
saisir les lois générales qui les relient entre eux et en donnent l'explication ; dans son ensemble cet ouvrage contient
toutefois du bon ; il constate, par exemple, que la liberté
du travail aux États-Unis a amené dans ce pays une production annuelle de 35 milliards, égale à celle de la Grande-
Bretagne et de la France réunies ; ces chiffres, bien entendu,
auraient besoin d'être contrôlés. Signalons aussi avec éloges
la partie du Mémoire relative à la statistique et à la marine
marchande.

Nous avons eu occasion déjà de louer l'étude consacrée
au problème social dans les principales contrées de l'Europe ; l'auteur constate « que la liberté du travail a su réa-
» liser tous les problèmes inventés par les socialistes. »
(Page 707.)

Citons aussi ce passage dont nos hommes d'État devraient
faire leur profit :

« Il n'y a pas de peuple qui, par certaines de ses qualités,
» puisse mieux tirer parti de la concurrence que le peuple
» français ; mais il n'y en a pas auquel la concurrence soit
» plus nécessaire comme aiguillon quotidien sur le champ
» de bataille du travail. »

Il nous reste à parler du Mémoire auquel vous avez décerné le prix, c'est-à-dire du n° 5, dont l'épigraphe est ainsi conçue : « Il faut beaucoup de philosophie pour observer » ce qu'on voit tous les jours. » (Rousseau.)

Ce Mémoire fait un exposé très clair et très méthodique de la doctrine de Bastiat; il analyse avec la même précision le système de Rente foncière de l'école anglaise, et répond dans toutes ses parties, sauf quelques détails d'une amélioration facile, au programme de la Chambre de commerce. Le style en est simple et lucide : cela doit suffire en pareille matière, et l'auteur ne s'en excuse probablement à la fin du chapitre IV que par excès de modestie, en songeant aux qualités de forme vraiment exceptionnelles des œuvres de Bastiat; il s'exprime ainsi : « En exposant ses idées, nous » les avons dépouillées de cette richesse de développement, » de cet éclat d'expressions que Bastiat leur avait donné » et que la lecture de ses œuvres peut seule permettre » d'admirer, »

Nous avons eu déjà occasion de citer quelques passages de cet excellent travail; une seule assertion relative à la protection douanière, jugée nécessaire à certaines époques de la vie des peuples, a donné lieu à quelques réserves; et ces réserves, l'auteur lui-même les justifie dans les lignes suivantes, page 38 : « A tous les points de vue, a-t-il dit, la » liberté égalise les conditions de production bien mieux » que l'arbitraire. C'est l'arbitraire qui empêche le nivel- » lement. »

Nous nous permettrons une autre observation : l'auteur dit, page 134, que Bastiat voyait dans la liberté du commerce une cause de paix universelle; et que, sous ce rapport, il s'est peut-être abusé, faisant allusion, en cela, à la dernière guerre de 1870. Il ne faut point, il nous semble, attribuer à Bastiat une opinion trop absolue à ce sujet, opinion qui serait, d'ailleurs, en contradiction avec celle exprimée par

lui en si bons termes au sujet de l'harmonie des intérêts.
« Cette harmonie, a-t-il dit, ne consiste pas dans l'absence
» totale du mal, mais dans sa graduelle réduction. »

De même, si on peut dire que la guerre existera toujours,
il n'en est pas moins exact d'affirmer que la liberté des
échanges, en imposant aux peuples une dépendance réciproque, tendra de plus en plus à supprimer les causes de
conflits, causes d'une futilité extrême dans la plupart des
cas. Quand les peuples croyaient à l'antagonisme des
intérêts et à la valeur des forces naturelles, ils cherchaient
à ruiner leurs voisins et à s'emparer de leurs territoires ;
mais désormais cette doctrine païenne et homicide disparaîtra à mesure que la diffusion des vrais principes
économiques viendra leur révéler l'étonnante concordance
de ces principes avec la morale évangélique. Les guerres
sont certainement moins fréquentes en Europe qu'à l'époque du moyen-âge ; et, dès à présent, il est déjà facile de le
constater, les peuples les plus instruits dans la science
économique inaugurée par Quesnay et Adam Smith et com-
plétée par J.-B. Say et F. Bastiat, sont ceux aussi dont la
politique pacifique s'accentue de plus en plus.

En résumé, et pour donner une conclusion pratique à ce
remarquable concours, il est permis d'espérer de voir couronner d'un franc succès le vœu exprimé par la Chambre
de commerce de Bordeaux, vœu consistant à faire connaître
à la jeunesse française l'œuvre encore incomplète de Frédéric Bastiat, de cet étonnant génie dont l'influence grandira d'âge en âge et se traduira dans nos institutions,
quelle qu'en soit la forme, par une plus grande somme de
bon sens et de justice appliquée progressivement à la conduite des affaires publiques.

M. le Président, au nom de la Chambre, adresse des remerciements à M. Marc Maurel, pour le travail si remarquable qu'il vient de lire et aux conclusions duquel la Chambre donne son approbation (1).

En conséquence, le prix de 2,000 francs est attribué au mémoire n° 5 portant pour épigraphe :

*« Il faut beaucoup de philosophie pour observer « ce qu'on voit tous les jours. »*

L'ouverture du pli portant la même épigraphe fait connaître que l'auteur de ce mémoire est M. Auguste Bouchié de Belle, avocat à la cour d'appel de Paris, qui avait déjà obtenu une récompense de 300 francs en 1874.

Avis du résultat du concours a été communiqué à M. Bouchié de Belle par la lettre suivante :

*31 Juillet 1877.* — Monsieur, j'ai l'honneur de vous informer que la Chambre de commerce, réunie ce jour en séance extraordinaire, a entendu la lecture du rapport de

---

Membres de la Chambre de commerce.

(1) MM. Armand LALANDE ✻, Président ; Hubert PROM ✻, Vice-Présisident; Alphonse BEYLARD, Secrétaire ; Marc MAUREL, Trésorier; Daniel GUESTIER; SCHŒNGRUN-LOPÈS-DUBEC; Alfred DANEY; Léon LAGROLET; Henri BRUNET ✻ ; Armand GAY ✻ ; Abel BAOUR ; Henri BALARESQUE ; Henri WUSTENBERG ; Henri BORDES ; Francois CUZOL ; Charles BEYLOT ✻; P.-A. LABRUNIE. .

la commission nommée pour juger le concours du prix Bastiat ; le prix de 2,000 francs a été décerné au mémoire nᵘ 5, portant pour épigraphe :

« Il faut beaucoup de philosophie pour observer ce qu'on voit tous les jours. »

L'ouverture du pli cacheté reproduisant cette épigraphe a eu lieu séance tenante et a fait connaître que vous étiez l'auteur du mémoire couronné.

Je m'empresse, monsieur, de vous informer de cet heureux événement, et c'est avec plaisir que je vous transmets les félicitations de la Chambre de commerce.

La somme de deux mille francs, montant du prix, sera mise à votre disposition en la manière que vous voudrez bien m'indiquer.

Le rapport de la Commission sera imprimé spécialement (1).

---

### Membres de la Commission

(1) MM. IZOARD (O. ✳), Premier Président de la Cour d'appel ; De GA-BRIELLY (O. ✳), Procureur général ; DABAS (O. ✳), Recteur de l'Académie ; Lucien FAURE ✳, Président de la Chambre de commerce ; Armand LALANDE ✳, Vice-Président de la Chambre de commerce ; Marc MAUREL, membre de la Chambre de commerce ; VAUCHER ✳, Président de Chambre à la Cour d'appel ; BRETE-NET ✳, Président du Tribunal civil ; BRUNET, Henri ✳, Président du Tribunal de commerce ; POUMEREAU ✳, bâtonnier de l'Ordre des avocats ; COURAUD ✳, Doyen de la Faculté de droit ; GIDE, Professeur à la Faculté de droit ; SAIGNAT, Professeur d'économie politique ; LESCARRET, Professeur d'économie politique.

---

### Membres de la Sous-Commission

MM. COURAUD ✳, Doyen de la Faculté de droit ; Léo SAIGNAT, Professeur à la Faculté de droit ; GIDE, Professeur à la Faculté de Droit ; Marc MAUREL, Négociant, membre de la Chambre de commerce.

# INTRODUCTION

# INTRODUCTION

---

Il est bien rare que les mêmes hommes concourent à la fois à l'avancement d'une science et à
sa vulgarisation; d'habitude, ceux-là qui en étendent les limites, ne sont point ceux qui en pro-
pagent les doctrines. Les qualités nécessaires pour
remplir l'un ou l'autre de ces deux rôles s'excluent,
en effet, jusqu'à un certain point, et c'est tout-à-
fait exceptionnellement qu'on les rencontre parfois
réunies dans quelques cerveaux privilégiés.

L'économiste dont les travaux font l'objet de
cette étude, est une de ces intelligences supérieu-
rement douées dont les facultés sont, pour ainsi
dire, doubles : Ainsi, il a laissé dans la science
une trace profonde; il l'a enrichie d'idées neuves,
il en a élargi l'horizon, en même temps qu'il en
répandait les notions fondamentales et les vérités
les plus fécondes. Il a su allier la profondeur du

savant aux brillantes qualités de l'écrivain populaire. C'est pourquoi ses écrits, qui s'adressent aussi bien à la foule des lecteurs qu'aux personnes initiées aux questions économiques, ont exercé sur l'opinion une influence considérable, et préparé les grandes réformes dont nous aurons à apprécier plus tard le caractère et la portée.

Bien peu d'écrivains dans ce siècle ont montré une aptitude pareille à la sienne pour la vulgarisation des théories les plus complexes; bien peu ont su exprimer dans un langage aussi simple et d'une manière aussi saisissante, les idées les plus abstraites ; l'art de donner un tour piquant aux démonstrations les plus arides a rarement été poussé aussi loin. Dans des luttes toutes scientifiques et d'où les questions de personnes étaient bannies, il a su déployer une verve intarissable et se servir de toutes les formes usitées dans la polémique : le pamphlet lui-même, cette arme si délicate et si dangereuse, a été maniée par lui avec une dextérité et une finesse consommées, et les écrits qu'il a publiés sous ce titre resteront comme des modèles du genre.

Ces qualités multiples, lui étaient, du reste, indispensables pour le rôle que les circonstances lui imposaient. Moins heureux que J.-B. Say, que Rossi, et que les autres maîtres de la science, il ne put rester dans les sphères calmes et élevées de la théorie ; il fut obligé de descendre dans l'arène des luttes de parti, où l'appelait la défense des principes au triomphe desquels il s'était voué.

Deux grandes questions, sur lesquelles l'accord ne s'est pas encore établi aujourd'hui, agitaient alors l'opinion et passionnaient tous les esprits. C'étaient le libre-échange et le socialisme. Ces deux mots résument toutes les doctrines, toutes les théories, tous les systèmes que les intérêts hostiles des diverses classes ont imaginé de notre temps en vue de leur satisfaction; ils résument tout le mouvement social de près d'un demi-siècle.

Ce qui distingue notre époque, et ce qui fera son titre de gloire, aux yeux des générations futures, ce sont les immenses progrès qu'elle a vu réaliser dans l'ordre matériel. Les conditions de la vie ont été profondément modifiées à tous les degrés de l'échelle sociale. Malheureusement ces résultats obtenus en très peu de temps, eu égard à leur importance, ont éveillé dans toutes les classes de la nation les aspirations les plus ardentes vers le bien-être et les jouissances; elles ont enflammé toutes les convoitises et surexcité toutes les passions. La bourgeoisie industrielle qui se trouvait à la tête de ce grand mouvement économique, a été la première à en sentir les effets, et elle a cherché tout naturellement les moyens d'en profiter exclusivement. Avec l'étroit et mesquin égoïsme qui l'a toujours caractérisée, elle n'a pas compris que les temps ne comportaient plus l'établissement d'une caste nouvelle, jouissant de prérogatives et de priviléges, et que le seul rôle qui pût lui convenir était celui d'initiatrice du peuple à un nouvel ordre de choses, fondé sur la justice et le bien-être général.

Entrée en possession du pouvoir après la Révolution de 1830, son premier soin a été de maintenir et de développer le régime des prohibitions et des tarifs que la Restauration, animée d'un esprit plus large et plus libéral, avait un instant songé à abolir, et de se préserver ainsi des effets de la concurrence extérieure pour réaliser à coup sûr d'énormes bénéfices au détriment des consommateurs. Il est vrai qu'elle a dissimulé habilement ses vues égoïstes sous le masque de l'intérêt du pays et qu'elle s'est prétendue la protectrice du travail national ; mais il n'en est pas moins certain qu'elle a donné aux classes inférieures le plus funeste exemple, en faisant intervenir l'État dans les rapports commerciaux des citoyens.

On l'a bien vu après la Révolution du 24 Février 1848. A ce moment, tous les utopistes ont cru l'heure propice pour expérimenter leurs systèmes, et, pour cela, on les a vu réclamer, à leur tour, audacieusement, le concours et l'appui de l'État. Les partisans du régime prohibitif avaient demandé d'interdire l'entrée du pays aux produits étrangers, sous prétexte qu'ils nuiraient à l'industrie nationale, ou bien, de les frapper de droits de douane plus ou moins élevés. Ils avaient créé de cette manière un monopole, grâce auquel les prix des produits n'étaient plus réglés par la loi de la libre concurrence, mais suivant des tarifs arbitrairement fixés.

Les socialistes n'allèrent guère plus loin, lorsqu'ils exigèrent du gouvernement provisoire de 1848, l'engagement de garantir l'existence de l'ouvrier par le travail, et de donner du travail à tous les citoyens. L'idée d'un tarif officiel des salaires avait plus d'un rapport avec celle d'un tarif officiel des produits. Les uns avaient demandé au gouvernement de les enrichir, les autres lui demandaient de garantir à tous, quelles que fussent leurs œuvres, les moyens de vivre. Les uns et les autres supprimaient de la Société l'émulation, l'esprit de concurrence, et ce sentiment de la responsabilité personnelle, qui est la condition de tout progrès. Ils vouaient le pays à l'immobilité d'abord, à la décadence ensuite.

C'est contre ces tendances spoliatrices des différentes classes, les unes contre les autres, que Bastiat s'est efforcé de réagir.

Aucune entreprise n'était plus opportune.

Il s'était préparé à cette lutte par de longues années d'étude et de méditation. Jusqu'à l'âge de quarante-trois ans, il avait vécu au fond de sa province, à Mugron, dans les Landes, où il partageait son temps entre ses études, la direction d'une exploitation agricole et les modestes fonctions. ce juge de paix.

De temps en temps seulement, il lançait quelques écrits se rattachant à des intérêts locaux.

Il ne songeait nullement à se produire sur une scène plus vaste. Il serait même resté toujours obscur, si les circonstances ne l'avaient tiré de sa retraite, en faisant naître en lui le sentiment d'une mission à remplir.

Il suivait avec attention l'agitation qui avait lieu en Angleterre, en faveur de la liberté du commerce, et à la tête de laquelle se trouvait Richard Cobden.

Depuis longtemps, sa conviction était faite à l'endroit de cette grande réforme, qui devait, plus tard, modifier si profondément en France les conditions de l'industrie, du commerce et de la vie matérielle.

Il avait été amené à embrasser cette cause, d'abord par les tendances libérales de son esprit, ensuite parce qu'il avait entrevu quelles seraient les conséquences de la liberté sur le développement de la production et des échanges.

En 1829, il avait commencé, sur le régime restrictif, un ouvrage qu'il n'a jamais publié. L'idée lui vint de se faire, dans notre pays, le propagateur de la doctrine nouvelle.

Au mois d'octobre 1844, il envoya au *Journal des Économistes* son premier article, en faveur de la liberté du commerce. Cet article, sur l'influence des tarifs anglais et français, eut un grand retentissement dans le monde économiste, et commença sa réputation.

L'année suivante, il quitta Mugron et vint à Paris, dans le but d'organiser l'Association pour la liberté des échanges. Il fallait que sa conviction fut bien profonde pour l'avoir soutenu au milieu des difficultés, des déboires et des obstacles sans nombre que devait rencontrer dans cette grande ville un provincial arrivé d'hier, encore presque inconnu, sans fortune, sans relations.

Rien ne le rebuta; il mit au service de la cause qu'il avait embrassée le zèle d'un apôtre. A la différence de la plupart des écrivains, on le vit se préoccuper seulement du triomphe de ses idées et jamais de sa propre gloire, ni de sa fortune. Ainsi, il pensa qu'il rendrait de plus grands services à sa cause en écrivant, au jour le jour, une foule d'articles étincelants de verve, d'esprit, de logique et s'adressant à la multitude des lecteurs, qu'en composant un traité qui, à la vérité, eut élevé son nom plus haut dans la science, mais qui n'eut été lu que d'un petit nombre.

« C'est surtout en économie sociale, a-t-il dit lui-même, dans la conclusion de la première série des sophismes, que cette lutte corps à corps, que ces combats sans cesse renaissants avec les erreurs populaires, ont une véritable utilité pratique.

« Il est des sciences qui n'exercent sur le public
qu'une influence proportionnée aux lumières du
public lui-même, qui tirent toute leur efficacité,
non des connaissances accumulées dans quelques
têtes exceptionnelles, mais de celles diffusées dans
la raison générale. Telles sont la morale, l'hygiène,
l'économie sociale, et dans les pays où les hommes
s'appartiennent à eux-mêmes, la politique. C'est
de ces sciences que Bentham aurait pu dire surtout : « Ce qui les répand vaut mieux que ce qui
les avance..... »

« Qu'importe que Smith, Say..... aient proclamé
en fait de transactions commerciales la supériorité
de la liberté sur la contrainte, si ceux-là sont
convaincus du contraire qui font des lois et pour
qui elles sont faites. »

Et, en effet, au moment où vint Bastiat, le libre-
échange était généralement admis comme théorie.
Seulement, en dehors du monde économiste, on le
considérait comme une de ces vérités qui ne sont
bonnes à être professées que dans les livres, et on
lui fermait obstinément le domaine de la pratique.

Aussi, importait-il bien moins de refaire la théorie
du libre-échange que de détruire ce préjugé.

Dans ce but, nous le voyons publier son livre sur
Cobden, organiser des conférences, faire des dis-
cours, fonder un journal, former une association.
Il poursuit avec ardeur cette campagne pendant

les années 1846 et 1847. Mais la Révolution de 1848 vint l'arrêter.

Un nouvel ennemi à combattre se présenta bientôt. C'était le socialisme. Il faisait table rase de tout ce qui existait ; il mettait en question les bases mêmes de la Société. Bastiat ne dédaigna point ce nouvel adversaire, et il engagea contre lui une lutte qui mit vivement en relief ses admirables qualités de vulgarisateur et de polémiste. Les pamphlets qu'il publia à cette époque sont des chefs-d'œuvre de bon sens et de style qui méritent de ne pas tomber dans l'oubli.

Cependant, il ne voulut pas toujours se renfermer dans ce rôle utile, mais borné, que lui avaient imposé les circonstances. Il voulut, lui aussi, apporter sa pierre à l'édifice de la science. Il voulut ajouter un anneau à la chaîne savante qui a commencé à Quesnay et à Turgot.

Dans les derniers temps de sa vie, il entreprit un ouvrage qui devait contenir l'exposé méthodique et complet des théories qu'il n'avait fait qu'indiquer jusqu'alors. La mort l'empêcha malheureusement de l'achever. Je veux parler des *Harmonies économiques*.

C'est dans ce livre qu'il s'est efforcé d'établir, tels qu'il les concevait, les vrais principes de l'Économie politique et de montrer leurs relations avec les autres sciences morales.

Il l'a écrit dans un but élevé de pacification sociale. Convaincu que le développement naturel de la Société tendait bien mieux que toutes les combinaisons artificielles à la réalisation du bien et du juste, il a voulu, ainsi qu'il le dit lui-même, rallier une foule de belles intelligences que le cœur entraîne vers le socialisme.

Sortant des considérations exclusivement économiques, il a invoqué le droit naturel à l'appui de la légitimité de la propriété et de la liberté du travail et du commerce. Il leur a ainsi donné des bases beaucoup plus solides que celles que leur avait reconnues l'école utilitaire.

C'est pourquoi, si incomplètes qu'elles soient, les *Harmonies économiques* resteront comme une tentative généreuse d'un grand esprit animé du désir de mettre un terme aux divisions qui troublaient la Société.

De plus, elles auront ouvert devant la science économique une carrière nouvelle. Elles l'auront enrichie d'une idée féconde, qui, désormais, lui demeure acquise, a savoir l'idée même de l'harmonie.

Cette idée renferme, du reste, elle-même, toute la doctrine de Bastiat : Tous les intérêts sont harmoniques. Magnifique protestation contre le socialisme, qui voit partout l'antagonisme.

Mais ce qui tend à donner à cette doctrine encore plus d'élévation, c'est le profond sentiment religieux dans lequel elle prend sa source. Bastiat

l'a dit lui-même au début d'un chapitre des *Harmonies :* « Il y a dans ce livre une pensée dominante. Elle plane sur toutes les pages, elle vivifie
toutes ses lignes. Cette pensée est celle qui ouvre
le symbole chrétien : « Je crois en Dieu ! »

C'est cette pensée qui enlève à ses exposés leur
froideur scientifique et qui donne à ses théories un
caractère philosophique que l'on rencontre rarement chez les autres économistes.

Avant lui, en effet, l'économie politique, aban-
donnant la mission élevée que lui avaient assignée
les physiocrates, s'était renfermé d'une manière
presque exclusive dans l'observation et l'analyse du fait, sans se préoccuper d'en rechercher la raison et le droit: J.-B. Say lui-même
l'avait retenue dans ces limites.

C'est contre cette tendance matérialiste que Bastiat s'est efforcé de réagir.

D'ailleurs, les circonstances l'exigeaient. En présence du socialisme qui niait audacieusement la
légitimité des faits sociaux, il était nécessaire que
la science remontât à leurs causes premières et re-
cherchât les lois immuables qui sont la conséquence de la constitution naturelle de l'homme et
de la Société.

Il était nécessaire, pour mettre l'ordre social à
l'abri d'entreprises et d'expériences insensées,
qu'elle établît que les principes fondamentaux sur
lesquels il repose ne sont point arbitraires, et ne

dépendent point des hommes, ainsi que l'avait faussement enseigné Rousseau, dans le *Contrat social.*

Elle devait recommencer la démonstration de cette vérité qu'Aristote avait déjà entrevue et proclamée, il y a bien des siècles, à savoir que « la science ne fait pas les hommes, qu'elle les prend tels que la nature les a faits. » Mot de génie aussi profond et aussi simple que souvent méconnu. Elle devait démontrer aussi, pour répondre aux désolantes conclusions du socialisme, que la justice et le bien-être peuvent se développer au sein de la Société par la seule action des lois naturelles, et sans qu'il soit nécessaire de recourir à des combinaisons artificielles aussi inefficaces qu'impossibles à mettre en pratique.

C'est ce qu'a fait Bastiat. L'harmonie résultant de la liberté. Telle est l'idée générale qui domine toute son œuvre.

Animé d'une foi profonde en la sagesse divine, il récuse complétement la prévoyance humaine lorsqu'elle veut prévenir les effets des grandes lois naturelles. Il affirme que ces lois, loin de gêner le progrès, le facilitent, mais à la condition de ne pas être contrariées. Il veut qu'on laisse l'homme et la société aussi libres que possible dans l'exercice de leur activité et de leur initiative.

C'est pour cela qu'il rejette tous les systèmes des Communistes, des Fourieristes, des Cabetistes,

Owenistes et socialistes qui, tous, suppriment la liberté de l'individu, font violence à ses penchants et substituent à l'organisation naturelle une organisation de convention.

C'est pour cela encore qu'il repousse le régime protecteur, qui n'est d'après lui qu'une forme de communisme.

Dans cette étude, tout en restant dans les limites tracées pour le concours, nous adopterons un certain ordre.

Bastiat, nous l'avons dit, n'a pas composé ses œuvres à loisir. Il a pour ainsi dire dépensé ses idées au jour le jour pour soutenir la lutte qu'il avait engagée contre les sophistes de son temps. Depuis longtemps déjà, il appliquait les .théories qu'il n'avait pas encore pu songer à formuler. Parlant de son livre des *Harmonies*, il a dit lui-même : « Les harmonies sont le point de vue positif dont les sophismes sont le point de vue négatif. » Ainsi, plus impérieuses que la logique, les circonstances l'avaient obligé d'aborder ce dernier point de vue avant l'autre.

Dans notre travail nous procéderons différemment. Nous commencerons par exposer dans leur ensemble ses théories, en indiquant en passant les applications qu'il en a faites dans les nombreux et brillants articles de polémique qu'il a publiés.

Nous confondrons ainsi les deux points de vue auxquels il s'est placé successivement.

Nous examinerons ensuite ces mêmes théories
appliquées à la rente, à la propriété, au capital et
à l'échange. A propos de la rente, nous passerons
en revue les objections qui lui ont été faites par
les partisans de Ricardo. A propos de la propriété
et du capital nous parlerons de sa polémique avec
Proudhon et avec les communistes. Enfin, à propos de l'échange, nous le suivrons dans la lutte
qu'il a soutenue dans l'intérêt de la liberté du
commerce. Nous examinerons ensuite dans quelle
mesure ses idées ont été appliquées lors des traités
de 1860 et quels ont été jusqu'à ce jour les effets
de ces traités au point de vue du développement
de la richesse nationale et du bien-être général.

Nous rattacherons ainsi à l'ensemble de sa doctrine les points spéciaux sur lesquels le concours a
appelé plus particulièrement l'attention. Tout se
lie, en effet, dans l'œuvre de Bastiat. Toutes ses
théories reposent sur quelques idées fondamentales
qu'il s'agit de bien dégager et de ne jamais perdre
de vue.

C'est à cela que nous mettrons tous nos efforts.

# SYSTÈME ÉCONOMIQUE DE BASTIAT

# CHAPITRE PREMIER



## Théorie de la valeur

---

Il existe en économie politique deux écoles opposées, qui l'une et l'autre s'efforcent d'entraîner
cette science dans la voie conforme à leurs tendances respectives.

L'une, essentiellement spiritualiste, veut la rattacher étroitement à la philosophie et l'établir sur
des principes puisés dans le droit naturel, dans la
morale et la religion. Cette école ne s'occupe pas
seulement des choses de l'ordre matériel et des
besoins physiques de l'homme, elle tient compte
aussi de l'âme humaine, de sa liberté et de sa
responsabilité. Elle a de la nature de l'homme une
idée trop élevée pour faire consister toute sa destinée dans le perfectionnement plus ou moins
complet des moyens propres à lui procurer la
satisfaction de ses sens; elle lui reconnaît des

besoins supérieurs à ses besoins purement physiques. Pour elle, la principale fonction de l'économie politique est bien, à la vérité, de multiplier les sources de richesse, d'épargner l'effort et d'appliquer le plus utilement pour la société, les produits de l'industrie, du sol et des arts. Mais elle ne se borne point là. Pour cette école, les progrès matériels doivent servir, avant tout, à préparer les améliorations intellectuelles et morales. C'est dans le sein du bonheur que l'homme se perfectionne; tant qu'il n'est pas arrivé à un certain bien-être, il lui est impossible de cultiver son intelligence, de polir ses mœurs, de s'élever jusqu'à la notion de la dignité de son être; ses pensées ne peuvent s'étendre au-delà de ses besoins les plus pressants, et ses facultés les plus nobles ne se développent point.

Aussi, en recherchant les moyens d'assurer à chacun une part équitable d'aisance et de loisir, l'économie politique peut-elle favoriser puissamment les progrès de l'intelligence et de la moralité; mais c'est à la condition que les moyens qu'elle indique soient conformes à ces vues et à ce but, et qu'ils ne soient jamais contraires à la justice, au libre arbitre de chacun et au respect de la dignité humaine. C'est là la préoccupation constante de l'école spiritualiste. Aussi le rôle qu'elle assigne à la science économique est-il le plus élevé peut-être qui existe en ce monde.

L'autre école, au contraire, profondément sensualiste et même matérialiste, ne s'occupe que des intérêts du corps, elle néglige entièrement le côté moral de l'homme et le considère comme n'étant pas de son domaine. Elle renferme la science dans les limites étroites des questions matérielles. C'est à cette école que se rattache le socialisme. Ce dernier a montré jusqu'où pouvait mener la préoccupation exclusive de la satisfaction des appétits grossiers, lorsqu'il a proclamé, au mépris de la justice la plus évidente, sa doctrine néfaste : « à chacun selon ses besoins, » et non plus comme la religion l'avait enseigné « à chacun selon ses œuvres. »

Bastiat, nous n'avons pas besoin de le dire, appartient à l'école spiritualiste. Voici en quels termes il a défini la mission de l'économie politique :

« Elle scrute les ressorts du mécanisme social et les fonctions de chacun des organes qui constituent ces corps vivants et merveilleux qu'on nomme les sociétés humaines. Elle étudie les lois générales selon lesquelles le genre humain est appelé à croître en nombre, en richesse, en intelligence et en moralité, et néanmoins, reconnaissant un libre arbitre social comme un libre arbitre personnel, elle dit comment les lois providentielles peuvent être méconnues et violées, quelle responsabilité naît de ces expérimentations fatales, et comment la civilisation peut se trouver ainsi arrêtée, refoulée et pour longtemps étouffée. »

Ainsi, suivant lui, c'est dans l'étude de l'âme et dans l'observation attentive de la nature des choses et des faits sociaux que l'économie politique doit puiser la connaissance des règles d'après lesquelles les sociétés doivent se diriger. Empruntant à Jean-Baptiste Say, cette idée que les sociétés sont des corps vivants, il montre qu'elles ne sont point une invention de pur hasard, sans organisation naturelle, entièrement livrées à elles-mêmes et obligées de chercher sans cesse dans des combinaisons arbitraires les lois suivant lesquelles elles pourront vivre et se développer ; mais qu'au contraire, le mécanisme social, comme le mécanisme céleste et le mécanisme du corps humain, obéit à des lois naturelles, indépendantes des lois écrites, que la Sagesse divine a établies, qui agissent sans cesse dans le sens du progrès et dans le jeu desquelles on aperçoit de consolantes harmonies.

Et, à l'appui de cette idée, il rappelle les phénomènes merveilleux qui se sont accomplis successivement dans notre état social ; il énumère les progrès réalisés. Il compare la condition actuelle de l'homme en société à celle de l'homme isolé. Il établit qu'elle disproportion existe entre les satisfactions que puise dans la société même le plus humble manouvrier, l'homme le moins favorisé par la fortune, et celles qu'il pourrait se procurer s'il était réduit à ses propres forces. Il montre enfin la société se conquérant lentement, en se rendant maîtresse des forces de la nature, un patrimoine qui s'étend tous les jours et dont profitent gratuitement tous les individus.

« Et tout cela, conclut-il, a-t-il pu se faire sans qu'il y eut dans la Société une naturelle et savante organisation qui agit pour ainsi dire à notre insu... »

L'existence des lois naturelles ainsi reconnue, Bastiat s'occupe de les rechercher, en même temps que les causes artificielles qui en contrarient l'action et en troublent l'harmonie.

Mais il constate tout d'abord que, parmi ces lois, il en est qui ne sont pas du domaine de l'économie politique. Cette science, en effet, ne peut embrasser l'homme tout entier. Elle est la science des intérêts et ne doit, par conséquent, s'occuper que des lois qui régissent lesrapports des hommes au point de vue de la richesse.

Toutefois, il reconnaît qu'à raison des points de contact nombreux que l'économie politique a avec les autres sciences, elle ne doit pas s'isoler de celles-ci. Les sciences, en effet, se prêtent continuellement un mutuel appui et se vérifient les unes par les autres. Ainsi, quand la morale assigne à un phénomène des conséquences funestes et l'économie politique des effets heureux, il est évident que l'une ou l'autre se trompe. La vérité réside donc dans leur accord.

Pour arriver à la connaissance des lois économiques naturelles, Bastiat commence par analyser la nature intime de l'homme.

Il le trouve doué à la fois de sensibilité et d'activité. A la sensibilité se rapportent ses besoins, ses désirs, ses goûts, ses appétits, ses jouissances, en un mot, son bien-être. A l'activité se rapportent, au contraire, la peine, l'effort, le travail.

Une corrélation très-étroite existe entre ces deux ordres de phénomènes dont l'ensemble constitue la vie. La sensibilité est la faculté qui nous met en rapport avec le monde extérieur. C'est elle qui nous porte à rechercher les produits de la nature, à les exploiter et à nous les approprier; c'est elle qui met dans ce but notre activité en œuvre. Si nous agissons, en effet, c'est parce que nous éprouvons des besoins, des désirs, qu'il nous importe de satisfaire. L'intérêt essentiellement personnel, qui nous pousse, et qui est le principal mobile de toutes nos actions, est, par suite, une conséquence naturelle de notre constitution physique et morale. C'est à cela que n'ont pas pris garde les sophistes qui ont déclamé contre l'intérêt personnel qu'ils ont flétri du nom d'égoïsme, mais sans lequel tous les efforts humains seraient frappés d'inertie.

La notion de la propriété et de l'hérédité découle de la même source. Elle aussi dérive de notre nature. Une fois qu'on a admis, en effet, que le

mobile de l'activité de l'homme est la satisfaction
de ses besoins, on doit admettre nécessairement
que le résultat des efforts qu'il a faits en vue de
cette satisfaction, doit lui appartenir ou bien appartenir à ceux auxquels il l'a destiné. On ne peut
lui en enlever la disposition et détourner ainsi de
leur destination légitime les produits de son activité,
sans porter à celle-ci une grave atteinte et sans
contrarier par conséquent les lois naturelles. Dieu,
en donnant à chacun de nous une individualité
indépendante, c'est-à-dire une existence, des besoins
et des désirs distincts de ceux des autres hommes
et en nous douant d'une activité libre, a mis en
nous le germe de ce sentiment que la civilisation a
développé et qui nous porte à nous approprier le
plus grand nombre possible de choses utiles. Il
a fait plus : il a fait de cette appropriation la condition de notre vie. Aussi, ces choses doivent-elles
participer à l'inviolabilité de notre personne et
devons-nous pouvoir en disposer en pleine liberté ;
nous devons pouvoir les donner et les transmettre,
car, ainsi que l'a fait remarquer M. Cousin : « du
moment qu'un acte de ma liberté a consacré ma
donation, elle reste sainte même après ma mort
comme pendant ma vie » (1).

Nous venons de voir que l'existence de l'homme
comprenait trois sortes de phénomènes : la sensa-

------

(1) M. Cousin, *Philosophie morale.*

tion, l'action, et la satisfaction. Nous avons vu aussi que l'action n'était que le moyen, et que la satisfaction était le but. Il en résulte tout naturellement chez l'homme une tendance à augmenter sans cesse le rapport de ses satisfactions à ses efforts, c'est-à-dire à obtenir avec moins de peine une somme de plus en plus grande de bien-être, à rendre, en un mot, ses efforts plus *utiles*. L'utilité ou propriété de servir est, en effet, tout ce qui réalise la satisfaction des besoins. Tantôt elle est mise à la disposition de l'homme par la nature, sans que celle-ci lui demande aucun effort, c'est-à-dire gratuitement ; tantôt, au contraire, elle est le fruit d'un travail, d'une peine ; elle est onéreuse.

Bastiat, ainsi que nous le verrons dans la suite de cet exposé, attache une grande importance à cette distinction entre l'utilité gratuite et l'utilité onéreuse ; c'est une des idées qui servent de base a tout son système.

Le plus souvent ces deux utilités se combinent, c'est à dire que la nature et l'homme coopèrent. La force motrice de la vapeur, par exemple, est un résultat de cette coopération.

L'homme, pour augmenter ses satisfactions et diminuer ses efforts, tend continuellement à remplacer l'utilité onéreuse par l'utilité gratuite, c'est-à-dire à obtenir de la nature un concours de plus en plus efficace. Chaque jour, par suite du développement de son intelligence et de la civilisation, l'action de la nature, qui est gratuite, prend une part de plus en plus grande et l'action de l'homme, qui est onéreuse, une part de plus en plus petite, à la réalisation d'une utilité donnée.

Chaque pas qu'elle fait dans cette voie achemine l'humanité vers l'accomplissement de sa destinée. « Le point de départ du genre humain, a dit, en effet, Bastiat, est une entière communauté, une parfaite égalité de misère, de dénûment et d'ignorance. Il se rachète à la sueur de son front et se dirige vers une autre communauté, celle des dons de Dieu, successivement obtenus avec de moindres efforts, vers une autre égalité, celle du bienêtre, des lumières et de la dignité morale. »

Arrêtons-nous un instant sur cette pensée pour étudier la loi admirable qui préside aux progrès de la société. Chaque fois que le génie de l'homme réussit à substituer une utilité gratuite à une utilité onéreuse, une certaine quantité d'efforts est rendue disponible et peut être appliquée à la satisfaction de nouveaux désirs ; car c'est un effet de la nature de l'homme qu'à mesure que certains de ses besoins, en commençant par les plus pressants et par conséquent par les plus grossiers, se trouvent satisfaits, de nouveaux désirs naissent ou s'éveillent en lui et réclament à leur tour leur satisfaction ; de telle sorte que le développement de ses besoins qu ne restent jamais stationnaires dépasse toujours le développement de ses facultés et lui sert pour ainsi dire d'aiguillon.

C'est ainsi que «. l'humanité, pour emprunter le langage même de Bastiat, sans cesse poussée vers des régions de plus en plus élevées, voit un champ plus vaste s'ouvrir devant ses désirs et ne peut s'arrêter à aucun degré de civilisation. »

Mais reprenons le cours de notre exposé.

L'économie politique n'a pas à s'occuper des besoins et des satisfactions essentiellement intransmissibles, de celles que l'homme éprouve et satisfait par lui-même personnellement. Elle n'a à s'occuper que des efforts susceptibles de satisfaire, à charge de retour, les besoins d'une personne autre que celle qui les a accomplis.

Aussi peut-elle être définie la théorie de l'échange. Elle a pour objet l'appréciation comparative des services réciproques ; elle en détermine la valeur.

L'élément gratuit de l'utilité n'attire son attention que lorsqu'il se trouve combiné avec l'élément onéreux, car, isolé, il ne peut faire l'objet d'un échange et n'a pas de valeur. Il n'en a pas davantage lorsqu'il se trouve confondu avec l'élément onéreux; mais alors il a sur la valeur une influence négative qu'il importe de déterminer. L'utilité absolue d'un service n'étant pas, en effet, la base de la valeur, celle-ci n'est proportionnelle qu'à l'effort qu'il a coûté ou à l'effort qu'il a épargné à la personne qui en a profité.

Et ici nous arrivons à l'idée fondamentale sur

laquelle repose tout le système économique de Bastiat, à la distinction qu'il a faite entre l'utilité et la valeur. Il démontre que la valeur ne correspond pas à l'utilité, c'est-à-dire à la richesse; qu'au contraire, grâce à la substitution croissante de l'utilité gratuite à l'utilité onéreuse, la société possède d'autant plus de richesses qu'elle a moins de valeurs.

Ainsi qu'il le dit lui-même en parlant des harmonies économiques, « si ce livre est, destiné à faire faire un pas à l'économie politique, c'est qu'il tiendra les yeux du lecteur constamment attachés à cette portion de valeur successivement anéantie et recueillie sous forme d'utilité gratuite par l'humanité toute entière. »

Cette distinction lui appartient en propre.

Adam Smith n'avait pas conçu la valeur autrement qu'incorporée à la matière. Pour lui elle était dans la matérialité des choses et non dans le service rendu. Là où il n'y avait pas de matière, il n'y avait pas de valeur. C'est pourquoi il excluait du cercle des études économiques les services rendus par tous les intermédiaires, qu'il nomme les classes improductives et que les socialistes, invoquant son autorité, appellent des parasites.

Son système a l'inconvénient d'enlever toute espèce de base à la propriété. Car, si la valeur est dans la matière, c'est-à-dire dans les qualités physiques des corps, comme ces qualités y sont le plus souvent mises par la nature, il attribue une valeur à ce qui est essentiellement gratuit et commun. Il justifie ces paroles de Scrope : « La propriété est une restriction artificielle mise à la jouissance des dons que le Créateur avait destiné à la satisfaction des besoins de tous. » Il n'y a pas loin de là au fameux mot de Proudhon : « La propriété c'est le vol ! »

D'après Ricardo et l'école anglaise, la valeur est dans le travail.

Mais ce système conduit à des résultats singuliers. Ainsi, il arrive souvent qu'un travail considéré comme très-insignifiant en lui-même soit accepté dans le monde pour une valeur énorme : par exemple, un diamant, le chant d'une prima dona, quelques traits de plume d'un banquier. Et, à l'opposé, qu'un travail très-opiniâtre n'aboutisse qu'à une déception, à une non-valeur.

De plus ce système peut servir de base à des erreurs très-funestes. Si toute richesse vient du travail, peut-on dire, en effet : la richesse est donc proportionnelle au travail ; or, comme le travail est en raison inverse de la libéralité de la nature, la richesse elle-même est donc en raison inverse de la libéralité de la nature. Beaucoup de lois économiques ont été la conséquence de ce raisonnement. Celles, par exemple, qui ont fermé la porte du pays aux produits étrangers, sous prétexte qu'ils nuisaient au travail national.

D'après J.-B. Say, la valeur est dans l'utilité. Avec lui la notion de la valeur a fait un pas en avant ; ainsi qu'il le dit lui-même, il a fait de la valeur une qualité morale, il ne l'a pas placée exclusivement dans la matière comme l'avait fait Adam Smith.

Cependant Say s'est replacé de lui-même sous le joug de la matérialité, lorsqu'il a soutenu que le principe de la valeur était non-seulement dans les services humains rendus à l'occasion des choses, mais encore dans les qualités utiles mises par la nature dans les choses elles-mêmes. Comme la nature crée de l'utilité, il en a conclu qu'elle créait aussi de la valeur ; que le sol, par exemple, étant productif comme le travail, il produisait une utilité qu'il faisait payer sous la forme d'un profit pour son propriétaire. « Funeste conclusion, dit Bastiat, dont les ennemis de la propriété se sont fait une arme terrible. »

Ce n'est même que par une analogie, que par extension, que Say reconnaît de la valeur au service. Il appelle ceux-ci produits immatériels, par opposition aux produits du sol qui sont matériels et, s'il ne les exclut pas, comme Adam Smith, du cercle des études économiques, il ne les y fait entrer que par assimilation avec ces derniers.

Et, cependant, Say reconnaît que l'homme ne crée ni les matériaux, ni les forces, qui sont toujours des dons gratuits de la nature ; qu'il ne fait

que les combiner, les modifier, les déplacer pour
son avantage ou celui d'autrui qui lui doit un service équivalent. Mais après avoir proclamé ce principe, Say hésite à en tirer cette conséquence logique : à savoir que la valeur est proportionnelle au
service ainsi rendu par l'homme et non à l'utilité
que la chose tient des éléments que la nature seule
a fournis et que l'homme était impuissant à créer.

Plus loin, en nous occupant de la rente, nous
reviendrons sur ces trois systèmes que nous tâche-
rons d'apprécier. A présent, nous nous contentons
de les exposer avec les objections qu'y a faites
Bastiat lui-même.

Nous allons dire un mot encore de deux autres
systèmes qui ont moins d'importance que les précédents, parce qu'ils n'ont exercé aucune influence
sur la solution des grands problèmes de l'économie
sociale.

C'est d'abord celui de Senior, qui place le principe de la valeur dans la rareté. Nous ferons remarquer avec Bastiat que la rareté n'est qu'une des
circonstances qui peuvent influer sur la valeur,
mais qu'elle ne la crée pas. Un service aura d'autant plus de valeur que nous aurons plus de peine
à nous le rendre à nous-mêmes. Le mot service
embrasse toutes ces nuances d'idées.

« L'arrêt que notre jugement porte sur l'utilité
des choses, a dit Storch, constitue leur valeur. »
Ce système n'est pas absolument vrai. Il est des

choses que notre jugement déclare utiles et qui sont sans valeur. La valeur résulte bien du jugement, mais du jugement que nous portons sur l'utilité des services et non sur l'utilité des choses.

Ainsi, en résumé, Bastiat est le premier qui ait émis cette opinion que la valeur n'était ni dans le travail, ni dans la matière, ni dans l'utilité, ni dans la rareté, ni dans le jugement : qu'elle n'avait rien d'absolu ni de fixe ; qu'elle n'était que le rapport de deux services échangés ; qu'elle variait suivant les circonstances dans lesquelles se trouvaient, réciproquement, et celui qui rendait le service et celui qui le recevait.

Il a reconnu que les services pouvaient ne pas être appréciés justement, que le rapport établi entre eux pouvait être faux, que leur équivalence parfaite était difficile. Mais il s'en remettait à la liberté pour empêcher et pour corriger ces erreurs. Suivant lui, l'équivalence des services ne pouvait être altérée d'une manière durable que si des entraves étaient mises à la liberté des échanges.

Cette théorie nouvelle de Bastiat, sur la valeur, fit dans le monde économiste une profonde impression. Elle rallia, il faut le dire, peu de partisans.

Son application à la rente souleva surtout de vives critiques, ainsi que nous le verrons plus loin. Beaucoup d'économistes condamnèrent la hardiesse du novateur, de longues controverses s'u+

vrirent à ce sujet et remplirent pendant plusieurs années les journaux traitant d'économie politique.

La théorie sur la valeur a été suggérée à Bastiat par son désir de réduire à néant les prétendus griefs des socialistes. Pour cela, il s'est emparé d'une de leurs formules, l'équivalence des services, et il s'est efforcé de démontrer que cette équivalence existait, que l'organisation naturelle de la Société tendait chaque jour à la rendre de plus en plus parfaite, et que des causes artificielles ou accidentelles venaient seules la troubler.

A cette idée que les services seuls ont de la valeur, se rattachent toutes les théories de Bastiat sur le capital et l'intérêt, sur la propriété, sur la concurrence.

Que représente, d'après lui, le capital? Des services dont celui qui les a rendus n'a pas encore reçu la rénumération. Il est porteur d'un titre ou pourvu d'une valeur, comme la monnaie, par exemple, qui lui donne le droit de retirer, quand il le voudra, de la Société, un service équivalent à ceux qu'il a rendus.

L'utilité du capital ainsi envisagé est facile à concevoir. Il sert à faciliter le travail ultérieur de l'homme.

Nous nous expliquons.

Pour que l'homme isolé puisse parvenir à substituer de plus en plus la collaboration de la nature à son propre travail, que lui faut-il?

D'abord des instruments, des outils capables de décupler la puissance de ses efforts; ensuite, des matériaux; enfin, des provisions qui lui permettent de satisfaire ses besoins actuels et d'attendre que son travail présent porte ses fruits, donne son résultat.

Ces matériaux, ces instruments, ces provisions, qui sont le produit d'efforts dont il n'a pas voulu immédiatement profiter, forment le capital de l'homme isolé, qui est à la fois capitaliste, entrepreneur, ouvrier, producteur et consommateur.

Dans la Société, il n'en est pas tout-à-fait ainsi, grâce à l'échange.

L'homme qui ne veut pas immédiatement retirer de la Société l'équivalent des services qu'il lui a rendus, c'est-à-dire appliquer à ses besoins actuels tout le produit de ses efforts, met en réserve une valeur. Cette valeur, il aura le choix, soit de l'employer à se procurer des satisfactions, soit de l'échanger contre des outils, des matériaux et des provisions destinés à faciliter son travail ultérieur, soit enfin de la céder à un autre, sous la condition de la lui restituer dans un délai donné. Dans ce dernier cas, il rendra à celui, en faveur duquel il se privera ainsi d'une satisfaction immédiate, un service dont il aura le droit de réclamer l'équivalent. De là, la rente, le loyer, le fermage, l'intérêt.

La même valeur pourra ainsi être prêtée et rendue à perpétuité. En éloignant toujours le moment où il retirera des services qu'elle représente la satisfaction à laquelle il a droit, le prêteur rendra une série de services dont il devra être rémunéré aussi longtemps.

En supprimant l'intérêt on supprimerait également le prêt; car, au moment où le prêteur ne trouverait aucun avantage à différer la satisfaction à laquelle il peut prétendre, il en jouirait immédiatement. Dès lors, le capital ne se formerait plus. Les salaires seraient réduits à zéro, car là où il n'y a pas capital, c'est-à-dire instruments, matériaux et provisions, il ne saurait y avoir ni travail d'avenir, ni salaires.

D'après Proudhon, les capitaux sont des instruments de travail qui ont pour destination de faire concourir les forces gratuites de la nature, et ceux qui les possèdent, en exigeant un intérêt, se font payer les services gratuits de la nature, ce qui est inique.

Bastiat fait remarquer que Proudhon a confondu l'utilité avec la valeur. Indépendamment de leur utilité, en effet, les capitaux ont une certaine valeur; ils représentent un travail humain, des services antérieurs, c'est à cette valeur que l'intérêt est afférent et non à leur utilité. Ainsi, le capital ce n'est pas l'élasticité de la vapeur ou la force de l'eau qui fait tourner les broches, mais la peine prise par le constructeur de machines. Quand de nouveaux capitaux se forment des obstacles autrefois combattus onéreusement par le travail, se trouvent gratuitement combattus par la nature, et cela, non au profit des capitalistes, mais au profit de la communauté.

Les hommes ont donc un intérêt considérable à favoriser la rapide formation du capital.

Tout capital qui se forme, en effet, rend disponible et du travail et de la rémunération pour ce travail. Grâce à lui, l'homme attaque continuellement de nouveaux obstacles et l'œuvre du progrès peut se poursuivre.

Au moyen de sa théorie de la valeur, Bastiat justifie également la propriété.

La propriété est le droit qu'a l'homme de réclamer des services en échange d'autres services, par lui loyalement rendus et loyalement acceptés par les autres.

Elle n'est pas l'usurpation même nécessaire des dons de Dieu, des bienfaits de la nature. Ceux-ci, en effet, sont toujours gratuits. Ce qui est approprié, ce sont les efforts physiques ou intellectuels, les sueurs répandues, les dangers bravés, l'habileté déployée, les privations acceptées, la peine prise, les services rendus pour tirer ces dons de leur inertie, pour les répandre, pour en faire profiter la Société.

Tout homme jouit gratuitement de toutes les utilités fournies et élaborées par la nature, à la condition de prendre la peine de les recueillir ou de restituer un service équivalent à ceux qui prennent cette peine pour lui. Quand cette peine, c'est-à-dire le service, diminue, l'homme peut se procurer avec moins de frais la même utilité. Il l'obtiendrait pour rien le jour où aucun effort ne serait nécessaire pour en jouir.

Jamais, en effet, on ne se place pour l'estimation de la valeur d'une chose au point de vue des satisfactions qu'elle peut procurer, on ne tient compte que de l'effort qu'elle a coûté et de celui que l'acheteur s'est épargné grâce à l'échange.

Comme l'obstacle et par suite l'effort s'amoindrissent tous les jours, le domaine de la propriété s'amoindrit avec lui. Mais c'est une utopie, que de croire, comme Proudhon, qu'il soit destiné à disparaître, car jamais on n'arrivera à se procurer toutes les satisfactions sans efforts. Ce qu'il est permis d'espérer, c'est qu'à mesure que la puissance de nos efforts augmentera, la valeur des produits diminuera. Leur abondance multipliera les échanges et accroîtra sans cesse le bien être. Mais la propriété des choses, tout en s'obtenant avec moins de peine, ne disparaîtra pas pour faire place à la communauté rêvée par les socialistes. Tant que l'homme agira, les produits de son activité, si facilement qu'il les ait acquis, devront lui appartenir ; leur gratuité absolue est une chimère contraire à la nature des choses et à la constitution de l'homme.

Le genre humain se développera toujours suivant les mêmes règles. Ainsi, l'intérêt personnel restera jusqu'à la fin le principe et le stimulant de tous les progrès ; c'est en recherchant toujours ce qui pourra donner le plus de valeur à ses services que l'homme avancera de plus en plus dans la voie des améliorations, car c'est la perspective d'un profit personnel qui encouragera toujours son esprit d'initiative et de découverte.

Mais, en travaillant en vue de son propre intérêt, l'homme sert en même temps celui de la communauté : le prix qu'il retirera de ses services pourra bien pendant quelque temps dépasser le taux ordinaire des profits, mais bientôt, grâce à la concurrence qui s'emparera de son idée, sa rémunération tendra à se proportionner à la peine prise. Le travail se porte, en effet, toujours du côté ou la rémunération est la plus forte, et il la fait bien vite baisser. On a beaucoup déclamé contre les abus de la concurrence, on l'a traitée d'anarchique. Cela est injuste, car elle agit également partout et sur toutes les professions. Celui qui la subit comme producteur, en profite comme consommateur. Elle tend partout à réduire la valeur des choses et à réaliser la gratuité ; c'est grâce à elle qu'une équivalence approximative des services s'établit et se maintient. C'est elle qui fait cesser les inégalités, et qui ramène vers l'intérêt général le fruit des efforts individuels; elle contribue donc à la perfectibilité humaine.

Nous avons terminé l'exposé du système économique de Bastiat. L'idée fondamentale, c'est cette ligne de démarcation qu'il s'est efforcé d'établir entre la collaboration de la nature et le travail humain, la libéralité de Dieu et l'œuvre de l'homme, la gratuité et l'onérosité, la communauté et la propriété.

Son but a été de démontrer que le résultat définitif des arrangements providentiels, des grandes lois de la nature, alors qu'elles règnent sans obstacles, était une approximation constante de tous les hommes vers un niveau qui s'élève toujours, en d'autres termes : perfectionnement et égalisation; en un mot : Harmonies.

Liberté et propriété! voilà, à ses yeux, les deux principes de l'harmonie. Oppression! voilà le principe dissolvant. « La lutte de ces deux puissances, dit-il, remplit les annales du genre humain. »

« La liberté et la propriété n'expriment, dit-il ailleurs, que deux aspects de la même idée. »

Au point de vue économique, la liberté se rapporte à l'acte de produire, la propriété aux produits.

« Et puisque la valeur a sa raison d'être dans l'acte humain, on peut dire que la liberté implique et comprend la propriété. Il en est de même de l'oppression à l'égard de la spoliation. »

Celle-ci est la cause de tous les troubles qui affectent le mécanisme social. Bastiat reconnaît qu'elle entre nécessairement dans le jeu de ce mécanisme. L'homme, en effet, n'est perfectible que parce qu'il est imparfait et l'harmonie ne consiste pas dans l'absence absolue du mal, mais dans sa graduelle réduction.

Bastiat se proposait de compléter son œuvre en recherchant les causes perturbatrices de l'harmonie et particulièrement en étudiant la spoliation sous tous ses aspects.

Malheureusement, la mort l'a empêché d'exécuter ce dessein et il n'a laissé sur cet important sujet que quelques fragments épars.

Il voulait rechercher, pour en déduire la solution des problèmes sociaux, en quoi et comment l'injustice s'est impatronisée dans nos lois et dans nos mœurs. Nous pouvons nous faire une idée, en lisant, à la deuxième série des *Sophismes écono-miques,* le chapitre intitulé : *Physiologie de la spo-liation,* de l'esprit dans lequel il eut fait cette étude; c'est celui dans lequel il a écrit toutes ses œuvres : Démontrer que l'injustice a sa source dans les sentiments naturels de l'homme, tels que l'attrait pour les jouissances et la répugnance pour la fatigue, mais qu'heureusement, il existe une force naturelle et providentielle qui fait reculer de plus en plus le principe de l'iniquité et réalise de plus en plus dans la société le principe de justice.

Il est malheureux qu'il n'ait pas pu exécuter cette partie de son œuvre. Après avoir exposé les lois qui président au développement de la société, il eut fait connaître les causes qui contrarient ce développement, en faisant remarquer cependant qu'elles ont toujours été impuissantes à l'arrêter complétement, et que, malgré tous les obstacles, l'humanité a toujours poursuivi le cours de sa destinée, qui est d'être perfectible à l'infini.

# CHAPITRE II

## Théorie de la Rente

———



C'est à propos de son application à la rente que la théorie de Bastiat sur la valeur à soulevé le plus de critiques.

Il a soutenu qu'aucune partie du fermage payé au propriétaire ne correspondait aux qualités naturelles et impérissables du sol, desquelles les hommes jouissaient gratuitement ; qu'il correspondait tout entier aux capitaux employés pour la mise en culture ; que, si fertile que soit la terre, il avait été dépensé depuis le commencement de la culture une somme supérieure à la valeur vénale ; que cette valeur était donc le résultat du travail accumulé par les générations, et qu'elle représentait des services antérieurs qui n'avaient pas encore reçu leur récompense.

Cette conception de la rente renversait tous les systèmes jusqu'alors admis en économie politique. Aucun auteur n'avait encore enseigné que le concours de la nature, représenté par la puissance productive du sol, fut gratuit :

« Dans la culture de la terre, avait dit Ad. Smith, la nature travaille conjointement avec l'homme et quoique le travail de la nature ne coûte aucune dépense, ce qu'il produit n'en a pas moins sa valeur aussi bien que ce que produisent les ouvriers les plus chers. »

« On peut considérer la rente comme le produit de cette puissance de la nature dont le propriétaire prête la jouissance au fermier.... Elle (la rente) est l'œuvre de la nature, qui reste après qu'on a déduit ou compensé tout ce qu'on peut regarder comme l'œuvre de l'homme. C'est rarement moins du quart et souvent plus du tiers du produit total. Jamais une quantité égale de travail humain employé dans les manufactures ne saurait opérer une aussi grande reproduction. Dans celle-ci, la nature ne fait rien, c'est l'homme qui fait tout. »

Ainsi, suivant Adam Smith, après qu'on a prélevé sur le produit de la terre les frais de la production et le profit du fermier, il reste encore un excédant, un superflu, qui ne se rencontre dans aucune autre industrie, dans aucune autre application des efforts de l'homme. Ce superflu constitue la rente.

Ricardo a attribué au mot de rente un sens différent. Suivant cet auteur, la rente n'est pas uniquement le produit d'une fertilité native qui permet à la terre de rendre à ceux qui la cultivent des récoltes supérieures à leurs besoins, *elle émane de l'inégale répartition de cette fertilité*. Elle est cette partie du revenu net de la terre qui n'a d'autre source que la disparité des degrés de fertilité dispensés aux diverses parties du sol.

« Dans un pays neuf, dit Ricardo, où il y a quantité de terrains fertiles.... tout le produit net restera au cultivateur et sera le profit. » Dans ce cas, il n'y aura pas de rente. Les terrains de première qualité s'offrant en quantité illimitée, le fermage ne ser plus que la rémunération des capitaux employés à les mettre en culture. Si le propriétaire demandait davantage, le fermier préférerait défricher de nouveaux terrains. Dans cette hypothèse, la gratuité du concours de la nature sera absolue.

Mais, à mesure que la population augmentera, la culture attaquera des terrains de qualité moindre. Cette nécessité de recourir à des terres moins fertiles que celles dont on avait commencé à utiliser les services fera renchérir le prix des subsistances, car le prix des produits monte à raison de l'accroissement des dépenses que les terres exigent; à mesure que le rapport de l'effort au produit augmen-

tera, on verra des hausses successives s'opérer
dans le prix des subsistances et, par suite, la rente
éclora là ou elle n'existait pas encore, et grandira
là où elle existait déjà.

Ainsi, d'après Ricardo, on paye la nature, non
en raison de ce qu'elle fait beaucoup, mais parce-
qu'elle fait peu. Quand elle est universellement et
partout également généreuse et libérale, elle
travaille toujours gratuitement. S'il n'existait pas de
différence dans sa libéralité, la rente n'existerait
pas.

Buchanan l'avait, du reste, dit avant Ricardo.
« S'imaginer que l'agriculture donne un produit net
parceque la nature concourt avec l'industrie des
hommes aux opérations de la culture et qu'il en
résulte une rente, c'est une rêverie. » *Ce n'est pas
du produit que naît la rente, mais bien du prix
auquel le produit est vendu,* et ce prix on l'obtient,
non parce que la nature a aidé à sa production, mais
parce que seul il fait concorder l'offre avec la demande.

Ainsi, d'après ces deux auteurs, le concours de
la nature est gratuit en principe.

La rente résulte de ce que les hommes n'ont pas
pu étendre à toutes les parties du territoire un
travail également productif. Elle résulte de l'inégalité des avantages territoriaux et, loin d'être dûe à la
magnificence de la nature, elle est dûe à sa parci-
monie, c'est-à-dire à ce que les hommes ne peuvent

retirer un produit égal sur tous les points du territoire dans la culture du sol.

On peut s'étonner que de cette théorie Ricardo ait
tiré cette définition que  « la rente est cette portion
de produit que l'on paye au propriétaire pour avoir
le droit d'exploiter les facultés productives et impérissables du sol » et qu'il ait fait  ainsi intervenir le
droit de propriété dans la question de la rente.

Il nous semble que pour être d'accord avec lui-
même, il aurait dû s'en tenir à cette autre définition,
à notre avis plus exacte, qu'il a donnée ailleurs : « La
rente est toujours  la différence entre les produits
obtenus par  l'emploi de deux quantités. égales de
capital et de travail. »

Ce qui  revient à dire que la rente est l'avantage
qu'ont les producteurs placés dans des conditions
plus favorables sur les producteurs les moins favorisés.

Cette définition nous paraît la seule qu'on puisse
déduire de la théorie de Ricardo. Il résulte, en
effet, de celle-ci, que ce ne sont point les qualités
productives et impérissables du sol qui créent la
rente. Une fertilité également répandue sur tous
les points d'un pays, tant que ce pays demeurerait
privé de relations avec les autres, ne profiterait en
rien au producteur. Celui-ci vendrait ses produits
très-bon marché, c'est-à-dire les échangerait contre
d'autres services absolument équivalents et ne retirerait de cette vente ou de l'échange que la simple

rémunération de son travail et des frais de mise en culture. Il ne retirerait un profit plus considérable, que si, par le commerce, il se mettait en rapport avec d'autres pays moins bien pourvus et où ses produits lui seraient payés plus chers. Dans ce cas, les moyens de transport, les relations commerciales, auraient plus d'influence pour la création ou l'élévation de la rente que la fertilité du sol.

Au moment de la prise de possession du sol par les premiers propriétaires, la rente n'existait pas; on ne l'a vu apparaître qu'à mesure que s'est accru le rapport de la demande avec l'offre, c'est-à-dire quand la population et les moyens de communication se sont développés.

Les théories de Ricardo et de Bastiat ne sont point aussi opposées que Bastiat a semblé le croire sur la foi de la définition inexacte que nous avons cité plus haut.

Bastiat n'a pas nié, en effet, la diversité de position et de qualité des terres. Il soutient que la rente qui résulte de cette diversité n'est pas un paiement pour les forces de la nature, qui sont toujours gratuites, mais la récompense de services rendus par ceux qui ont mis la terre en culture. Cette récompense est proportionnelle, non à la peine prise mais au résultat obtenu. Les services rendus par les propriétaires du sol s'apprécient comme tous les autres services.

Deux éléments concourent à former leur valeur :

D'abord la satisfaction procurée à ceux qui reçoivent le service ; ensuite la peine qui leur est épargnée pour se le rendre à eux-mêmes. Dans l'exploitation du sol, comme dans tout autre industrie ou profession, un travail considérable, une grande quantité d'objets peuvent parfois ne donner lieu à aucun service valable, tandis qu'un travail insignifiant ou une petite quantité d'objets peuvent servir à procurer une grande satisfaction et à éviter une grande peine. Dans l'exploitation de la terre, la peine épargnée détermine la valeur du service plutôt que la peine prise.

Mais, ainsi que nous l'avons dit déjà, le droit de propriété n'a rien à faire dans cette question de la rente. Ce n'est pas parce que le sol est approprié que la rente a pris naissance, mais parce que les conditions de la production ne sont pas les mêmes partout et que les services rendus par les producteurs ont, par suite de cette inégalité, plus de valeur sur certains points du territoire que sur d'autres. Comme dans toutes les autres industries, en agriculture la valeur dépend du travail, de la capacité et aussi du bonheur. Le producteur qui possède un terrain très-fertile, dans un pays bien pourvu de moyens de transports naturels, n'est que plus heureux, comme l'homme qui aurait trouvé un diamant ou qui aurait une belle voix.

Ainsi, loin de se contredire, les théories de Ricardo et de Bastiat s'accordent en ce sens que toutes deux reconnaissent qu'en principe le concours de la nature est gratuit, mais que, suivant les conditions où les producteurs se trouvent placés, les avantages qu'ils retirent de leurs capitaux et de leur travail sont inégaux.

Elles sont d'accord sur les causes qui produisent la rente. Seulement Ricard. voit un monopole nécessaire, il est vrai, mais injuste, dans le fait de posséder les terres les plus favorisées sous le rapport de la fertilité et de la situation. Bastiat, au contraire, au moyen de sa théorie sur la valeur et de sa définiton du service, justifie entièrement cette inégalité, qu'il attribue, indépendamment du travail, aux capacités et au bonheur. Il démontre qu'elle se rencontre dans toutes les espèces de services, qu'elle a sa raison d'être dans la nature des choses et qu'elle n'est nullement spéciale à la culture du sol.

Il la justifie, en outre, par cette considération que, quelle que soit la valeur vénale de la terre, il a été dépensé depuis la mise en culture une somme supérieure à cette valeur et que, par suite, le revenu, si élevé qu'il soit, ne représente jamais complétement la valeur de tous les services antérieurs. Sur ce dernier point on a objecté à Bastiat que les capitaux engagés dans le sol, que les efforts et les travaux accumulés par les générations ont trouvé leur récompense dans le produit annuel; qu'en ce qui concerne les capitaux, ils ont dû être reconstitués par la portion du revenu que chaque année l'agriculteur intelligent met en réserve pour représenter l'usure de son capital.

A notre avis cette objection doit être écartée. Le produit annuel n'a pas pu récompenser définitivement les propriétaires pour *des services qui durent encore*. La mise en valeur du sol peut être assimilée à la formation du capital et, pas plus que les services du capitaliste ne sont récompensés par le revenu de son capital pendant les premières années, de même les services du propriétaire n'ont pas pu être rémunérés définitivement par le produit qu'il a recueilli pendant la durée de la mise en culture et les années qui ont suivi.

Ainsi que le fait remarquer très-justement Bastiat, contester la légitimité de la rente perpétuelle, c'est contester également celle de l'intérêt perpétuel. C'est faire cause commune avec les socialistes. Dire que la raison d'être de la propriété c'est sa nécessité et son utilité sociale, c'est donner le droit aux socialistes de rechercher les combinaisons qui pourraient faire disparaître cette nécessité injuste.

Du reste, ce qui prouve que c'est dans les services rendus par ceux qui ont mis en valeur la terre que l'on doit chercher le principe de la rente, c'est que, encore aujourd'hui, les terres fertiles et inoccupées ne manquent pas. Qu'on aille en Amérique ou en Algérie, on en trouvera autant qu'on voudra et pour rien. Seulement elles seront éloignées de tout centre de population et le produit qu'elles donneront sera à peine la rémunération du travail et du capital dépensés par le propriétaire.

Les augmentations de revenu qui se produiront dans la suite seront dues, non à la fertilité naturelle du sol, mais à des faits sociaux auxquels ce propriétaire ne sera pas resté étranger.

En effet, si des agglomérations se forment, si des moyens de communication se créent, ne sera-ce pas son œuvre? La population viendrait-elle, si elle n'était pas assurée, grâce à lui et à son initiative, de trouver sur place des moyens suffisants de subsistance? N'est-ce pas grâce à l'impôt qu'il aura payé que les routes s'ouvriront, que les canaux seront creusés? Cela n'a pas besoin d'être démontré. Il est donc aussi injuste de dire qu'il aura le monopole d'avantages créés par la force collective de la société, qu'il était injuste de dire qu'il avait le monopole de la puissance productive du sol. Si la rente a grandi avec la civilisation, la civilisation elle-même n'aura-t-elle pas été en grande partie son œuvre? Il est donc équitable qu'il en profite.

La plupart des économistes Français et Anglais se sont ralliés, sauf de légères différences, à la théorie de Ricardo.

Suivant Mac-Culloch, Scrope, Senior, Mill, Malthus, Say, MM. Garnier, Blanqui, Batbie, etc., la rente est due à l'appropriation de la puissance inhérente au sol. Aussi Jean-Baptiste Say, qualifie-t-il la propriété, de laquelle, suivant lui, dérive la rente, de privilége usurpé, mais nécessaire. Plus loin, en nous occupant du socialisme, nous verrons quelles conséquences Proudhon a tiré de cet aveu.

L'économiste Américain Carey, seul, s'est fait le défenseur d'un système analogue à celui de Bastiat.

Bastiat a été un novateur. L'avenir dira si ses idées doivent faire entrer dans une phase nouvelle la science économique, si ses aperçus nouveaux sur la nature de la valeur, sur les services, sur la rente, seront adoptés par elle.

Nous l'espérons, dans l'intérêt de la consolidation des bases sur lesquelles repose la société.

En démontrant que l'organisation naturelle de celle-ci est conforme à la justice, Bastiat ne laisse plus à l'économie politique qu'une mission, celle de défendre cette organisation contre toutes les entreprises de ceux qui voudraient l'altérer, afin que la liberté, à laquelle appartient seule le soin de développer dans la société les éléments de la prospérité et du progrès, ne soit jamais troublée dans son œuvre.

# CHAPITRE III

## Bastiat et le Socialisme

La Révolution de 1848 et le libre échange. — Influence du
*Contrat social* et de l'école Jacobine. — *Omnipotence de la
loi* en matière d'organisation sociale.—L'Etat-providence.
— Promesses du Gouvernement provisoire. — Les réfor-
mateurs : Saint-Simon, Fourier, Louis Blanc.—Proudhon
et ses théories. — *La Mutualité.*— Bastiat et les nouvelles
doctrines. —Ses Pamphlets. — Le Progrès par la Liberté.
— Lettre à Richard Cobden. — La *Ruche populaire.* — La
Brochure : *Capital et rente.* — Le Journal la *Voix du
Peuple.* — Polémique de Bastiat avec Proudhon.

Bastiat poursuivait sa campagne en faveur du
libre échange et peut-être le succès aurait-il couronné les efforts qu'il faisait dans l'intérêt de cette
grande cause, quand éclata la Révolution du 24
février 1848. Dès lors, il s'agissait bien du régime
commercial de la France !

Les révolutionnaires français, avec cette absence
absolue d'esprit pratique qui les a caractérisés de

tout temps, songeaient bien à réaliser les réformes
utiles et possibles que l'intérêt des classes laborieuses réclamait! Valait-il la peine de faire une
révolution pour si peu de chose et, puisqu'on avait
le pouvoir, ne convenait-il pas mieux de réorgani-
ser du coup la société de fond en comble !

Cependant ce qui s'était passé chez une nation
voisine aurait dû attirer leur attention sur l'importance que pouvaient avoir, au point de vue du sort
des masses, ces réformes pacifiques accomplies
sans effusion de sang et sans crise sociale. Quelques
années auparavant, l'Angteterre avait vu s'opérer
chez elle, sous la forme d'une simple révision des
tarifs douaniers, une véritable révolution qui avait
changé profondément les conditions de l'existence
du peuple et les traditions d'une politique sécu-
laire.

Dans une autre partie de cet ouvrage nous parlerons de Richard Cobden et de la ligue formée en
Angleterre pour la liberté des échanges : on verra
que, sans prise d'armes, sans renversement de
dynastie, sans pompeuses proclamations de principes, sans formules excessives et amphatiques, par la
seule force de la persuasion et de la justice, le parti
libéral anglais parvint à assurer à tous les citoyens
du pain et du travail, tandis que, en France, le parti
révolutionnaire ne parvint qu'à affamer le peuple
tout en proclamant le droit au travail et la fraternité
humaine.

C'est que les vues de ce parti allaient bien au-delà d'une simple réforme commerciale. De plus, le libre échange sortait complétement de la tradition révolutionnaire qui a toujours poursuivi l'amélioration des institutions sociales par la force de la loi et non par la liberté. Ce parti était imbu de cette idée, émise par Rousseau dans le *Contrat Social*, que l'état d'un peuple était une institution de pure convention qu'on pouvait modifier quand on voulait; qu'on avait aucun compte à tenir de la nature humaine, et qu'on devait la changer qùand elle faisait obstacle au bien.

« Celui qui ose entreprendre d'instituer un peuple, a écrit Rousseau, doit se sentir en état de changer pour ainsi dire la nature humaine, de transformer chaque individu qui par lui-même est un tout parfait et solitaire, une partie d'un plus grand tout, dont cet individu reçoit en quelque sorte sa vie et son être, d'altérer la constitution physique de l'homme pour la renforcer. »

Et ailleurs : « Le législateur est le mécanicien qui invente la machine. »

Suivant cet auteur et son école, la loi peut tout. Il n'existe aucun droit qui lui soit antérieur ou supérieur. L'homme n'est régi par des lois naturelles qu'en tant qu'il vit isolé. Du jour ou pour son malheur il s'est mis en société, il est devenu une matière inerte qui doit recevoir de la loi la vie, l'organisation, la moralité et la richesse.

Cette idée qu'avait Rousseau était, suivant Bastiat, le fruit de ses études classiques. L'antiquité lui avait montré les sociétés se façonnant à la volonté d'un Lycurgue ou d'un Platon, qui disposaient souverainement des personnes et des biens. Peut-être avait-il seulement subi l'influence de l'opinion que de tout temps on s'est faite en France du rôle et des attributions de l'État, qu'on a toujours considéré comme l'arbitre de toutes les destinées et l'instrument de tous les progrès. Cette opinion lui est, en effet, commune avec beaucoup d'autres écrivains de génie. Voici ce qu'on lit dans Montesquieu lui-même: « pour maintenir l'esprit du commerce il faut que les lois le favorisent, que ces mêmes lois, par leur disposition, divisant les fortunes à mesure que le commerce les grossit, mettent chaque citoyen pauvre dans une assez grande aisance pour pouvoir travailler comme les autres et chaque citoyen riche dans une telle médiocrité qu'il ait besoin de travailler pour conserver ou pour acquérir. » L'omnipotence de la loi n'est-elle pas affirmée dans ces quelques lignes aussi énergiquement que dans Rousseau?

Quoiqu'il en soit, cette idée sur le pouvoir de la loi porta ses fruits lors de la révolution de 1789. C'est de la loi que tout procédait, elle pouvait donc tout changer. La propriété, notamment, tenant d'elle son existence, devait pouvoir être modifiée, amoindrie, et même supprimée par elle.

« La propriété, a dit Mirabeau, est une création
sociale. Les lois ne protègent pas, ne maintiennent
pas seulement la propriété, elles la font naître, elles
la déterminent, elles lui donnent le rang et l'étendue qu'elle occupe dans les droits des citoyens. »

En s'exprimant ainsi, Mirabeau voulait engager
le législateur à limiter l'exercice d'un droit qui était
à sa discrétion, puisqu'il l'avait créé.

Robespierre partageait cette manière de voir; il
ne différait de Mirabeau que quant au degré où il
importait de fixer cette limite.

Billaud-Varennes pensait de même quand il
prononçait ces paroles : « Il faut recréer le peuple
qu'on veut rendre à la liberté. »

Suivant les Jacobins, à la loi appartient le pouvoir d'extirper l'égoïsme, la vanité, l'amour de
l'argent, le goût de la bonne compagnie, les bien-
séances, la mode, l'intrigue, la volupté, la misère.
Son moyen était nécessairement la terreur.

Cette erreur relativement au rôle et à l'étendue
des pouvoirs de la loi n'a pas été propre seulement
aux hommes de la révolution. La bourgeoisie l'a
partagée elle aussi. Elle a fait servir la loi à assou-
vir ses ambitions et a protéger ses intérêts. Comme,
le peuple, elle a vu dans l'État « la grande fiction
à travers laquelle, dit Bastiat, tout le monde s'efforce de vivre aux dépens de tout le monde. » Au
moyen de la loi, elle en a élargi sans cesse les
attributions, afin d'en mieux profiter.

Lors de la révolution de 1848, cette grande chimère de l'Etat-Providence s'empara encore davantage de tous les cerveaux. Dès le premier jour, la révolution s'attribua un sens social.

« La France, fut-il écrit, en tête de la constitution, s'est constituée en République pour... appeler tous les cityens à un degré toujours plus élevé de moralité, de richesse et de bonheur. »

Le gouvernement provisoire, pour flatter les passions populaires, promit par décret l'augmentation du bien-être, la diminution du travail, des secours, le crédit et l'instruction gratuits, des colonies agricoles, des défrichements, etc... Et, en même temps, (dérision!) la réduction de la taxe du sel, des boissons, des lettres, de la viande. Il s'engageait à diminuer les dépenses de l'Etat, en même temps qu'il en faisait le banquier et le bienfaiteur de tout le monde.

Le manifeste des Montagnards, à l'occasion de l'élection du président de la République disait : « L'Etat doit donner beaucoup aux citoyens et peu leur prendre. » L'impôt lui-même, d'après ces insensés, devait perdre son caractère oppressif pour n'être plus qu'un acte de fraternité.

La fraternité était, en effet, devenu le grand mot du jour. Tous les principes sur lesquels repose l'ordre social étaient attaqués comme contraires à la fraternité.

Ce mouvement était le résultat inévitable de

toutes les déclamations qui, depuis dix ans, retentissaient contre l'organisation de la Société et qui, malheureusement, avaient été plus écoutées que la voix de ceux qui, comme Bastiat, n'avaient réclamé que des réformes pratiques, à propos desquelles ils n'avaient pas invoqué toutes lesformules de la philantrophie révolutionnaire.

Nous ne voulons pas rappeler ici toutes les utopies imaginées à cette époque. Toutes ont, d'ailleurs, un trait commun : c'est de subtituer à l'organisation naturelle de la Société des combinaisons artificielles et arbitraires, sans tenir aucun compte de la constitution physique et morale de l'homme.

Aussi, la doctrine de Bastiat, qui laisse à la liberté le soin de corriger toutes les injustices et tous les abus sociaux, renferme-t-elle d'une manière générale la réfutation de tous ces systèmes.

Il nous suffira pour le démontrer d'exposer les plus fameux.

De toutes les sectes de réformateurs, l'école Saint-Simonienne est peut-être la seule qui ait eu le mérite d'une conception dont le but était moral dans son ensemble.

Toutes les institutions sociales, disait-elle, doivent avoir pour but l'amélioration morale, intellectuelle et physique de la classe la plus nombreuse et la plus pauvre. »

Pour atteindre ce résultat, les Saint-Simoniens ne proposaient pas, comme d'autres réformateurs, le partage égal des biens. Ils repoussaient ce partage dont ils reconnaissaient l'iniquité. Ils admettaient l'inégalité naturelle des hommes et ils la considéraient même comme la base et la condition essentielle de l'ordre social, mais ils demandaient l'abolition de tous les priviléges de naissance, sans exception, et, entre autres, la destruction de l'héritage. Ils voulaient que tous les instruments de travail, les terres et les capitaux fussent exploités par association et hiérarchiquement, de manière à ce que la tâche de chacun fut l'expression de sa capacité et sa richesse la mesure de ses œuvres.

« A chacun selon sa capacité, à chaque capacité selon ses œuvres. » Telle était en effet leur devise. On voit qu'ils tenaient compte de la responsabilité humaine puisqu'ils proposaient de récompenser chacun selon son travail et son talent. Seulement, ils ne laissaient pas à chaque capacité la liberté de se faire à elle-même sa part ; c'était au prêtre Saint-Simonien qu'il appartenait de déterminer les capacités et d'apprécier les œuvres.

Ils soumettaient ainsi l'individu au joug de répartiteurs souverains, arbitres sans appel.

Cette école ne demandait pas la réalisation immédiate et complète de sa théorie. Elle admettait des procédés de transition. Comme prélude à l'abolition de l'héritage, elle proposait l'abolition des successions collatérales, et avec les ressources qui en proviendraient, elle créait un fond commun destiné à des travaux d'utilité publique, à la fondation d'école, etc...

Dans le but de donner plus de force à leur propagande, les Saint-Simoniens résolurent d'appliquer leurs théories dans la mesure du possible. Ils formèrent une association où chaque membre apporta ses capitaux et son travail. Mais ils ne réussirent qu'à prouver l'impuissance de leur système. La division et la ruine vinrent bientôt détruire leur association et en disperser les adeptes.

La même idée d'améliorer le sort de l'humanité en substituant l'association à l'isolement individuel inspira à un autre rêveur, Charles Fourier, tout un plan d'organisation sociale où, comme dans les théories Saint-Simoniennes, la liberté de l'homme était sacrifiée et sa responsabilité supprimée. Tout le monde connaît le plan du Phalanstère.

La société était divisée en fraction de 2,000 personnes qui devaient former une Phalange et posséder un territoire d'une lieue carrée. Les membres de la phalange étaient partagés en groupes et séries de groupes. Les groupes étaient formés d'individus qu'avaient réunis, après libre-choix, les mêmes goûts, les mêmes penchants, les mêmes occupations selon la loi de l'attraction passionnelle. Dans la phalange on se livrait à l'agriculture, à l'industrie, aux lettres, aux arts ; le travail avait lieu en commun dans le phalanstère, vaste habitation qui renfermait des magasins, des salons somptueux, des chambres modestes, etc. Les rangs et les mérites étaient données à l'élection.

« L'intérêt de tous les membres à l'accroissement du produit total, a dit Considérant, le plus convaincu des disciples de Fourier, garantit dans chaque industrie spéciale, à chaque fonctionnaire, une influence et un rang proportionnel à son talent et à sa capacité dans son industrie. » Le prolétaire était associé aux bénéfices et ne menaçait plus la propriété, on réunissait ainsi les avantages de la grande et de la petite propriété, de la petite en ce qu'on supprimait l'ignorance, le manque d'avances, la multiplicité des rouages; de la grande, en abolissant les salariés. Les enfants appartenaient à la phalange et étaient élevés en commun. La femme était indépendante et pouvait suivre ses inclinations.

Les Fouriéristes croyaient naïvement que leur doctrine était le développement du christianisme. « Les prédications du Christ, dit M. Considérant, ses commandements d'amour et de charité ont révélé le but que l'humanité devait se proposer... Il s'en rapportait au développement ultérieur de sa parole, à la puissance logique de son principe pour que le dogme de l'espérance et de l'amour se substituât entièrement à l'ancien dogme de la malédiction. Il savait qu'il faudrait du temps avant que son royaume fût de ce monde, avant que les hommes eussent universalisé entr'eux l'amour, avant qu'ils eussent par des moyens quelconques constitué l'unité de la famille humaine et par suite la paix, l'harmonie et le bonheur sur la terre.... C'était la rédemption de l'humanité universelle par l'incarnation universelle de l'amour dans l'humanité, et non pas une rédemption purement individuelle par la souffrance de Jésus-Christ.... Les disciples, au lieu de s'attacher à la doctrine, à l'esprit, au but, à la loi, absorbant tout dans la personnalité et ne comprenant pas que la rédemption d'après la parole et la pensée de Jésus résulterait de l'accomplissement de la loi par les hommes, voulurent qu'elle résultât de l'accomplissement du sacrifice par Jésus.

« Jésus avait indiqué le but, l'union religieuse de la famille humaine, la tâche de l'intelligence humaine était de découvrir les institutions sociales capables de réaliser cette union, et voici que le dogme enseignant qu'il fallait abandonner et mépriser tout ce qui concernait la terre, renfermait dans le cercle étroit de la moralisation individuelle cette grande pensée du Christ, qui ne pouvait devenir féconde qu'à la condition de conduire l'intelligence à la découverte d'une bonne organisation des choses de ce monde... en un mot, loin d'avoir pour objet le salut exceptionnel de l'individu dans l'autre monde, l'objet principal de la doctrine du Christ est le salut social de l'humanité dans ce monde aussi bien que dans les autres vies » (1)

---

(1) *Destinés sociales.* Victor Considérant. Tome II, page 51.

Comme nous. l'avons dit plus haut, le vice de ce. système, et aussi celui de tous les autres, est de ne tenir aucun compte de la nature humaine et des sentiments les plus fortement enracinés dans le cœur de l'homme. Ainsi, il abolit la famille et le mariage et établit la plus complète promiscuité. C'est que, comme l'a fait très-bien remarquer Proudhon, le Fouriérisme avait vu la connexité de l'hérédité et de la famille, il savait que tant que la famille existerait on ne pourrait pas empêcher un père de pourvoir par la prévoyance à l'avenir de ses enfants. Aussi pour empêcher l'effet il supprima la cause.

Une autre école communiste, celle de M. Louis Blanc, descendit encore plus bas dans l'abîme du matérialisme. Elle se demanda si, dans la répartition des salaires, il était bon d'avoir égard à la force, à l'habileté de l'ouvrier, et s'il ne vaudrait pas mieux donner à tous une rémunération uniforme en s'en remettant au point d'honneur pour empêcher la paresse et corriger l'inconduite.

Cette école ne faisait que reprendre les théories émises par Babeuf lors de la première révolution.

Le seul moyen d'assurer à tous leur subsistance, écrivait Babœuf dans le journal *le Tribun du peuple*, publié en l'an IV, c'est d'établir l'administration commune, de supprimer la propriété particulière, d'attacher chaque homme au talent, à l'industrie qu'il connaît, de l'obliger de déposer les fruits en nature dans un magasin, d'établir une

simple administration des subsistances qui, tenant
registre de tous les individus et de toutes les choses,
fera répartir ces dernières avec la plus parfaite
égalité et les fera déposer dans le domicile de
de chaque citoyen. »

Cette école, cependant, par une bizarre contradiction, ne supprimait pas la famille. Elle recon-
naissait que celle-ci était un *fait naturel* qui, dans
quelque hypothèse que ce fut, ne saurait être
détruit; mais elle considérait l'hérédité comme
« une *convention sociale* que les progrès de la
Société pouvaient faire disparaître... » Elle préten-
dait qu'aucune connexité n'existait entre elle et la
famille.

« Que dans l'ordre social actuel, écrivait
M. Louis Blanc, l'hérédité soit inséparable de la
famille, nul doute à cela. Et la raison en est précisément dans les vices de cet ordre social que nous
combattons. Car, qu'un jeune homme sorte de sa
famille pour entrer dans le monde, s'il s'y présente
sans fortune et sans autre recommandation que
son mérite, mille dangers l'attendent, à chaque
pas il trouvera des obstacles; sa vie s'usera au sein
d'une lutte perpétuelle et terrible, dans laquelle il
triomphera peut-être, mais dans laquelle il court
grand risque de succomber. Voilà ce que l'amour
paternel est tenu de prévoir.

« Changez le milieu où nous vivons, faites que
tout individu qui se présente à la Société pour la

servir soit certain d'y trouver le libre emploi de ses facultés et le moyen d'entrer en participation du travail collectif, la prévoyance paternelle est, dans ce cas, remplacée par la prévoyance sociale. Et c'est ce qui doit être pour l'enfant, la protection de la famille, la protection de la société pour l'homme. »

On le voit, c'est toujours la même chimère d'un être invisible, impalpable, qui s'appelle l'*Etat*, et dont la prévoyance, la sagesse, la sollicitude doivent remplacer celles des individus.

Un autre réformateur dont nous allons parler tout à l'heure et qui a toujours professé le plus grand mépris pour les autres sectes, Proudhon, a réfuté cette utopie avec une vigueur de pensée et une véhémence de langage extraordinaires.

Il nous parait intérèssant de citer ce morceau où le grand polémiste socialiste fait justice des aberrations d'une secte rivale.

« Oui, changez, s'écrie-t-il en s'adressant à M. Louis Blanc, remplacez par la prévoyance sociale, la prévoyance paternelle! Si je ne vous avais lu je vous attendrais à l'œuvre. Quel malheur aussi que vous ne puissiez remplacer encore le travail des individus par le travail de l'Etat! Quelle calamité que l'Etat ne puisse à la place des particuliers, se marier, faire des enfants, les nourrir et les pourvoirs! Mais que dis-je? Le travail libre et la production des enfants par des couples ne sont-ils pas choses naturelles, et l'hérédité chose de convention.

Mais que répondrez-vous à ce père qui vient vous dire : lorsque je fais mon testament, je ne le fais pas seulement pour ceux que j'institue mes héritiers, je le fais aussi pour moi. L'acte de mes dernières volontés est une forme par laquelle je continue à jouir de mes biens après que j'ai cessé de vivre, une manière de rester dans la Société que je quitte, une prolongation de mon être parmi les hommes. C'est le lien de solidarité qui m'unit à mes enfants, qui rend entre nous les affections, les obligations communes. Vous me vantez votre prévoyance, en échange de laquelle vous me demandez mon bien. Je compte plus sur moi-même que sur un fondé de pouvoirs. Vous avez trop de soins pour penser à tout et en temps utile : d'ailleurs, je ne vous connais pas? Qui donc êtes-vous, vous qui vous appelez l'Etat? Qui vous a vu? Où demeurez-vous? Quelles garanties sont les vôtres? Ah! vous ressemblez au Dieu de vos prêtres, vous promettez le ciel à condition qu'on vous donne la terre. Montrez-vous donc enfin, montrez-vous une fois dans votre sagesse et votre souveraine puissance.

« L'abolition de l'hérédité procède de cette idéologie absurde qui consiste à remplacer partout l'action libre de l'homme par la force d'initiative du pouvoir, l'être réel par un être de raison, la vie et la liberté par une chimère dont la triste influence a été la cause de presque toutes les calamités sociales (1).

Bastiat ne désavouerait point ce langage qui ne diffère du sien que par la forme.

Nous ne dirons rien des systèmes communistes d'Oven, de Cabet, etc.; ils ont de grands rapports avec les précédents. Le fond de la doctrine est le même.

Il nous resté à parler du célèbre écrivain socialiste auquel nous venons d'emprunter une éloquente page, de Proudhon. Le talent remarquable qu'il a déployé dans ses écrits, l'influence que ses idées ont encore aujourd'hui, rendent son œuvre digne d'un examen sérieux et d'une étude attentive. Dialecticien admirable, tous les jeux de l'esprit lui sont familiers; on est confondu devant l'art merveilleux avec lequel il sait soutenir tour à tour le *pour* et le *contre*, le *oui* et le *non*, et l'on est souvent déconcerté par l'étonnante gymnastique intellectuelle à laquelle sa pensée sait se livrer. On ne peut s'empêcher de déplorer que des qualités aussi brillantes aient été mises toujours au service du paradoxe, et de regretter que son esprit n'ait pas choisi une autre voie. Lorsque sa grande intelligence peut en effet se dégager un instant du parti pris et concevoir une idée juste et vraie, nul ne sait l'exprimer avec plus de force et d'éclat.

---

(1) Proudhon. *Contradictions économiques*, tome II, p. 203.

Son système se sépare complétement de tous les
autres, il offre une apparence plus scientifique.
Ainsi que nous l'avons vu plus haut, il repousse
la communauté; il signale l'irréparabilité de ses
injustices, la violence qu'elle fait aux sympathies et
aux répugnances, le joug de fer qu'elle impose à la
volonté, la torture morale où elle tient la conscience,
l'atonie où elle plonge la société, et pour tout
dire, l'uniformité béate et stupide par laquelle elle
enchaîne la personnalité libre, active, raisonneuse,
insoumise de l'homme.

A l'en croire, ce n'est pas le renversement, mais
le développement des institutions sociales qu'il
rêve. Il admet la propriété; ce qu'il veut détruire
ce sont ce qu'il appelle ses abus, c'est-à-dire la
rente et l'intérêt du capital.

Il s'est emparé habilement de la théorie de l'école
utilitaire sur la rente pour en déduire ses conclusions. Nous avons vu que cette école justifiait la
propriété par sa nécessité et qu'elle ne cherchait
point à lui donner d'autre base. Proudhon commence par reconnaître avec elle que la propriété,
dont la rente est l'honoraire, a été nécessaire. Il
convient que sans l'appropriation du sol à l'origine
des sociétés, l'activité humaine se serait perdue
dans le vide et qu'il était indispensable de rattacher
plus fortement par ce moyen l'homme à la nature
pour mettre en valeur le globe. La rente a été, selon lui, le prix d'un contrat synallagmatique inter-

venu entre la Société et l'homme, elle a été l'émolument payé au propriétaire pour la gestion que lui conférait son nouveau droit. Il reconnait même que, le plus souvent, elle a été employée par lui au profit de la société tout entière : « Pour qui envisage les choses de haut et dans leur vérité inflexible, a-t-il écrit, le rentier, dans une société en voie d'organisation, n'est pas autre chose que le gardien des économies sociales, le curateur des capitaux formés par la rente. D'après la théorie que tout travail doit laisser après lui un excédant destiné, partie à augmenter le bien être du producteur, partie à améliorer le fonds productif, le capital peut se définir une extension par le travail du domaine que nous a donné la nature. La terre exploitable est renfermée dans d'étroites limites; le globe entier ne nous parait déjà que comme une cage où nous sommes détenus, sans savoir pourquoi. Une certaine quantité de provisions et de matériaux nous sont donnés, au moyen desquels nous pouvons embellir, étendre, chauffer et assainir notre étroite habitation. Toute formation de capital équivaut donc pour nous à la conquête d'un terrain, or, le propriétaire, comme chef d'expédition, est le premier qui profite de l'aventure. En résultat, et malgré les immenses déperditions de capitaux qui arrivent par l'imprévoyance, la lâcheté ou la débauche des détenteurs, c'est ainsi que les choses se passent dans la société ;

la grande majorité des rentes est employée à de nouvelles exploitations. La France va dépenser deux milliards en canaux et chemins de fer, c'est comme si elle ajoutait à son territoire la moitié d'un département. D'où vient cette extension merveilleuse? de l'épargne collective, de la rente. »

On ne pouvait faire un tableau plus exact des services qu'à rendus le capital et qu'il rend encore. Mais après avoir reconnu ainsi qu'en fin de compte, l'organisation de la société a été favorable au progrès, il déclare que les raisons d'utilité qui, a l'origine, avaient légitimé la propriété et la rente, n'existent plus; qu'aujourd'hui l'effet moral de la propriété était obtenu; que le cadastre de la terre était dressé, et que la division parcellaire du sol ne devait plus servir que d'instrument de science; en conséquence qu'il y avait lieu de faire une meilleure distribution de la rente, de telle manière qu'elle profitât également à tout le monde et qu'elle tombât dans la communauté. Dans ce but il propose de substituer à la propriété la mutualité.

Voici en quels termes il définit celle-ci :

« Ce doit être une loi d'échange, une théorie de *mutualité*, un système de garanties qui résolve les formes anciennes de nos sociétés civiles et commerciales et satisfasse à toutes les conditions d'efficacité, de progrès et de justice qu'a signalées la critique, une société non plus seulement conventionnelle, mais réelle, qui change la division parcel-

laire en instrument de science, qui abolisse la
servitude des machines et prévienne les crises de
leur apparition ; qui fasse de la concurrence un
bénéfice et du monopole un gage de sécurité pour
tous, qui, par la puissance de son principe, au lieu
de demander crédit au Capital et protection à l'État,
soumette au travail le Capital et l'État ; qui, par la
sincérité de l'échange, crée une véritable solidarité
entre les peuples ; qui, sans interdire l'initiative
individuelle, sans prohiber l'épargne domestique,
ramène incessamment à la société les richesses
que l'appropriation en détourne ; qui, par ce mouvement de sortie et de rentrée des capitaux, assure
l'égalité politique et industrielle des citoyens et, par
un vaste système d'éducation publique, procure,
en élevant toujours leur niveau, l'égalité des fonctions et l'équivalence des aptitudes ; qui, par la
justice, le bien-être et la vertu, renouvelant la conscience humaine, assure l'harmonie et l'équilibre
des générations ; une société, en un mot, qui, étant
tout à la fois organisation et transition, échappe
au provisoire, garantisse tout et n'engage rien.

« La théorie de la mutualité ou du *mutuum*,
c'est-à-dire de l'échange en nature, dont la forme
la plus simple est le prêt de consommation, est, au
point de vue de l'être collectif, la syntèse des deux
idées de propriété et de communauté, synthèse
aussi ancienne que les éléments qui la constituent,
puisqu'elle n'est autre chose que le retour de

la société à sa pratique primitive à travers un dédale d'inventions et de systèmes, le résultat d'une méditation de six mille ans sur cette proposition fondamentale : A égale A. »

Egalité des fonctions, équivalence des aptitudes, conciliation des idées de propriété et de communauté, voilà donc en deux mots sa formule; abolition de tous les avantages sociaux qui ne sont pas le résultat du travail actuel de l'homme, c'est-à-dire, suppression de la rente, qui, selon lui, n'est qu'un tribut payé au propriétaire du sol pour qu'il en abandonne la jouissance et, par conséquent, que le profit de son usurpation et que l'intérêt du capital qu'il considère comme de l'usure.

« Que le travailleur fasse les fruits siens, dit-il, je l'accorde, mais je ne comprends pas que la propriété des fruits emporte celle de la matière. Le pêcheur qui, sur la même côte, sait prendre plus de poissons que ses confrères, devient-il par cette habileté, propriétaire des parages où il pêche ?

« L'adresse du chasseur fut-elle jamais regardée comme un titre de propriété sur tout le gibier d'un canton ? La parité est parfaite. Le cultivateur diligent trouve dans une récolte abondante et de meilleure qualité la récompense de son industrie; s'il a fait sur le sol des améliorations, il a droit à une préférence comme possesseur, jamais, en aucune façon, il ne peut-être admis à présenter son habileté do cultivateur comme un titre à la propriété du sol qu'il cultive (1). »

L'assimilation que fait Proudhon de la culture du sol à la pêche et à la chasse n'est pas exacte. Il n'existe en effet aucun rapport entre ces divers modes d'exploitation des produits de la nature. Le pêcheur ne rend pas la côte productive par son industrie, le chasseur ne peuple pas de gibier les cantons qu'il parcourt. Le cultivateur, au contraire, crée, pour ainsi dire, le champ qu'il cultive, il le défriche, il le transforme, il l'arrose de ses sueurs avant de pouvoir en tirer un produit. Peut-être l'eut-il laissé inculte si la durée de son droit avait dû recevoir d'arbitraires limites. Ce qui le prouve, c'est que dans les pays où la communauté des terres existe, le sol est resté à l'état vierge et ne donne que d'insignifiantes récoltes. La fertilité est partout le résultat du travail de l'homme et non de la libéralité de la nature. Il est juste par conséquent que ce qui est le fruit des efforts humains demeure à l'homme et que celui-ci retire de ses services le profit auxquels ils lui donnent droit.

Il est vrai qu'une certaine quantité de matière brute se trouve incorporée à son travail. Mais, ainsi que Bastiat l'a victorieusement démontré dans sa théorie sur la rente, cette matière, bien qu'appropriée, n'entre pas dans la composition de

---

(1) Proudhon: *Qu'est-ce que la propriété !*

la valeur des produits et reste, par conséquent, commune et gratuite. Cela nous conduit à l'examen d'un autre argument que Proudhon a encore présenté, à l'appui de sa thèse.

« Si la liberté de l'homme est sainte, dit-il, elle est sainte au même titre pour tous ; si elle a besoin d'une propriété pour agir en dehors, cette appropriation est d'égale nécessité pour tous ; si je veux être respecté dans mon droit d'appropriation, il faut que je respecte les autres dans le leur, conséquemment si dans le champ de l'infini la puissance d'appropriation de la liberté peut ne rencontrer de borne qu'en elle-même, dans la sphère du fini cette même puissance se limite, selon le rapport mathématique du nombre des libertés, à l'espace qu'elles occupent ; ne s'en suit-il pas que si une liberté peut empêcher une autre liberté sa contemporaine de s'approprier une matière égale, elle ne peut davantage ôter la faculté aux libertés futures parceque, tandis que l'homme passe, l'universalité persiste et que la loi d'un tout éternel ne peut dépendre de sa partie phénoménale?

« Et de tout cela ne doit-on pas conclure que toutes les fois qu'il naît une personne douée de liberté il faut que les autres se serrent et par réciprocité d'obligation si le nouveau venu est désigné subséquemment pour héritier, le droit de succession ne constitue pas pour lui un droit de cumul mais seulement un droit d'option? Cent mille hommes s'établissent dans une contrée grande comme la France et vide d'habitants, le droit de chacun est de un cent millième, si le nombre des possesseurs augmente, la part de chacun diminue en raison de cette augmentation, en sorte que si le nombre d'habitants est de 34 millions le droit de chacun soit un trente millionième. Arrangez maintenant la police et le gouvernement, le travail, les échanges, les successions, etc..., de manière que les moyens de travail restent toujours égaux, et que chacun soit libre et la société sera parfaite. » Proudhon ne prend pas garde que pour se serrer et se desserrer ainsi, il faudrait renouveler à tout instant le partage, parce que, à chaque minute, le nombre des hommes varie par décès ou par naissance ; or, une telle opération introduirait dans la société une perpétuelle anarchie. Le droit de propriété, même restreint et tel que Proudhon l'admet, subirait continuellement de graves atteintes car il serait impossible de le respecter au milieu de ces perpétuels changements. Le communisme serait peut-être d'une application plus facile que ce système qui ne reconnaît le droit de propriété que pour le violer sans cesse,

En outre Proudhon s'est élevé avec énergie contre l'immixtion de l'Etat dans les rapports des citoyens entre eux. Mais il ne dit pas, qui, dans son système, serait chargé de la répartition de la propriété, qui surveillerait l'application de la loi d'échange, de la théorie de mutualité dont il a parlé avec tant de complaisance. Son utopie offre donc le même caractère que toutes celles que nous avons précédemment examiné. En dépit de son auteur, elle procède du même esprit tyrannique. Elle sacrifie la liberté industrielle à une chimérique et arbitraire combinaison sociale.

Nous avons exposé les principales doctrines émises par les réformateurs de 1848. On comprend à quel point elles avaient dû surexciter toutes les passions et troubler tous les cerveaux.

Le gouvernement provisoire, sous la pression de l'émeute, avait dû leur faire de dangereuses concessions. C'est ainsi qu'il avait institué, sous la présidence de M. Louis Blanc, la commission du Luxembourg chargée de discuter et d'élaborer les questions sociales; c'est ainsi que, pour donner satisfaction à la théorie du droit au travail, il avait ouvert des ateliers nationaux où se recrutait l'armée du désordre.

En présence du danger que ce prodigieux débordement d'idées malsaines faisait courir à la société, Bastiat vint à son secours.

Dès le lendemain de la Révolution du 24 février 1848, il avait prévu le péril auquel l'ordre public était exposé. Dans une lettre qu'il adressait, le 29 février à son ami M. Coudroy, il s'exprimait ainsi :

« La Révolution de Février a été certainement

plus héroïque que celle de Juillet, rien d'admirable comme le courage, l'ordre, le calme, la modération de la population parisienne. *Mais quelles en seront les suites?* Depuis dix ans de fausses doctrines, fort en vogue, nourrissent les classes laborieuses dans d'absurdes illusions. Elles sont maintenant convaincues que l'Etat est obligé de donner du pain, du travail, de l'instruction à tout le monde. Le gouvernement provisoire en a fait la promesse solennelle, il sera donc forcé de renforcer tous les impôts pour essayer de tenir cette promesse, et, malgré cela, il ne la tiendra pas. Je n'ai pas besoin de dire l'avenir que cela nous prépare.

« Il y aurait une ressource, ce serait de combattre l'erreur elle-même, mais cette tâche est si impopulaire qu'on ne peut la remplir sans danger; je suis pourtant résolu de m'y dévouer, si le pays m'envoie à l'Assemblée nationale.

« Il est évident que toutes ces promesses aboutiront à ruiner la province pour satisfaire la population de Paris ; car le gouvernement n'entreprendra jamais de nourrir tous les métayers, ouvriers et artisans des départements et surtout des campagnes. »

Dès le premier jour, on le voit, la pensée de combattre toutes ces erreurs lui était venue. Mais un sentiment de découragement l'arrêtait.

« Comment, comment, disait-il, lutter contre une

école qui a la force en main et qui promet le bonheur parfait à tout le monde?

« Ainsi si l'on me disait tu vas faire prévaloir ton
idée aujourd'hui et demain tu mourras dans l'obs-
curité, j'accepterais de suite, mais lutter sans
chance, sans être même écouté, quelle rude
tâche.

« Il y a plus, l'ordre et la confiance étant l'intérêt
suprême du moment, il faut s'abstenir de toute
critique et appuyer le gouvernement provisoire à
tout prix, en le ménageant même dans ses erreurs.

C'est un devoir qui me force à des ménagements
infinis. »

Quelle abnégation, quelle modération et quelle
clairvoyance dans tout ce langage !

Aux élections qui suivirent, le département des
Landes l'envoya à l'Assemblée Constituante.

Il ne se fit pas d'illusion sur le rôle un peu
effacé auquel le condamnait sa santé déjà maladive.

Il regretta même que cette élection l'empêchât
de rester au fond de la retraite et de travailler pai-
siblement à cette synthèse économique qu'il avait
déjà dans la tête et qui ne devait paraître que plus
tard sous le titre d'*Harmonies économiques.*

« Combien, écrivait-il à Cobden, il eut été plus
sage de consacrer mes derniers jours à creuser
dans le silence le grand problème de la destinée
sociale ; d'autant que quelque chose me dit que
je serais arrivé à la solution. »

Quoiqu'il en soit, son élection à l'Assemblée eut cet avantage de l'empêcher de se désintéresser des événements et des choses du jour. Elle le força d'observer le mouvement des esprits et enfin elle l'engagea dans la lutte.

La faiblesse de sa voix l'empêchait de prendre là parole dans une assemblée de 900 membres, mais l'activité de son esprit n'en fut pas diminuée.

Ne pouvant faire des discours, il fit des pamphlets, des brochures, des articles pour les journaux.

Dans une lettre à M. Condroy, il indique luimême la tâche qu'il s'était donnée, et qu'il a remplie.

«Il n'est pas une question brûlante qui n'ait donné lieu à une brochure de moi. Il est vrai que j'y traitais moins la question pratique que celle du principe. En cela, j'obéissais à la nature de mon esprit qui est de remonter à la source des erreurs, chacun se rend utile à sa manière.

« Au milieu des passions déchaînées je ne pouvais exercer d'action sur les effets, j'ai signalé les causes. Suis-je resté inactif? »

Le sentiment qui le poussait dans la lutte était un sentiment bien désintéressé! Le rôle qu'il s'était donné ne pouvait que l'exposer à la défiance de tous les partis. On est toujours mal venu à faire entendre une parole impartiale et le langage de la science au milieu des colères et du tumulte d'une guerre civile. Bastiat s'était rendu compte de cette situation, mais il en parlait sans amertume en homme qui connaît trop bien les passions humaines pour s'irriter de leur injustice.

« Nous sommes dans un temps, écrivait-il à M. Coudroy, où il faut se jeter dans un des partis extrêmes si l'on veut réussir. Quiconque voit d'un œil froid les exagérations des partis et les combats reste délaissé et écrasé au milieu. Je crains que nous ne marchions vers une guerre sociale, vers la guerre des pauvres contre les riches, qui pourrait bien être le fait dominant de la fin du siècle. Les· pauvres sont ignorants, violents, travaillés d'idées chimériques, absurdes, et le mouvement qui les emporté est malheureusement justifié, dans une certaine mesure, par des griefs réels, car les con-'tributions indirectes sont pour eux l'impôt progressif pris à rebours. Cela étant ainsi je ne pouvais avoir qu'un plan : combattre les erreurs du peuple et aller au devant des griefs fondés, afin de ne jamais laisser la justice de ce côté.

« Mais il s'est rencontré que les riches profitant du besoin de sécurité qui est le trait saillant de l'opinion publique, exploitent ce besoin au profit de leur injustice. Ils restent froids, égoistes et flétrissent tout effort qu'on fait pour les sauver et ne rêvent que la restauration du petit nombre d'abus que la Révolution a ébranlés.

« Je devais déplaire aux deux partis par cela même

que je m'occupais plus de les combattre dans leurs torts que de m'enrôler sous leur bannière; moi et tous les hommes de conciliation scientifique, je veux dire fondée sur la justice expliquée par la science, nous resterons sur le carreau. »

Et, en effet, malgré ses services, il devient presque suspect aux conservateurs eux-mêmes. Nul ne songe à l'aider à répandre ses utiles brochures.

« La classe bourgeoise est si aveugle, si passionnée, si confiante dans sa force naturelle, qu'elle juge à propos de ne pas m'aider. »

Ainsi les lettres qu'il adressa à Proudhon furent dédaignées par la bourgeoisie parce qu'elles avaient paru dans le journal même de Proudhon, *la voix du Peuple*; comme si elles pouvaient faire du bien ailleurs !

Comme il ne concluait pas au *statu-quo* en toutes choses, on alla même jusqu'à l'accuser d'être socialiste.

Néanmoins, malgré tout, il poursuivit sa tâche avec un zèle infatigable. A la doctrine de Louis Blanc, il opposa les pamphlets de *Justice et fraternité* et de *Propriété et loi;* à la doctrine de Considérant, la brochure de *Propriété et spoliation,* qui parut dans le journal des *Débâts;* à la doctrine de Proudhon, qui gagnait comme un incendie, celle de *Capital et rente;* au papier monnaie, la brochure *Maudit argent, etc.*

La source pratique du communisme se montre-telle, il écrit le pamphlet *Protectionisme et communisme*.

Les idées qu'il émit dans toute cette polémique sont celles qu'on retrouve partout dans ses œuvres : Laisser agir la liberté, attendre tout du développement naturel de la société, écarter autant que possible l'intervention de l'Etat qui ne peut que troubler et déranger l'harmonie des lois naturelles.

Un symptôme l'avait particulièrement effrayé après la révolution de 1848, c'était cette idée dominante et dont nous avons déja parlé qui avait envahi toutes les classes de la société, que l'Etat était chargé de faire vivre tout le monde.

Cette idée se rencontrait avec la même unanimité dans tous les systèmes des réformateurs, ainsi que nous l'avons vu.

Louis Blanc voulait que l'Etat intervint pour assurer l'égale répartition des salaires, Proudhon le chargeait d'instituer le crédit gratuit.

Les devoirs, même moraux, tels que l'amour du prochain, devaient être prescrits par la loi et l'Etat devait veiller à leur accomplissement.

Bastiat cherche à définir la véritable mission de l'Etat.

Suivant lui, le droit collectif a son principe dans le droit individuel. Chacun tient de la nature le droit de défendre sa personne, sa liberté, sa propriété qui sont les trois éléments constitutifs et conservateurs de sa vie.

Plusieurs personnes ont le droit de s'entendre, de s'organiser, pour pourvoir régulièrement à cette défense.

Mais, de même que la force d'un individu ne peut légitimement attenter à la vie, à la liberté et à la propriété d'un autre individu, la force commune ne le peut pas davantage. Celle-ci n'est et ne peut avoir été instituée que pour maintenir la justice.

Malheureusement cette force, qui, dans les sociétés, s'exerce par le moyen de la loi, ne s'est pas renfermée dans son rôle. Elle a agi contrairement à sa propre fin et souvent elle s'est appliquée elle-même à anéantir la justice.

Cette perversion s'est accomplie sous l'influence de deux causes, qui sont l'égoïsme inintelligent et la fausse philantropie.

Bastiat définit de la manière suivante la première de ces causes ;

« Se conserver, se développer, c'est l'aspiration commune à tous les hommes, de telle sorte que si chacun jouissait du libre exercice de ses facultés et de la libre disposition de leurs produits, le progrès social serait incessant, ininterrompu, infaillible. Mais il est une autre disposition qui leur est aussi commune, c'est de vivre et de se développer quand ils le peuvent aux dépens les uns des autres. Ce n'est pas là une imputation hasardée, émanée d'un esprit chagrin et pessimiste. L'histoire en rend témoignage par les guerres incessantes, par les migrations, l'universalité de l'esclavage, les fraudes industrielles et les monopoles dont ses annales sont remplies. »

« Cette disposition funeste prend naissance dans la constitution même de l'homme, dans ce sentiment primitif, universel, invincible qui le pousse vers le bien-être et lui fait fuir la douleur. »

La loi doit réprimer cette tendance spoliatrice. Elle doit assurer à chacun la liberté qui lui est nécessaire pour pourvoir à ses besoins et lorsqu'il a travaillé dans ce but, elle doit empêcher que les fruits de son travail ne lui soient ravis. Il n'appartient pas à la loi de créer la propriété; celle-ci a son principe dans la nature même de l'homme. L'homme ne peut vivre, en effet, qu'en s'appropriant les choses, qu'en appliquant ses facultés sur les choses, c'est-à-dire en travaillant ou bien en s'appropriant le produit des facultés de son semblable, c'est-à-dire en le spoliant.

Toute la mission de la loi est d'empêcher cette spoliation, c'est-à-dire de défendre la propriété et la liberté; deux choses inséparables.

Malheureusement la loi est faite le plus souvent par une classe d'hommes, à leur profit.

Jusqu'à notre époque la spoliation s'était exercée par le petit nombre, mais aujourd'hui que le droit de légiférer est universel, la spoliation tend à devenir universelle aussi.

De toutes parts on a demandé quelque faveur à la loi : tarifs protecteurs, primes d'encouragement, droit au profit, droit au travail, droit à l'assistance, droit à l'instruction, impôt progressif, gratuité du crédit, ateliers sociaux, en un mot l'organisation la plus complète possible de la spoliation.

La société, suivant Louis Blanc, doit recevoir pour tout l'impulsion du pouvoir, car la liberté conduit toujours fatalement au monopole et les tendances de l'humanité sont mauvaises.

Les intérêts sont antagoniques, disent de leur côté les socialistes, et partant de cette idée ils sont conduits à chercher pour les intérêts une organisation artificielle ou même à étouffer dans le cœur de l'homme le sentiment de l'intérêt. Ils veulent créer le dévouement légal et l'imposer par la force.

« La loi, ont-ils dit, doit être le refuge de l'opprimé et non l'arme de l'oppresseur. »

Bastiat combat avec énergie cette tendance à tout rapporter à la loi.

A ce reproche adressé à l'économie politique d'exclure la fraternité de la loi, pour ne lui demander que la justice, il répond que la société est plus vaste que la loi, qu'une foule de sentiments se meuvent en dehors de celle-ci. Qu'aussi la loi qui peut demander à l'homme d'être juste ne peut lui demander d'être dévoué. La fraternité est un sentiment qui, par sa nature, ne peut être imposé.

D'abord il est infini, le sacrifice n'a pas de limites, ensuite, s'il est forcé, il cesse d'être fraternel.

Quelle utopie que de soutenir que l'Etat a pour mission d'allaiter l'enfance, d'instruire la jeunesse, d'assurer du travail aux forts, de donner des ressources aux faibles, en un mot d'intervenir directement pour soulager toutes les souffrances, satisfaire et prévenir tous les besoins, fournir des capitaux à toutes les industries, des lumières à toutes les intelligences, des baumes à toutes les plaies, des asiles à toutes les infortunes et même des secours et du sang français à tous les opprimés sur la surface du globe, assumer enfin sur lui tout ce que la Providence a mis de lourd et de laborieux à la charge de l'humanité.

Il faudrait un Dieu en personne pour créer et faire mouvoir tous les rouages d'une organisation aussi compliquée. Le génie humain n'y pourrait suffire.

Combien il est plus simple de laisser à la liberté et au temps le soin de permettre à tant de besoins de se faire jour et de s'imposer, en même temps que de créer les moyens de les satisfaire.

« Dieu, dit Bastiat, a mis dans l'humanité tout ce qu'il faut pour qu'elle accomplisse ses destinées. Il y a une physiologie sociale providentielle comme il y a une physiologie humaine providentielle. Les organes sociaux sont ainsi constitués de manière à se développer harmoniquement au grand air de la liberté.....

«Qu'on repousse les systèmes, qu'on mette enfin à l'épreuve la liberté ; la liberté qui est un acte de foi en Dieu et en son œuvre »

L'événement donna raison d'une manière éclatante à ces sages conseils et montra le danger des erreurs dont nous venons de parler.

Toutes les satisfactions accordées aux réclamations des socialistes amenèrent les plus grands malheurs.

Le sang coula dans les rues de Paris, triste effet des décrets sur la fraternité ! Après les journées de juin 1848, Bastiat écrivait à Richard Cobden :

« Mon cher Cobden, vous avez appris l'immense catastrophe qui vient d'affliger la France et qui afflige le monde. Je crois que vous serez bien aise d'avoir de mes nouvelles....

« Permettez-moi de laisser à nos journaux le soin de vous apprendre les faits. Je vous dirai quelques mots sur les causes. Selon moi elles sont toutes dans le socialisme. Depuis longtemps nos gouvernants ont empêché autant qu'ils l'ont pu la diffusion des connaissances économiques. Ils ont fait plus. Par ignorance ils ont préparé les esprits à recevoir les erreurs du socialisme et du faux républicanisme ; *car c'est là l'évidente tendance de l'éducation classique et universitaire,* (1) La nation s'est

---

(1) Voir à ce sujet le pamphlet intitulé : *Baccalauréat et socialisme.*

engouée de l'idée qu'on pouvait faire de la fraternité avec la loi. On a exigé de l'Etat qu'il fît directement le bonheur des citoyens.

« Mais qu'est-il arrivé ? En vertu des penchants naturels du cœur humain, chacun s'est mis à réclamer pour soi de l'Etat une plus grande part de bien être, c'est à dire que l'Etat ou le Trésor public a été mis au pillage. Toutes les classes ont demandé à l'Etat, comme en vertu d'un droit, des moyens d'existence. Les efforts faits dans ce sens par l'Etat n'ont abouti qu'à des impôts et des entraves et à l'augmentation de la misère et alors les exigences du peuple sont devenues plus impérieuses; A mes yeux le régime protecteur a été la première manifestation de ce désordre. Les propriétaires, les agriculteurs, les manufacturiers, les armateurs ont invoqué l'intervention de la loi pour accroître leur part de richesse. La loi n'a pu les satisfaire qu'en créant la détresse des autres classes et surtout des ouvriers. Alors ceux-ci se sont mis sur les rangs et, au lieu de demander que la spoliation cessât, ils ont demandé que la loi les admit aussi à participer à la spoliation. »

En écrivant ces lignes, Bastiat se souvenait qu'à la tribune M. Billaut avait soutenu le droit au travail en invoquant les doctrines du régime protecteur et qu'il avait dit: Vous accordez des faveurs aux uns, accordez-en à tous. Vous enrichissez les manufacturiers, avait ajouté M. Crémieux, enrichissez aussi les prolétaires. Ne refusez pas de faire pour les classes souffrantes ce que vous faites pour les classes privilégiées, avait dit M. Nadaud. »

Bastiat continue :

« Elle *(la spoliation)* est devenue générale, universelle, elle a entrainé la ruine de toutes les industries. Les ouvriers, plus malheureux que jamais, ont pensé que le dogme de la fraternité ne s'était pas réalisé pour eux et ils ont pris les armes. Vous savez le reste..... Il me semble que je suis le seul à l'Assemblée Nationale qui voie la cause du mal et par conséquent le remède. Mais je suis obligé de me taire, car à quoi bon parler pour n'être pas compris.

« En définitive ce que je demande c'est le triomphe des harmonieuses et simples lois de la Providence. Est-il présumable qu'elle s'est trompée ? »

Nous venons de voir à quelles causes Bastiat attribuait l'erreur commune à tous les réformateurs communistes et socialistes relativement à la mission de la loi et au rôle de l'Etat dans la société et au nom de quels principes il la combattit.

Comme c'est sur cette erreur que reposent tous leurs systèmes, toutes leurs combinaisons, nous avons tenu à indiquer tout d'abord comment Bastiat parvint à la réfuter. Nous venons de voir que c'est à ses propres doctrines qu'il emprunta ses armes et notamment à sa doctrine de l'harmonie.

Nous allons examiner maintenant quel usage il

fit de quelques-unes de ses théories relatives à la valeur, au capital, à l'intérêt, à la rente, dans la lutte qu'il engagea contre le plus redoutable de tous les réformateurs socialistes, contre Proudhon.

Cette lutte nous montrera de plus son talent sous un jour nouveau qui nous en fera apprécier plus particulièrement la finesse sans subtilité et la logique sans emportement.

En février 1849, Bastiat publia un opuscule intitulé *capital et rente*, et destiné à défendre la productivité du capital, qui était attaquée par les socialistes.

Proudhon avait écrit, en effet, dans le manifeste électoral du peuple, que la productivité du capital, que le christianisme avait condamné sous le nom d'usure, était la vraie cause de la misère, le vrai principe du prolétariat, l'éternel obstacle à l'établissement de la République.

Un journal : *La Ruche populaire*, écrivait également :

« Mais avant tout il faut que l'exercice du travail soit libre, c'est-à-dire que le travail soit organisé de telle sorte qu'il ne faille pas payer aux argentiers et aux patrons ou maîtres cette liberté du travail, ce droit du travail que mettent à si haut prix les exploiteurs d'hommes. »

« La Révolution sera toujours à recommencer, disait le célèbre démocrate socialiste Thoré, tant qu'on s'attaquera seulement aux conséquences sans

avoir la logique et le courage d'abolir le principe
lui-même. Ce principe, c'est le capital, la fausse
propriété, le revenu, la rente, l'usure que l'ancien
régime fait peser sur le travail.

« Le jour où les aristocrates ont inventé cette
incroyable fiction que le capital avait la vertu de se
reproduire tout seul, les travailleurs ont été à la
merci des oisifs.

« Est-ce qu'au bout d'un an vous trouverez un
écu de cent sous de plus dans un sac de cent francs.

« Commençons donc par l'anéantissement de
cette fiction funeste. »

Pour répondre à ces attaques, Bastiat se proposa
d'étudier la question de savoir si l'intérêt du capital était naturel, juste, légitime et aussi utile à
celui qui le paie qu'à celui qui le perçoit.

Après avoir reconnu qu'à première vue il peut
paraître singulier que le capital prétende à une rémunération perpétuelle, il expose combien il serait
injuste que celui qui a créé des instruments de travail, des matériaux ou des provisions, soit obligé
de les céder sans compensation; qui voudrait désormais mettre en réserve quoique ce fut et ne préférerait pas le consommer à mesure qu'il le produirait? Le capital ne se formerait plus, parce qu'il n'aurait plus d'intérêt à se former et le travail n'aurait
plus d'avances.

Le socialiste Thoré, en soutenant que les capitaux
ne sont pas doués de la faculté de se reproduire,

commet une grave erreur. Elle vient de ce qu'il considère le mot de capital comme le synonyme du mot argent. Avant la découverte de ce métal, il y avait déjà des capitalistes. Seulement les capitaux étaient alors représentés par des matériaux, c'est-à-dire des objets tout préparés pour être utilisés par le travail, par des instruments, c'est-à-dire des outils, des machines, etc.., et par des provisions destinées à être consommées pendant la durée du travail.

Dans ce temps-là, celui qui prêtait quelqu'une de ces trois choses, donnait à l'emprunteur les moyens de produire de nouvelles valeurs; il lui rendait un service dont il pouvait légitimement réclamer l'équivalent, car il se privait de la faculté de se rendre à lui-même le même service.

En vertu du principe de la mutualité des services, l'emprunteur lui devait cet équivalent pour qu'il y eut échange.

La monnaie n'a pas modifié cette situation. Elle sert d'intermédiaire dans les échanges.

Depuis l'introduction de la monnaie, dit J.-B. Say, chaque échange se décompose en deux facteurs, la vente et l'achat. C'est la réunion des deux facteurs qui constitue l'échange complet. Le numéraire n'est qu'une forme transitoire que les hommes donnent à d'autres valeurs, à des utilités réelles, telles que des instruments, des matériaux, des provisions. C'est pour l'usage de ces choses qui, dans les mains de l'emprunteur, pourront servir à en produire d'autres, que l'intérêt est dû.

Sans ces choses, en effet, le travail de l'homme serait ingrat et presque nul. Aussi attache-t-on un grand prix à les posséder et n'hésite-t-on pas pour les avoir en prêt, à en payer très-cher l'usage.

Bastiat démontre ensuite que l'intérêt ne nuit pas à l'emprunteur. Les capitaux, en effet, ne se forment que sous la stimulation et la perspective d'une juste rémunération. Cette rémunération est d'autant plus élevée que les capitaux sont plus rares. En niant la légitimité de l'intérêt, en proclamant la gratuité du crédit, les socialistes découragent l'épargne et poussent ainsi à la rareté des capitaux et par suite à l'élévation du taux de l'intérêt.

Du reste, le prêteur, qui vit sur les services qu'il reçoit, les reçoit très-légitimement en échange des services qu'il a lui-même rendus, qu'il continue de rendre et qui sont très-réels, puisqu'ils sont librement et volontairement reçus. Le loisir, fruit de l'activité passée et de l'épargne, est donc légitime.

De plus, sans ce loisir, l'humanité ne connaîtrait ni les arts, ni les sciences, ni toutes ces inventions préparées par des investigations de pure curiosité ; la pensée serait inerte, l'homme imperfectible, l'humanité croupirait dans la vie végétative et stationnaire. Il est un des rouages du mécanisme social.

Le ·capital· spiritualise l'âme humaine, non-seulement sans peser·d'un poids quelconque sur ceux que les conditions de la vie vouent à de rudes labeurs, mais encore en les soulageant progressivement de ce que le labeur a de plus lourd et de plus répugnant. -

Les lois doivent donc surtout favoriser l'épargne, source du capital, car en s'accumulant les capitaux pénétreront dans toutes les couches sociales et par une progression admirable, après avoir affranchi les prêteurs, ils affranchiront les emprunteurs eux-mêmes.

Proudhon a tiré de la décroissance de l'intérêt à mesure que la civilisation augmente, la conclusion suivante :

Puisque l'intérêt se rapproche de zéro à mesure que la société se perfectionne, il atteindra zéro quand la société sera parfaite, en d'autres termes ce qui caractérise la perfection sociale, c'est la gratuité du crédit. Abolissons donc l'intérêt et nous aurons atteint le terme du progrès.

Bastiat réfute ce sophisme en faisant remarquer, qu'à la vérité, plus les capitaux seront abondants, moins on rendra service en les prêtant, mais qu'on n'arrivera jamais à la gratuité absolue, car le principe d'une rémunération est invinciblement dans le prêt. Le jour où l'intérêt s'anéantira, les capitaux se dissiperont, car, il n'y aura plus de motifs d'épargner.

La gratuité du crédit est donc une rêverie.

Les prolétaires, au lieu de prêter l'oreille à de pareilles utopies feraient mieux de rechercher quelles sont les conditions les plus favorables à la formation du capital et de s'enthousiasmer pour la paix, pour l'ordre, pour la sécurité, pour l'union des classes, pour l'économie, pour tout ce qui peut accroître l'épargne.

Dè cette manière seulement ils arriveront à améliorer leur sort; tous les autres moyens seront sans résultats. La révolution de février, en élevant partout le taux de l'intérêt, a été pour eux une rude leçon.

« Ouvriers, s'écrie Bastiat en terminant, travailleurs, prolétaires, classes dévouées et souffrantes, voulez-vous améliorer votre sort. Vous n'y réussiriez pas par la lutte, l'insurrection, la haine et l'erreur. Mais il y a trois choses qui ne peuvent perfectionner la communauté toute entière sans étendre sur vous ses bienfaits. Ces trois choses sont, paix, liberté et sécurité. »

Cette brochure, *Capital et rente*, fit une certaine impression sur les classes ouvrières, et un journal socialiste, la *Voix du peuple*, jugea nécessaire de combattre cet écrit.

Dans un premier article, M. Chevé reprocha à Bastiat d'avoir confondu l'usage et la propriété des choses et d'avoir reconnu comme légitime la prétention du prêteur de se faire remettre par l'em-

prunteur la propriété d'une certaine somme à titre
de rémunération pour l'usage d'une autre somme.
Suivant M. Chevé, identifier ces deux ordres de
nature diverse, sans équivalence possible, c'est
détruire la mutualité des services.

Bastiat demanda à la rédaction la permission de
répondre à cet article. Il l'obtint, mais à la condition que pour la suite de la discussion, M. Proudhon
se substituerait à M. Chevé.

Dans la première lettre qu'il envoya au journal,
Bastiat réduisait facilement à néant la spécieuse
distinction de M. Chevé entre la propriété et l'usage.
La concession de l'usage, le prêt d'une somme
d'argent ou d'un objet quelconque pendant un
temps donné, est un service, qui donne droit à un
service équivalent.

Ce service n'a pas besoin d'être identique en
nature à celui dont il est la rémunération. Il suffit
qu'il lui soit égal en valeur. Ne pas permettre que
l'usage d'une chose soit évalué, ce serait entraver
toutes les transactions et supprimer l'échange
aussi bien que le prêt.

En réponse à une autre objection de M. Chevé,
Bastiat établit que l'intérêt du capital n'était pas
prélevé aux dépens du travail, qu'il entrait comme
élément dans le prix des objets de consommation,
que, du reste, il n'était lui-même que la numunéra-
tion du travail antérieur grâce auquel le concours
de la nature était gratuit.

C'est alors qu'intervint Proudhon. Il changea immédiatement la position de la question.

, Nous allons analyser les idées qu'il émit dans tout le cours de cette polémique.

Il reconnut que le prêt était un service; seulement ce service ne devait donner lieu à aucune rémunération, parce que celui qui le rendait ne se privait pas. Le capitaliste ne prête son argent que parce qu'il n'est pas dans sa puissance de le faire personnellement valoir et que, par l'intérêt, il trouve le moyen de vivre sans travailler.

. Il soutint ensuite que les progrès attribués au capital dans le domaine de l'industrie avaient pour cause, non le capital, mais la circulation du capital. A l'époque où la concentration démocratique du crédit et de la circulation était impossible, l'intérêt était utile : Il était le mobile de la circulation. Sans lui le numéraire se serait caché. Il était utile au même titre que l'esclavage, la torture, le combat judiciaire dans les temps de barbarie.

Mais aujourd'hui qu'au moyen de la création d'une banque nationale faisant le crédit et l'escompte gratis, cette concentration est possible, l'intérêt de l'argent ainsi que la rente immobilière n'ont plus de raison d'être.

L'intérêt du capital, qui était légitime quand le prêt était un service rendu de citoyen à citoyen, ne l'est plus maintenant qu'il est loisible à la Société de le rendre elle-même sans rétribution à chaque individu.

Qu'importe que le capital ait été créé pour être prêté, si le service qu'il rend n'est nécessaire que par le mauvais vouloir et l'impéritie de la société. Celle-ci peut et doit éliminer cet élément, qui entre dans la composition du prix des choses et qu'on nomme intérêt. Cet élément se compensera entre tous les travailleurs et s'annulera.

Aussi l'intérêt du capital excusable, juste même, au point de départ de l'économie des sociétés, est devenu, avec le développement des institutions industrielles, une vraie spoliation.

L'intérêt, en effet, n'a pas d'autre principe, d'autre raison d'être que la nécessité et la force. C'est la nécessité qui explique l'exigence du prêteur, c'est la force qui fait la résignation de l'emprunteur.

Proudhon examine ensuite quelles sont les conséquences du prêt à intérêt. D'abord il permet au capitaliste de vivre sans rien faire. Ensuite en s'ajoutant dans le commerce au salaire de l'ouvrier, l'intérêt élève considérablement le prix des choses, de telle sorte que l'ouvrier ne peut pas acheter avec son salaire l'équivalent de ce qu'il a produit lui-même.

De plus, grâce à son capital, le prêteur peut, selon son bon plaisir, arrêter le travail et la circulation, au risque d'affamer le peuple ou bien changer la direction naturelle des choses, par exemple en livrant les terres cultivables à la vaine pâture.

Il y a donc tout avantage à supprimer une institution qui n'a été excusable que comme accident dans les conditions où elle a pris naissance, mais qui aujourd'hui n'est plus qu'une entrave, une cause de stagnation des affaires, de chômage et de misère.

Proudhon examine ensuite les moyens pratiques d'établir la gratuité du crédit.

Il prend pour exemple la Banque de France.

Celle-ci a été fondée au capital de 90 millions avec le taux légal de l'intérêt convenu à 4 % l'an. Son revenu devrait, par suite, ne pas s'élever à plus de 3,600,000 francs. Cependant, en réalité, il atteint un chiffre au moins trois fois plus considérable et son capital de 90 millions opère comme s'il était de 450 millions.

Voici par quels moyens : pour éviter les ports d'espèce et la manipulation des écus, la Banque fait usage de bons de crédit représentatifs de l'argent qu'elle a dans ses caves; ces bons s'appellent billets de banque.

Elle remet à ses clients ces billets contre les lettres de change et les billets à ordre qu'ils lui apportent et qu'elle se charge de recouver sous leur garantie. De cette manière, elle double son gage. Elle a son capital, et, en outre, les valeurs de commerce de son portefeuille, et ce double gage inspire une telle confiance que ses billets sont acceptés comme du numéraire. A la rigueur, à l'aide de ce procédé, elle pourrait même entièrement se passer de numéraire. Les valeurs de commerce de son portefeuille serviraient seules de garanties aux possesseurs des billets. La circulation aurait alors pour base non plus le crédit de la banque, mais le crédit public.

Le taux de son escompte devrait baisser dans la proportion de la surémission de ses billets; le crédit public est, en effet, une propriété publique, dont le public tout entier devrait profiter. En maintenant le taux élevé de son escompte, la Banque fait profiter ses actionnaires du loyer d'un capital qui n'est pas à eux, qui appartient au public, à la nation. Donc elle vole!

Un décret de l'Assemblée nationale qui aurait pour objet de rembourser les actions de la Banque de France et de la convertir en Banque Nationale, commanditée par tous les citoyens français, ne serait qu'une déclaration de ce fait, maintenant accompli, de l'absorption de la Compagnie dans la nation.

Cette Banque, en faisant profiter l'industrie et le commerce d'une différence sur le taux de ses escomptes proportionnelle à l'augmentation de son encaisse (par exemple, en abaissant le taux de l'escompte à 3 0|0) amènerait une révolution dont les conséquences sont incalculables. Les banquiers ordinaires, les notaires, les capitalistes, pressés par la concurrence, seraient obligés de réduire l'intérêt dans la même proportion,

La classe laborieuse ainsi déchargée du prélèvement de l'intérêt doublerait sa production et son bien-être.

Pour cela il suffirait d'un décret en douze articles de l'Assemblée Nationale.

Au moyen de l'institution de la Banque nationale, en effet, l'ouvrier obtiendrait presque gratuitement des avances sur le produit de son travail à venir. Ce produit serait le gage de la Banque. Les avances, qu'il aurait ainsi obtenues, il les échangerait contre des produits réalisés.

L'échange aurait bien lieu entre les produits, c'est-à-dire entre les services. L'ouvrier profiterait exclusivement de son produit, puisqu'il pourrait l'acheter pour le prix qu'il l'a vendu et non plus cher ; il ne se trouverait plus en déficit et ne serait plus obligé de réduire sa consommation et par suite la production, dont l'accroissement n'aurait plus de limites, ainsi que le bien-être.

Bastiat n'eut pas de peine à refuter cet échafaudage de paradoxes.

Proudhon avait dit que le capitaliste ne se prive pas et que, par conséquent, il n'a droit à aucune rémunération pour son prêt.

Qu'importe, répond Bastiat, s'il a créé son capital précisément pour le prêter. Dire que le capitaliste n'a droit à aucune rémunération parce qu'il ne pourrait pas utiliser personnellement son argent, reviendrait à dire que le chapelier, par exemple, n'a pas le droit de rien demander pour le prix de ses chapeaux, puisqu'il ne pourrait pas les porter tous lui-même et que, par conséquent, il ne se prive pas en les vendant.

Grâce à la division du travail et à la séparation des occupations, l'homme ne produit pas directement tous les objets nécessaires à la satisfaction de ses besoins, mais comme il est sociable, il échange.

L'objection de Proudhon incrimine la vente aussi bien que le prêt.] Elle attaque non-seulement les intérêts, mais le principe même de toutes les transactions humaines. C'est en prenant l'effet pour la cause que Proudhon a soutenu que les progrès attribués au capital dans le domaine de l'industrie avaient pour cause non le capital, mais la circulation du capital. Pour que les capitaux circulent, il faut qu'ils existent et pour cela qu'ils soient provoqués à naître par la perspective d'une rémunération.

Cette rémunération est juste, car elle le fruit du travail, des privations, de l'économie, que s'est imposés celui qui a formé ce capital. Elle lui permet de vivre, à la vérité, sans travailler, mais ce loisir ne l'a-t-il pas acquis légitimement en se rachetant par ses efforts du joug d'un travail incessant et inexorable.

Du reste, le capital, par son accumulation, finira par alléger, pour tous, dans une certaine mesure, le fardeau de la peine.

Bastiat, répondant à cette objection de Proudhon,

que l'intérêt, autrefois légitime parce qu'il était
utile, ne l'était plus aujourd'hui qu'il dépendait de
la société de rendre le crédit gratuit, arrive à examiner le système d'une banque nationale.

Il lui fait observer d'abord qu'il est bien peu
logique de sa part d'avoir si énergiquement combattu l'intervention de l'Etat dans les systèmes de
Louis Blanc et de Pierre Leroux pour les remplacer
par l'intervention de la société.

La Société n'a pas d'ailleurs d'autres capitaux que
ceux qui sont entre les mains des capitalistes grands
et petits. Elle ne peut s'en emparer sans spoliation.

Bastiat démontre ensuite à Proudhon que la gratuité du crédit, telle que son système l'organise,
se réduit au papier-monnaie. Seulement, jusqu'à
ce jour, on avait pris la peine de supposer au
papier-monnaie quelques garanties, telles que le sol
national, les biens des émigrés, les richesses du
Mississipi. On avait compris que le papier ne valait
que comme promesse, et qu'il fallait que cette promesse inspirât quelque confiance pour qu'on put
l'échanger contre des réalités.

Proudhon ne se préoccupe pas de ces nécessités. Il imagine une cbanque où hacun ira emprunter, en promettant de rembourser sur le produit de
son travail futur. On lui donnera des billets avec
lesquels il achètera tout ce qui lui sera nécessaire.

Mais quelles garanties offriront ces billets, quelle

confiance inspireront-ils? La banque, aura-t-elle assez de *valeurs faites* pour répondre de toutes ces émissions, et ces valeurs faites, qui voudra les fournir, puisque tout espèce d'intérêt leur sera refusé?

Pour réaliser la gratuité, Proudhon est d'abord obligé de la supposer.

Ensuite qui répondra que les emprunteurs rembourseront fidèlement à la Banque ce qu'ils lui auront emprunté? Si ce sont des débauchés, des paresseux, des prodigues, de faux spéculateurs, comment rembourseront-ils? La Banque changera-t-elle tous les mauvais penchants de la nature humaine? Si elle exige des garanties, elle ne sera pas universelle, si elle n'en exige pas, elle fera banqueroute bientôt.

De plus, si les billets de banque n'inspirent pas confiance, il faudra établir le cours forcé et alors le prix des choses s'élèvera et détruira les effets qu'on attendait de la Banque. Décrétera-t-on le maximum? On sait ce que produirait cette mesure révolutionnaire.

De plus, il n'est pas douteux que la Banque attirera de nombreux clients. Tous ceux qui ont des dettes dont ils payent l'intérêt voudront profiter de cette belle occasion pour se libérer. Tous ceux qui auront conçu une opération, tout manufacturier qui voudra fonder une fabrique, tout monomane qui aura fait une découverte, tout ouvrier qui voudra devenir patron, viendront emprunter. Il ne faudra pas moins de cinquante milliards pour satisfaire toutes ces prétentions.

Il en résultera une disproportion énorme de 'offre avec la demande, une hausse considérable de tous les prix, en un mot, une effroyable désorganisation sociale.

La Banque amènera donc, non pas la gratuité du crédit, mais son anéantissement.

Faire crédit, c'est accorder du temps, et le temps est une chose qui a son prix. « Le temps, a dit le bonhomme Richard, c'est l'étoffe dont la vie est faite. » Accorder du temps est un sacrifice qui en peut être gratuit.

La preuve c'est l'escompte que fait la Banque de France.

Il est vrai que cette banque profite de l'intérêt des valeurs qu'elle reçoit en échange de ses billets, sans donner d'équivalent. Cela est un abus que le monopole a fait naître ; la liberté le supprimera.

Bastiat, avec un rare bon sens, réfute ainsi Proudhon, non-seulement dans ses théories relatives à la gratuité du crédit, mais aussi dans les moyens d'exécution qu'il propose pour réaliser cette gratuité. Il montre avec la dernière évidence à quel point cette idée, si souvent caressée par Proudhon, d'une Banque nationale faisant l'escompte est irréalisable. Nous n'avons rien à ajouter aux considérations qu'il a exposées.

Dans le pamphlet intitulé : *Ce qu'on voit et ce*

*qu'on ne voit pas*, Bastiat démontre encore combien il y aurait peu d'avantages à remplacer l'initiative privée par celle de l'Etat pour pourvoir la Société de toutes les choses dont elle a besoin, et combien il serait onéreux de remplacer le commerce libre par l'Etat, les départements ou les communes, dans le service d'approvisionnement des subsistances nécessaires à chaque localité.

On voit, en effet, le tribut que le peuple paie au commerce, mais on ne voit pas le tribut bien plus considérable qu'il serait obligé de payer à l'Etat pour les mêmes services. Combien d'employés celui-ci ne devrait-il pas rémunérer pour aller acheter dans les pays de production et pour transporter dans les lieux de consommation toutes ces choses que le commerce met à la portée de chaque individu.

Les socialistes opposent l'association à la société actuelle. Mais, sous un régime libre, la société n'est-elle pas une association? Toutes les opérations qui ont pour objet de pourvoir aux besoins se sont distribuées entre une multitude de travailleurs qui s'épargnent les uns aux autres une peine et des efforts considérables, moyennant une rémunération que la concurrence réduit au taux le plus équitable possible.

Pourquoi, sous prétexte d'organisation, un socialiste voudrait-il détruire ces arrangements volontaires et supprimer la division du travail? Dans la société telle qu'elle est, chacun choisit sa place, juge et stipule pour lui-même, sous sa responsabilité, et apporte le ressort et la garantie de son intérêt personnel. Le bien général résulte de cette organisation.

Telles sont, en résumé, les raisons que Bastiat a fait valoir en faveur de l'ordre social actuel. L'harmonie résultant de la liberté, telle est toujours la doctrine qu'il oppose à tous les systèmes tendant à substituer des combinaisons arbitraires à l'organisation naturelle et providentielle de la société.

Honneur à lui d'avoir fait tous ses efforts pour propager les vrais principes de l'économie politique chez un peuple que de coupables sophistes avaient cherché à égarer. Jamais il n'apporta dans cette œuvre si éminemment utile, l'esprit de parti, ni la haine.

Il montra toujours dans la discussion avec ses adversaires une patience admirable. Nulle part on ne trouve dans ses articles un mot amer ou irrité.

Lorsque Proudhon, poursuivi par lui dans ses derniers retranchements, remplace les raisons par les injures, il ne lui répond pas. Il observe toujours la modération qui convient à l'homme que le devoir seul et non le goût de la discussion anime et qui recherche bien moins les triomphes de l'esprit que le bien public.

Cette noble attitude ne fut pas toujours bien

comprise, par ceux-là mêmes que Bastiat défen-
dait.

Ainsi les doctrines de Louis Blanc n'avaient pas
eu en France un adversaire plus décidé que lui.

Cependant lorsque, après l'attentat du 15 mai
1848, une demande en autorisation de poursuites
fut adressée à l'Assemblée nationale constituante
contre Louis Blanc et Caussidière, Bastiat vota
contre cette demande, parce qu'aucun fait précis de
participation à l'insurrection n'était relevé à la
charge de ces deux députés.

« Je ne doute pas, dit Bastiat, dans une lettre à
M. Coudroy, que ces doctrines (celles de Louis
Blanc) n'aient eu une influence funeste sur les idées
des ouvriers et, par suite, sur leurs actes. Mais
étions-nous appelés à nous prononcer sur des doctrines ? Quiconque a une croyance doit considérer
comme funeste la doctrine contraire à cette
croyance. Quand les catholiques faisaient brûler
les protestants, ce n'était pas parce que ceux-ci
étaient dans l'erreur, mais parce que cette erreur
était réputée dangereuse. Sur ce principe nous
nous tuerions les uns les autres. »

Loin donc de voter pour les poursuites, il parla
dans l'assemblée en faveur de Louis Blanc.

L'impression produite par son discours lui fut si
défavorable de la part d'un grand nombre d'élec-
teurs de son département, que le succès de sa réélec-
tion faillit être compromis. Il donna même pour

ce motif sa démission de membre du Conseil général.

Il fut accusé de socialisme.

La passion de parti empêcha de rendre justice à ce grand esprit pacifique, incapable de haine et jugeant les hommes et les choses avec cette philosophie élevée qui fait considérer l'erreur comme un malheur auquel est sujette la nature humaine, et pour lequel on doit éprouver plus de pitié que de colère.

# CHAPITRE IV.

## Bastiat et le libre échange

---



Nous arrivons à la deuxième partie de ce travail:
C'est la plus importante. Nous allons examiner
quelle part revient à Bastiat dans le triomphe de la
liberté sur la protection, en matière commerciale.

Ne l'oublions pas, c'est la cause de la liberté des
échanges qui a déterminé Bastiat à abandonner son
pays, sa famille, ses amis, pour venir se jeter dans
une lutte où il a épuisé ses forces et usé sa vie.

Servir cette grande cause a été le but de tous ses travaux, l'objet constant de ses préoccupations.

C'est dans la liberté qu'il voyait la seule solution possible des grands problèmes sociaux.

C'est à elle seule qu'il s'en remettait pour faire régner l'harmonie entre tous les intérêts; c'est sa confiance en elle qui l'a soutenu dans sa lutte contre les socialistes.

Aussi, tout dans son œuvre se rapporte à cette idée. Elle sert de base à toute la doctrine qu'il a développée plus tard dans les *Harmonies économiques* : sa théorie de la valeur, sa définition des services en dérivent.

C'est à cette conviction si profonde des bienfaits de la liberté que Bastiat doit de s'être fait une place à part dans la science économique. C'est à elle qu'il doit la vigueur de son raisonnement, sa verve inépuisable, l'admirable homogénéité de son système. Aucune autre partie de son œuvre ne mérite, à cet égard, plus d'attention que les écrits qu'il a publiés en faveur de la liberté du commerce.

C'est à cette question que se rapportent ses premiers essais. En avril 1834, il publia sur les *pétitions des ports,* concernant les douanes, des réflexions qui montrent à quel point la liberté des échanges le préoccupait déjà. Les villes de Bordeaux, Le Havre et Lyon demandaient au gouvernement que toute protection fut retirée aux matières premières, c'est-à-dire à l'industrie agricole, mais que la protection fut continuée à l'industrie manufacturière.

Bastiat s'éleva contre une pareille prétention et réclama la liberté pour tous, sous peine de ne créer qu'une injustice et qu'une erreur de plus. Il se fondait sur la théorie même du régime prohibitif, telle qu'elle était donnée dans les termes suivants par M. de Saint-Cricq, ministre du commerce :

« Le travail constitue la richesse d'un peuple parce que seul il a créé les choses matérielles que réclament nos besoins, et que l'aisance universelle consiste dans l'abondance de ces choses.

« Mais il faut que cette abondance soit le produit du travail national; si elle était le produit du travail étranger, le travail national . s'arrêterait promptement. Que doit donc faire un pays agricole et manufacturier? Réserver son marché aux produits de son sol et de son industrie, et, pour cela, restreindre par des droits et prohiber au besoin les produits du sol et de l'industrie des autres peuples. »

M. de Saint-Cricq donne à la signification du mot travail la plus grande extension. Il lui fait embrasser même les matières premières.

« Le travail constitue toute la richesse d'un peuple, dit-il; protéger l'industrie agricole, toute l'industrie agricole, l'industrie manufacturière, toute l'industrie manufacturière, c'est le cri qui retentira toujours dans cette Chambre. »

Les pétitionnaires de Bordeaux et du Havre proposaient d'exclure de la protection les matières premières, parce que, d'après eux, elles étaient vierges de travail humain.

Bastiat soutient que c'est là une erreur; que les matières premières sont, elles aussi, le produit du travail. Sans doute la nature crée les éléments de toutes les choses. Ce n'est pas l'homme qui crée la laine, le blé, les bestiaux, le fer, le cuivre, le plomb, la houille, les peaux, le sel, mais c'est lui qui en produit la valeur. C'est la nature évidemment qui a formé le grain, mais l'homme l'y a contrainte par son travail, en défrichant le sol, en le labourant, en le semant etc... et, lorsqu'il vend du blé, ce n'est point le travail de la nature qu'il vend, mais le sien. La valeur vient toujours du travail.

C'est la nature également qui a fait la houille, mais la houille n'a aucune valeur tant qu'elle est à cent pieds sous terre. Il l'y faut aller chercher, c'est du travail; il la faut porter sur le marché, c'est un autre travail, et le prix de la houille n'est que le salaire de ces travaux d'extraction et de transport. Pourquoi priver ce travail de la protection qui est accordée au travail du fabricant, celui-ci ne se fait-il pas aussi seconder par la nature qui lui donne des forces motrices, des gaz, etc ?

Dans ce premier essai de Bastiat, nous voyons apparaître déjà cette idée, sur laquelle il établira plus tard sa théorie de la valeur, à savoir que le concours de la nature est toujours gratuit et que les services seuls ont de la valeur. Cela nous montre combien ses idées étaient arrêtées depuis longtemps quand il se mêla activement à la lutte.

Dans le même écrit, il examine s'il ne vaudrait pas mieux, puisqu'on entrait dans la voie de la liberté en demandant la suppression de la protection pour les matières premières, la supprimer également pour les objets fabriqués. « Les matières premières, dit la pétition du Havre, étant les éléments du travail, il faut les soumettre à un régime différent et les admettre de suite au taux le plus faible. »

Sans doute, il est avantageux pour une nation d'avoir les matières premières en abondance et à bas prix, mais lui serait-il moins avantageux de pouvoir acheter les objets fabriqués à bas prix et de les avoir ainsi en abondance?

On répondra que l'importation d'articles, auquel le travail n'aura plus rien à faire, fera perdre à la nation le profit de la main-d'œuvre; cela est vrai, mais ces articles seront payés avec un autre produit qu'aura fourni nécessairement une autre branche du travail national.

S'agit-il, par exemple, d'un vêtement de laine importé par un fabricant anglais, admettons qu'il s'échange contre du vin; cette importation pourra nuire aux fabricants français, mais elle profitera aux vignerons.

« Et, comme la laine anglaise, ajoute Bastiat, ne peut arriver en France sous forme de vêtement qu'autant que tous les industriels qui l'ont amenée à cet état seront supérieurs aux industriels français; en définitive, le consommateur du vêtement aura réalisé un bénéfice qui pourra être considéré comme un profit net, tant pour lui que pour la nation.

« Je sais qu'on me dira que le paiement a pu se faire, non en vin, mais en numéraire.....

« Je me borne à observer que le numéraire est un produit indigène ou un produit exotique. Si c'est un produit indigène, nous n'en pouvons rien faire de mieux que de l'exporter. Si c'est un produit exotique, il a fallu le payer avec du travail national. Si nous l'avons acquis du Mexique avec du vin, par exemple, et que nous l'échangions ensuite contre un vêtement anglais, le résultat est toujours du vin échangé contre un vêtement. »

L'intérêt du consommateur sacrifié jusqu'alors commence, on le voit, à le préoccuper. Nous le verrons, dans la suite, appeler fréquemment l'attention sur ce point de vue trop négligé par les protectionnistes.

En 1841, il publia un autre écrit intitulé le *Fisc et la Vigne*, dans lequel il demandait l'abolition ou au moins la réduction des droits de toute nature qui fermaient, tant à l'intérieur qu'à l'extérieur, les débouchés à nos produits vinicoles. L'idée d'une association à former entre les propriétaires de vignobles apparaît dans cet écrit. Elle contenait en germe cette idée beaucoup plus vaste d'une association pour la liberté des échanges.

Trois ans plus tard, Bastiat, que la lecture des journaux anglais tenait au courant de l'agitation qui se propageait dans toute l'Angleterre pour la liberté du commerce, conçut le dessein de faire connaître en France cette grande réforme, peut être dans l'espérance qu'elle serait imitée.

Ici, nous devons ouvrir une parenthèse pour exposer le caractère, le but et les résultats du mouvement libre-échangiste en Angleterre. C'est de ce pays qu'est partie, pour se répandre dans le monde, cette grande idée, la plus féconde peut-être que le dix-neuvième siècle ait produite et dont le temps montrera l'incalculable portée.

La réforme économique s'est élevée en Angleterre à la hauteur d'une question politique et sociale de premier ordre ; nulle part son caractère démocratique ne s'est affirmé plus nettement; nulle part aussi elle n'a rencontré plus d'obstacles dans les institutions, dans le système des impôts, dans les traités politiques, dans le régime colonial, dans les corporations.

Le pouvoir législatif appartenait à l'aristocratie qui était attachée à la protection pour des raisons qu'il est aisé de comprendre: elle était propriétaire de presque toute la surface du pays ; grâce au droit d'aînesse et à la substitution, ses domaines se transmettaient de génération en génération à un unique représentant, tandis que ses cadets trouvaient un dédommagement dans les lucratifs emplois qu'on leur réservait aux colonies. Dans cette situation, elle était intéressée à ce que le prix des subsistances se maintint à un taux élevé, afin de n'être pas obligé de réduire le prix de ses fermages. Pour cela, il fallait qu'elle empêchât, au moyen de prohibitions et de taxes, l'importation de produits agricoles étrangers et notamment celle des céréales. Aussi cette dernière importation était-elle prohibée toutes les fois que le blé de l'intérieur ne se vendait pas plus de 70 shillings le quarter. Mais, comme ce prix était trop élevé pour les classes pauvres, cinq millions d'Anglais étaient réduits à se nourrir de pain d'avoine, et cinq autres millions de pommes de terre. Les années de disette, le blé atteignait des prix exorbitants. Grâce, en effet, à la prohibition, aucunes relations commerciales ne s'étaient établies entre l'Angleterre et les pays de production, de telle sorte qu'il fallait les créer quand le besoin s'en faisait sentir, ce qui était difficile parce que ces pays, faute de débouchés assurés, produisaient peu pour l'exportation.

L'aristocratie tenait encore au régime protecteur pour une autre raison : sous le prétexte de créer de nouveaux débouchés pour les produits manufacturés, elle justifiait l'extension toujours croissante

de la puissance coloniale, dont seule elle profitait.
Quant au peuple anglais, il ne trouvait aucun avantage au développement de ses colonies. Que lui
importait, en effet, d'échanger les produits de ses
manufactures contre du sucre, du coton, des bois
de construction provenant de la Jamaïque, de l'Inde,
du Canada, ou bien contre le sucre, le coton et
les bois du Brésil, des Etats-Unis et de la Baltique.
Ses colonies ne lui donnaient pas ces denrées pour
rien, souvent même elles les lui faisaient payer
plus cher qu'il n'aurait payé celles d'autres pays
chez lesquels il aurait trouvé pour ses propres
produits des débouchés tout aussi étendus. L'affranchissement de ses colonies ne pouvait donc
lui porter aucun préjudice, et ce qui le prouvait, c'est que depuis que les Etats-Unis s'étaient
séparés de la mère-patrie, leur commerce avec
celle-ci n'avait fait que s'accroître.

Le régime protecteur n'avait donc pour le peuple
anglais d'autre effet que lui faire payer plus cher
toutes les choses dont il avait besoin. Il résulte de
l'interrogatoire de M. Déacon Hume, dans l'enquête
ordonnée par le gouvernement, en 1839, que la
protection coûtait au peuple plus du double du
montant de ses impôts.

Depuis longtemps des plaintes s'élevaient contre
ce régime, mais l'aristocratie y répondait en invoquant la lourdeur des charges qui pesaient sur la
propriété, le danger de dépendre de l'étranger, et,

enfin, en attribuant aux machines la misère du peuple. Malgré cet appel aux préjugés, le besoin d'une réforme était trop universellement ressenti pour qu'elle pût être longtemps différée.

« Au mois d'octobre 1838, nous dit Bastiat, sept hommes se réunirent à Manchester et, avec cette virile détermination qui caractérise la race anglo-saxonne, ils résolurent de renverser tous les monopoles et d'accomplir sans troubles, sans effusion de sang, par la seule puissance de l'opinion, une révolution aussi profonde, plus profonde peut-être que celle qu'ont opérée nos pères en 1789.

« Certes il fallait un courage peu ordinaire pour affronter une telle entreprise. Les adversaires qu'il s'agissait de combattre avaient pour eux la richesse, l'influence, la législature, l'église, l'Etat, le trésor public, les terres, les places, les monopoles, et ils étaient en outre entourés d'un respect et d'une vénération traditionnelle. »

Les *Freetraders* se sentirent de force à les vaincre. Ils avaient à leur tête un homme doué à la fois d'une grande puissance de parole et d'une indomptable énergie. C'était Richard Cobden. Comme Bastiat, Cobden possédait au suprême degré les qualités nécessaires pour remplir le rôle qu'il s'était donné. Lui aussi sût élever sa mission à la hauteur d'un apostolat. Il est vrai qu'en Angleterre la réforme présentait un intérêt bien plus grand que partout ailleurs, puisque le pain du peuple en dépendait. Les agitateurs libre-échangistes étaient continuellement excités par la vue de l'horrible misère des classes ouvrières, et par l'iniquité odieuse du régime qu'ils combattaient. Leur langage s'en ressentit; il fut souvent d'une violence excessive. Leur agitation, néanmoins, resta toujours pacifique. La ligue comprit qu'elle arriverait à son but sans employer la force matérielle et sans avoir recours à une révolution politique.

» L'esprit public est éveillé, disait O'Connell, jamais l'Angleterre n'a voulu et voulu en vain. — Jadis elle poussa sa volonté jusqu'à l'extravagance et fit tomber sur l'échafaud la tête d'un monarque insensé. Ce fut une folie, car elle amena le despotisme militaire qui suit toujours la violence. Plus tard, le fils de ce roi viola les lois du pays, et le peuple, instruit par l'expérience, n'abattit pas sa tête, mais se contenta de l'exiler pour avoir foulé aux pieds les droits de la nation. — Ces violentes mesures ne sont plus nécessaires; elles ne sont plus en harmonie avec notre époque. Ce qui est nécessaire, c'est un effort concerté et public, cet effort commun qui naît de la sympathie, de l'électricité de l'opinion publique. »

Nos révolutionnaires français feraient bien de méditer ces sages paroles du grand agitateur anglais. Ils apprendraient que lorsqu'on a pour soi a raison et la justice, on n'a pas besoin de recourir à la violence, et qu'il existe dans notre temps une force plus puissante que les insurrections et les barricades, c'est l'opinion; lorsqu'on l'a avec soi, on est irrésistible, quand, au contaire, on l'a contre soi, on ne peut remporter que des victoires sans lendemain.

La ligue exerça son action au moyen de brochures, de pamphlets, de placards, de journaux innombrables. Elle entretint des professeurs d'économie politique; elle organisa partout des meetings et des conférences. La réforme électorale donna l'accès de la tribune du parlement à ses principaux représentants, Cobden, Brigt, Gibson, Villiers.

Elle commença par réunir ses efforts contre un seul monopole, celui des céréales. Il était, en effet, la clef de voûte du système tout entier. Ce fut aussi le plus difficile à renverser. La ligue l'attaqua avec beaucoup de vigueur et une liberté de langage extraordinaire. Pour en donner une idée et faire connaître le caractère de la lutte engagée contre l'aristocratie, nous extrayons ce qui suit d'un discours prononcé, le 13 mai 1843, par Richard Cobden dans le meeting hebdomadaire de la ligue de Londres. « Qu'est-ce que le monopole du pain? s'écrie-t-il, c'est la disette du pain. Vous êtes surpris d'apprendre que la législation de ce pays à ce sujet n'a pas d'autre objet que de produire la plus grande disette de pain qui se puisse supporter? Et cependant ce n'est pas autre chose. La législation ne peut atteindre le but qu'elle poursuit que par la disette. Ne vous semble-t-il pas que c'est assez clair ! Quelle chose dégoûtante de voir la Chambre des communes..........., je dis dégoû-tante ici, ailleurs le mot ne serait pas parlementaire. Mon ami, le capitaine Bernal, leur a dit le mot en face, mais, rappelé à l'ordre par le Président, il a dû s'excuser et retirer l'expression. Mais allez, comme je l'ai fait, d'abord à la barre de la Chambre des lords, et puis à la Chambre des communes, et vous verrez que le fond de leurs discours c'est : rentes ! rentes ! rentes ! cherté ! cherté ! cherté ! rentes ! rentes ! rentes ! Qu'est-ce que cela signifie ? Voilà une collection de grands seigneurs, de dignes gentilshommes assurément et faisant figure sur les coussins de soie de la Chambre des lords, mais, du reste, ne dépassant guère le niveau de l'intelligence ordinaire, et fort peu au-dessus de la médiocrité selon ce que j'en puis savoir, en vertus et en connaissances; mais enfin les voilà. Et que sont-ils ? des marchands de blé et de viande, c'est là ce qui les fait vivre et ils vont à la législature pour assurer par acte du Parlement, un prix élevé, un prix de monople, à la chose qu'ils mettent en vente. C'est là leur grande affaire. Ce que je dis peut-être n'est pas parlementaire, mais c'est la vérité. Voilà encore des grands seigneurs à la Chambre des Communes, très dignes gens sans doute et qui représentent fidèlement les lumières et les vertus de leurs commettants. Cependant, je suis fâché de le dire, la plupart‹ d'entre eux tirent leurs revenus de la vente des blés et des bestiaux ; et quelle a été leur occupation pendant toute cette semaine? De combattre vigoureusement pour maintenir, par acte du parlement, le prix de leurs marchandises. S'il y avait eu un Pasquin sur les murs de Saint-Stephen, j'écrirais en vers, au-dessus de son effigie : *Ici résident les marchands de grains* »

Plus loin, il examine les objections que l'on peut faire à l'abolition de la taxe :

« Quelle objection peut-on faire à l'essai de notre plan, en laissant entrer le blé étranger ? Qui le mangera ?... Il sera consommé par ceux qui n'en mangent pas assez ou qui n'en mangent pas du tout. Donc, laissez arriver le blé ; mais ici, vous êtes assailli d'un débordement d'arguments tirés des charges qui pèsent sur le sol, du danger de dépendre de l'étranger, du développement exagéré des machines, etc...; toutes ces choses peuvent être très-fâcheuses, mais rien n'est plus fâcheux que la rareté des aliments ; il pourrait être bon de ne pas dépendre de l'étranger si nous ne dépendions pas de gens qui nous traitent plus mal chez nous. Mes malheureux commettants de Stockport dépendent de la production intérieure, et ils se trouvent si mal nourris depuis tantôt cinq ans, qu'ils aimeraient mieux dépendre des Russes, des Polonais, des Allemands ou des Américains, ou de quelque

nation que ce soit sur la surface de la terre, plutôt
que de se fier aux nobles marchands qui ont érigé
le système exclusif. Mais les landlords objectent
qu'ils paient de plus lourdes taxes que les autres
classes de la société. En admettant que, possédant
le pouvoir de manipuler les taxes, ces anges de
désintéressement les aient toutes placées sur leurs
propres épaules comme Sancho Pansa, eh bien!
dans ce cas même, qu'ils les rectifient, qu'ils les
fassent passer sur d'autres, mais cela ne justifie
pas la rareté desaliments. »

Cobden répond ensuite à l'argument qui con-
sistait à attribuer au développement des machines
la misère du peuple. Il prouve, au moyen d'exem-
plès, qu'il est inexat que les machines aient jamais
privé d'emploi les ouvriers d'aucun pays. Bien au
contraire, à mesure qu'elles se perfectionnaient,
on a vu la population affluer de plus en plus dans
les villes manufacturières. Seulement leur développement impose la liberté du commerce. Voici ses
paroles :

« Je vous dirai quelle est l'utilité des machines.
C'est d'accroître la puissance de la production ;
mais à mesure qu'elles se multiplient, il faut que le
marché du monde s'ouvre devant nous. Si nous
avions la liberté du commerce, chaque perfectionnement mécanique serait suivi d'une diminution
dans le prix de revient du produit qui mettrait le
marchand à même de lui trouver de nouveaux

débouchés. Le bon marché toujours croissant pous-
serait toujours nos produits plus loin vers les extré-
mités du globe. — A 1 shilling, tel article peut
être envoyé en Allemagne; — réduisez-le à 8 d.,
et il ira en Italie; diminuez-le jusqu'à 6 d., et il
pénétrera en Turquie; — à 4, il se montrera en
Perse; à 2, il pénétrera jusque dans les régions
les plus éloignées de l'Asie centrale. Mais, comment le marchand pourrait-il étendre ses opérations, s'il ne lui était pas permis de rapporter chez
nous, en échange de nos produits, les produits que
les autres peuples ont à nous donner. »

Dans ces dernières paroles, il proclamait cette
vérité dont Bastiat fera plus tard un axiôme de
la science, à savoir : que les *produits s'échangent
contre des produits*, c'est-à-dire qu'une nation ne
peut pas vendre sans acheter, exporter sans importer. Quelque temps avant, dans un autre discours,
Cobden avait déjà combattu ce préjugé qui consiste à croire que c'est un signe d'appauvrissement
pour un pays quand l'importation y dépasse l'exportation; il avait démontré, au contraire, que c'était
un signe de richesse; c'est la preuve que ce pays
a échangé ses propres produits contre d'autres produits d'une valeur plus considérable; qu'il a vendu
cher pour acheter bon marché.

« Au lieu de mesurer l'étendue de notre prospérité commerciale par nos exportations, avait-il dit,
j'espère que nous adopterons la doctrine si admira-

blement exposée hier à la Chambre des communes par M. Villiers, et que c'est par nos importations que nous apprécierons les progrès de notre industrie. » C'est à peu près la même idée que Bastiat résumera un jour en deux mots : « la richesse c'est l'abondance des choses. »

L'aristocratie s'alarma bientôt des progrès de la ligue. Elle chercha à éviter le péril qui la menaçait par des concessions : elle prépara un vaste système d'émigration, elle donna à chaque famille un jardin et une vache, elle limita à dix heures la durée du travail quotidien. Mais elle ne réussit qu'à accroître les charges de l'Etat sans diminuer la misère; au contraire, celle-ci ne fit qu'augmenter, et alors il se produisit un phénomène économique des plus curieux; on vit apparaître le bon marché, mais non ce bon marché qui est l'effet de l'abondance, ce bon marché qui prouve seulement l'absence de facultés chez les consommateurs. Les lois *céréales, ce code de famine,* comme les appelait Cobden, tournaient contre ceux qui les avaient faites. Pour sauver son monopole, l'aristocratie avait sacrifié les intérêts commerciaux et industriels de la nation; elle apprenait à ses dépens qu'il existait une solidarité étroite entre toutes les branches de production d'un pays.

« Les intérêts territoriaux, disait avec raison M. Hume, un des ligueurs, puisent eux-mêmes leurs forces dans la prospérité du commerce et des manufactures, et on commence enfin à comprendre ce qu'on à gagner à priver le commerce et l'industrie de leur juste rémunération. L'ouvrier ne trouve plus de salaire; les moyens d'acheter les produits du sol lui échappent; de là ces plaintes sur l'impossibilité de vendre le bétail et le blé. La souffrance pèse en ce moment sur les dernières classes, mais elle gagne les classes moyennes, elle atteindra les classes élev  s, et le jour peu éloigné où celles-ci se sentiront i issées, ce jour-là, elles reconnaîtront qu'un changement radical au présent système est devenu indispensable. »

Le même orateur exposait ensuite quels seraient les résultats de l'établissement du libre-échange.

·« Le seul moyen d'y arriver (à voir le pays florissant) c'est d'ouvrir nos ports à toutes les marchandises du monde. Je pourrais nommer plusieurs nations dont les produits nous conviennent; je n'en citerai qu'une. A un meeting, tenu en septembre dernier, sous la présidence du duc de Ruthland, M. Everett, ministre plénipotentiaire de l'Union américaine, fut appelé à prendre la parole et il dit en substance : « Mon pays désire échanger ses produits contre les vôtres. Vous avez beaucoup d'objets qui lui manquent, et il a pour vous payer des marchandises qui encombrent ses quais, jusqu'à ce point qu'on a été obligé de se servir de salaisons comme de combustible. » Et, en effet, un citoyen des Etats-Unis m'a confirmé qu'il y avait sur les quais de la Nouvelle-Orléans des amas de salaisons qu'on pourrait vendre à six deniers la livre et qu'on employait en guise de charbon, à bord des bateauxà vapeur. « Nous avons, ajoutait M. Everett, du blé qui pourrit dans nos magasins, et nous manquons de vêtements et d'instruments de travail. » Qui s'oppose à l'échange de ces choses? Le gouvernement britannique : ce que nous réclamons, c'est cette liberté d'échanges avec le monde entier. Chaque climat, chaque peuple, a ses productions spéciales. Que toutes puissent librement arriver dans ce pays pour s'y échanger contre ce qu'il produit en abondance, et tout le monde y gagnera. Le manufacturier étendra ses entreprises, les salaires hausseront, la consommation des produits agricoles s'accroîtra, la propriété foncière et le revenu public sentiront le contrecoup de la prospérité générale. Mais avec notre législation restrictive, les usines sont de moins en moins occupées, les salaires de plus en plus déprimés, les productions du sol de plus en plus délaissées, et le mal s'étend à toutes les calsses. Que ceux donc qui ont à cœur le bien-être de la patrie consacrent à ces graves sujets leurs plus sérieuses méditations. N'est-il pas vrai que le pays décline, visiblement, et ne donneriez-vous pas à cette assertion votre témoignage unanime?... » (1)

---

(1) Meeting hebdomaire de la ligue, 5 avril 1843.

A l'époque ou M. Hume tenait ce langage, la réforme était déjà commencée. En 1841, sir Robert Peel avait été appelé au ministère avec la mission de trouver un remède à la misère publique et au déficit qui en était la conséquence pour le Trésor, tout en conservant le monopole. Sir Robert Peel appartenait, en effet, au parti Tory, c'est-à-dire au parti qui avait toujours soutenu la protection et les colonies. C'est par lui cependant que la réforme devait s'accomplir.

Pour faire face aux embarras financiers, il fit voter par le parlement l'impôt sur le revenn (income-tax). Cet impôt, qui ne frappait que les revenus superieurs à 150 livres sterling (3,700 fr.), ne devait être que temporaire; il ne fut dans le principe établi que pour trois ans, mais il devait être successivement prorogé pendant une période indéfinie. Grâce à lui, le déficit disparut, un excédant de recettes se produisit même; Robert Peel résolut de l'appliquer à soulager les consommateurs et à raviver le commerce et l'industrie. Pour cela, il se souvint de ce qu'avait fait un autre grand ministre, M. Huskisson, en 1845. A cette époque, diverses industries, notamment celle des soieries, languissaient dans le marasme. Les fabriques de soieries étaient protégées cependant par la prohibition absolue. M. Huskisson remplaça celle-ci par un droit de 25 0[0. Les fabricants poussèrent des clameurs d'effroi; ils craignaient l'invasion des

soieries françaises ; mais, en très peu de temps, il
arriva que ce fut eux-mêmes qui trouvérent dans le
pays un débouché double ou triple, uniquement
parce que la levée des prohibitions les avait forcés
de se mettre au niveau de leurs émules de Lyon,
sous le rapport de l'outillage et de la fabrication.

M. Huskisson employa le même moyen et avec
le même succès, pour relever la marine anglaise ;
il supprima le monopole de la navigation.

Sir Robert Peel, rompant courageusement avec
son passé et avec les doctrines de son parti, eut
recours au même remède. Toutes les prohibitions
furent abolies ; les bœufs, les moutons, la viande
fraîche et salée, furent admis à des droits modérés.
En outre, les tarifs furent abaissés sur 650 articles
de consommation, entre autres les farines, l'huile,
le cuir, le riz, le café, le suif, la bière, etc. En
1845, ils furent même entièrement abolis sur 450
de ces articles, parmi lesquels figuraient les matières premières importantes, telles que la laine, le
coton, le lin, le vinaigre.

Cette réforme donna immédiatement un immense
essor à l'importation, à tel point que, malgré l'établissement des tarifs, les recettes des douanes
s'élevèrent dès la première année de 18,700,000
livres sterling, à 21,400,000 livres.

Sir Robert Peel n'avait pas rencontré une bien
grande opposition pour cette première partie de sa
réforme qui ne touchait pas aux deux monopoles

auxquels l'aristocratie tenait le plus, c'est-à-dire aux lois céréales et au système colonial. Il obtint cependant sur ces deux chefs quelques concessions. Il fit abaisser l'échelle mobile de manière à fixer le froment à 56 sh. C'était le prix le plus élevé que la concurrence étrangère lui permit d'atteindre en temps ordinaire. Sur ce point, on le voit, Peel ménagea le monopole aristocratique. Il fit de même pour les céréales de toutes sortes et pour certains produits de ferme, tels que le beurre et le fromage.

La même pensée présida aux diverses modifications introduites dans la loi des sucres. Il se contenta d'abaisser le droit différentiel entre le sucre colonial et le sucre étranger de 39 à 18 sh. Par suite de la concurrence que se faisaient les colonies entre elles, l'excédant du prix naturel avait rarement dépassé ce dernier chiffre. A cet égard, comme à l'égard des céréales, la réforme de sir Robert Peel fut donc en principe fort incomplète. Elle substituait à des taxes qui équivalaient à de véritables prohibitions, des droits moins élevés qui assuraient aux produits anglais la protection la plus large. Elle supprimait la disette, mais elle ne créait pas encore le bon marché.

Néanmoins, les résultats qu'il obtint furent immense; l'activité reprit dans toutes les branches du travail; un plus grand bien-être se répandit dans toutes les classes de la société; la taxe des pauvres diminua, en un mot, le retour à la prospérité se manifesta partout.

D'ailleurs la réforme ne devait pas en demeurer là! En 1846, sir Robert Peel, persévérant dans la voie où il s'était engagé en dépit des efforts de son ancien parti, réussissait à faire passer la liberté presque absolue du commerce des grains. L'agriculture anglaise n'en fut pas ruinée ; elle reçut seulement une utile impulsion : elle mit ses procédés de culture au niveau des exigences de la consommation, de telle sorte que la production s'accrut et que les terres purent continuer à se louer sur le même pied qu'auparavant. Et cependant, les changements de prix furent tels que les économistes compétents y ont vu pour les consommateurs une économie annuelle d'un milliard.

Tels étaient les faits qui s'accomplissaient en Angleterre au moment où Bastiat se donna la mission de propager en France la doctrine du libre-échange. Il ne pouvait rien faire de mieux en faveur de cette cause que d'invoquer l'exemple de ce qui se passait de l'autre côté du détroit.

Dans le but de faire connaître la portée de l'agitation libre-échangiste en Angleterre, il envoya, au mois d'octobre 1844, un article au journal des économistes sur l'influence des tarifs anglais et français.

Dans cet article, il établit un parallèle entre la France, qui, chaque année, s'engageait davantage dans le régime protecteur, et la Grande-Bretagne qui s'avançait de plus en plus vers le régime de la liberté du commerce.

A cet époque, la rivalité de la France et de l'Angleterre avait pris un caractère d'hostilité plus prononcé que jamais. Les partisans des monopoles l'entretenaient habilement pour en profiter, d'autant plus qu'afin de se rallier tous les intérêts, ils avaient fait du monopole le patrimoine de toutes les grandes industries. Ainsi, les agriculteurs, les propriétaires, les manufacturiers, les capitalistes qui leur faisaient des avances, les ouvriers des fabriques, les fermiers et métayers, les marins, jouissaient de tarifs protecteurs qui les attachaient au régime restrictif. Le privilége s'exerçait ainsi par tous sur tous. Aussi chacun fermait-il les yeux sur les monopoles qu'il subissait, pour conserver celui dont il jouissait ; les masses ne voyaient pas qu'il n'y avait pas compensation entre les avantages que leur procurait ce régime et le préjudice qu'il leur causait, et on fermait la bouche aux esprits plus éclairés par l'accusation d'être les alliés de l'Angleterre.

Il fallait un certain courage pour faire entendre le langage de la raison à tant d'intérêts systématiquement hostiles. Bastiat s'efforça de faire comprendre le caractère véritable de la réforme, en Angleterre, et les idées larges et élevées qui l'avaient inspirée. Il rappela que c'était au milieu d'une détresse générale, quand les taxes n'emplissaient plus le trésor, que les ministres anglais avaient eu la pensée de diminuer celles-ci, afin que le peuple vive mieux, qu'il ait plus de travail, qu'il consomme davantage et qu'il prépare ainsi pour l'avenir un aliment au revenu public. Il rappela que, dans toute cette réforme, jamais l'Angleterre ne s'était préoccupée du défaut de réciprocité de la part des autres nations. « Réglons nos tarifs, avait dit Robert Peel, selon nos intérêts, qui consistent à mettre les produits du monde à la portée de nos consommateurs, et, si les autres peuples veulent payer cher ce que nous pourrions donner à bon marché, libre à eux. »

Bastiat examinait ensuite quelles seraient, sur la prospérité des deux nations, les conséquences de leurs régimes commerciaux respectifs.

L'Angleterre possède des capitaux abondants, de la houille, du fer, des ports, des moyens de communication rapides, des institutions de crédit, des entrepreneurs pleins d'audace, de nombreux ouvriers habiles dans tous les genres, un gouvernement stable. Il ne lui manque qu'une chose, le bon marché de la main-d'œuvre, cet avantage précieux, la liberté du commerce pourra le lu donner, et permettra ainsi à l'ouvrier anglais de vivre avec un salaire égal à celui que reçoivent les ouvriers du continent. De plus, ce sentiment d'irritation, que la misère entretient chez lui contre les classes élevées, s'apaisera avec les progrès du bien-être.

La France, en persévérant dans le régime prohibitif, arrivera à un résultat contraire. En ne se préoccupant que de l'intérêt du producteur qui est la cherté, c'est-à-dire la rareté des choses ; en excluant l'abondance, elle amènera l'élévation du prix des subsistances. Ainsi, à mesure que la main-d'œuvre viendra à meilleur marché en Angleterre, elle deviendra plus chère en France. La distance entre les prix similaires ira grandissant toujours, et il viendra un moment où les tarifs existants seront insuffisants pour défendre le marché national. Il faudra les élever, c'est-à-dire chercher le remède dans l'aggravation du mal. En outre, si ces tarifs parviennent à réserver exclusivement le marché français aux produits du pays, ils seront impuissants sur les marchés étrangers d'où les Anglais nous évinceront. Il faudra alors restreindre notre production, retenir l'essor de l'industrie, priver l'ouvrier de travail, anéantir le bien-être. Ce sera la ruine. Bastiat voit enfin dans la liberté du commerce une cause de paix universelle et de sécurité pour tous les peuples. Il montre l'esprit de conquête intimement lié à l'esprit de monopole, et il espère qu'en détruisant l'un, on arrivera à supprimer l'autre. En cela, peut-être s'est-il abusé !

Cet article où les abus du régime prohibitif étaient si énergiquement signalés, fut beaucoup remarqué dans le monde des économistes. Les encouragements que reçut alors Bastiat décidèrent de sa vocation.

Il commença la publication de la première série des *Sophismes économiques*. C'est dans ces petits écrits que se révéla son merveilleux talent de vulgarisateur. Il enseigna l'art de traiter les questions les plus arides de l'économie politique dans une forme vive, brillante, imagée. Pour rendre ses démonstrations plus saisissantes, nous le voyons employer tour à tour le dialogue, l'apologue, en un mot toutes les ressources de la persuasion. Si parfois il donne à sa pensée des développements d'une longueur fatigante pour le lecteur habitué à comprendre promptement, il faut l'excuser en se rappelant que c'est au grand nombre qu'il a voulu s'adresser.

« La liberté commerciale, a-t-il dit, aura probablement le sort de toutes les libertés, elle ne s'introduira dans nos lois qu'après avoir pris possession des esprits. » Et plus loin : « une réforme doit être généralement comprise pour être solidement établie. »

C'est à ébranler l'opinion qu'il consacra tous ses efforts. La première condition du succès était, par conséquent, de mettre son langage et son raisonnement à la portée de tous.

Les idées, que nous trouvons développées dans les sophismes, n'ont rien de complexe, elles ne sont qu'une réfutation des erreurs les plus vulgaires répandues par les partisans du régime prohibitif. Ainsi, dans le pamphlet intitulé *abondance et disette*, il démontre que, contrairement à l'opinion des protectionnistes, la richesse des hommes c'est l'abondance des choses. L'homme est à la fois, en effet, producteur et consommateur. L'intérêt du producteur consiste en deux choses : d'abord, que le plus petit nombre de personnes se livrent au même travail que lui, et que le plus grand nombre de personnes recherchent le produit de ce travail, c'est-à-dire que l'offre soit restreinte et la demande étendue. Pour que le désir secret du producteur fût réalisé, il faudrait, s'il est maître de forge, qu'il n'y ait sur le marché d'autre fer que le sien, s'il est vigneron d'autre vin, s'il est laboureur que le blé soit rare, s'il est médecin qu'il y ait beaucoup de malades ; en un mot, si les vœux secrets de chaque producteur s'accomplissaient, le monde rétrograderait vers la barbarie.

L'intéret du consommateur, au contraire, est que tout soit en abondance et à bas prix.

Entre ces deux intérêts opposés, il convient de donner satisfaction à celui qui s'identifie le plus avec l'intérêt général de l'espèce humaine, c'est-à-dire à celui du consommateur.

Cette idée se retrouve souvent dans les œuvres de Bastiat ; elle le préoccupait encore dans les derniers jours de sa vie.

« Il faut, disait-il à son disciple, M. Paillotet, traiter l'économie politique au point de vue du consommateur. Tous les phénomènes économiques, que leurs effets soient bons ou mauvais, se résolvent à la fin de leur évolution par des avantages ou des préjudices pour les consommateurs. Ses mêmes effets ne font que glisser sur les producteurs, dont ils ne peuveut affecter les intérêts d'une manière durable.

« Le progrès de la civilisation doit amener les hommes à se placer à ce point de vue et à calculer leur intérêt de consommateurs plutôt que leur intérêt de producteurs. On voit déjà ce progrès s'opérer en Angleterre et les ouvriers s'y occuper moins de l'élévation de leur salaire que de l'avantage d'obtenir à bas prix tous les objets qu'ils consomment. »

Et en effet, le producteur considéré dans sa généralité, n'est-il pas aussi consommateur. S'il profite de son monopole pour son industrie particulière, ne le subit-il pas pour les autres objets dont il a besoin, et ne trouvera-t-il pas une compensation de la perte de son propre monopole dans la suppression de celui des autres. Quelques grands industriels seulement pourront être sérieusement affectés de l'abolition des tarifs protecteurs.

Dans le pamphlet suivant, il s'élève contre cette erreur des protectionistes, qui consiste à vouloir, au moyen des droits ne douane, égaliser les conditions de production ; c'est attaquer l'échange dans son

principe, car il est fondé précisément sur les inégalités de fertilité, d'aptitudes, de climat. Si la
Guyenne envoie du vin à la Bretagne, et la Bretagne
des blés à la Guyenne, c'est que ces deux provinces
sont placées dans des conditions différentes de
production. L'une et l'autre trouvent leur avantage
à l'échange qui leur permet de tirer le meilleur
parti possible des qualités de leur sol.

La même loi régit les échanges internationaux.

D'ailleurs, les phénomènes économiques ont des
ressources de nivellement qui permettent la lutte
malgré les plus grandes inégalités naturelles. Ainsi
la valeur des terres compensera la différence de
leur fertilité ; l'abondance du numéraire, dans les
pays qui exporteront beaucoup, permettra d'y payer
les choses plus cher que dans les pays voisins, et
*l'équilibre se rétablira ainsi.*

A tous les points de vue par conséquent, la liberté
égalisera les conditions de production bien mieux
que l'arbitraire. Les lois restrictives rendent plus
tranchée pour les peuples la diversité de leur condition. Elles les entretiennent dans leur supériorité ou leur infériorité relatives ; elles empêchent
le nivellement.

Elles n'égalisent pas, en effet, les conditions de
production ; car, pour produire il faut du travail et
le travail est une valeur. Si, par l'échange, on peut
se procurer à l'étranger, moyennant la valeur d'une
demi-journée de travail, une chose dont la produc-

tion coûterait en France une journée, on épargnera
ainsi une demi-journée de travail, et cette demi-
journée pourra être employée à produire la contre-
valeur de la chose échangée en marchandises
différentes, il est vrai, mais dont le sol et le climat
du pays auront davantage favorisé la production.
Le travail deviendra ainsi plus intelligent et recher-
chera l'emploi le plus avantageux.

Le producteur pourra passagèrement souffrir de
ce déplacement d'industrie. Mais rien de défavorable, ni de favorable ne pourra s'arrêter à lui
d'une manière permanente. Le consommateur y
trouvera, au contraire, un profit durable, et on ne
doit pas l'oublier, c'est le consommateur qui est le
but final de tous les efforts industriels. Tous les
progrès en ce monde amènent des crises et font
des victimes ; l'humanité n'avance qu'au prix de
souffrances.

« On n'est pas économiste, dit Bastiat, tant qu'on
s'arrête aux effets immédiats, à ceux qui affectent
un homme ou une classe d'hommes en tant que
producteurs. »

Dans un autre chapitre des *Sophismes*, Bastiat
réfute ceux qui justifient la protection par cette
raison que le pays est grevé d'impôts plus lourds
que les pays dont il subirait la concurrence.
— Est-ce une raison, fait-il remarquer, parce que
le public paye des taxes élevées, pour qu'on élève à
son préjudice le prix des produits. De quel droit

les producteurs voudraient-ils se décharger sur le reste de la communauté de la part d'impôt qui leur incombe. Il est juste qu'ils en supportent le poids comme tout le monde. De plus, pour les produits que notre sol donne seul, la liberté de l'exportation permettra de faire payer à l'étranger une partie de la taxe incorporée dans la marchandise qu'on lui vendra, tandis qu'il nous donnera en échange d'autres produits moins grevé que les nôtres.

Dans le chapitre VI, Bastiat s'efforce de prouver que l'argument en faveur de la protection tiré de la balance du commerce n'a aucune signification. Ainsi un négociant français exportera pour 200,000 francs de marchandises à destination des Etats-Unis. Les états de la douane enregistreront ce chiffre. Les marchandises supporteront 10 0|0 de frais de transport et 30 0|0 de droits. A leur arrivée à destination, elles auront, par conséquent, coûté à l'exportateur 280,000 francs. Il les vendra avec 20 0|0 de bénéfice et réalisera ainsi une somme de 320,000 francs qu'il convertira en cotons; il revendra ceux-ci en France avec un nouveau bénéfice de 20 0|0. Il aura réalisé un bénéfice total de 40 0|0. Et cependant les états de douane porteront que la France a exporté pour 200,000 francs de marchandises et a reçu une importation de 350,000 francs. En conclura-t-on qu'elle s'est appauvrie alors que la différence sera entrée sous forme de bénéfice dans la poche de l'exportateur.

L'excédant de l'importation sur l'exportation signifie donc plutôt profit que perte. Et ce qui le prouve d'une manière encore plus frappante, c'est que s'il était arrivé que les marchandises dont nous venons de parler aient été englouties dans un naufrage, pendant la traversée, la douane qui aurait inscrit 200,000 francs sur le tableau des exportations n'inscrirait rien sur celui des importations. Dans cette dernière hypothèse, la France se serait-elle enrichie? Certainement non.

Aux chapitres IX et X, Bastiat montre l'inconséquence qu'il y a à vouloir d'un côté supprimer les obstacles naturels en nivelant les routes, en creusant des canaux, en créant des chemins de fer, et de l'autre à accumuler les obstacles artificiels qui ont exactement les mêmes effets, en sorte que l'obstacle créé et l'obstacle détruit se neutralisant, les choses vont comme devant et que le résidu de l'opération est une double dépense.

Au chapitre XI, il explique l'erreur qu'il y a à voir un signe de richesse dans le prix élevé des choses. Ce qui constitue la richesse, c'est l'abondance des choses et non leur prix. Avec la théorie contraire, on arriverait à conclure qu'un pays serait toujours tout aussi riche avec la millième partie de ses produits annuels, si ces produits valaient mille fois davantage.

Dans un autre pamphlet, il examine les effets de la protection quant au taux des salaires, et il fait voir que ce taux dépend du rapport de l'offre avec la demande et que la protection n'y peut rien. La demande, en effet, dépend du capital national disponible; or, la protection tire le capital d'une voie pour le pousser dans une autre, mais elle ne l'accroît pas. Grâce à la protection, il peut y avoir plus d'ouvriers dans les mines, mais il y en a moins dans les champs et sur les côteaux plantés de vignes.

La protection soutient certaines industries qui s'exercent dans les conditions les plus défavorables et elle empêche l'essor d'autres industries que favoriseraient le climat, la température, la nature du sol et qui donneraient beaucoup plus de produits avec bien moins d'efforts.

Il vaut mieux, disent les protectionnistes, faire les choses soi-même, encore qu'il en coûte plus cher que de les acheter à autrui.

Une pareille doctrine est contraire à l'universelle pratique. L'économie de la société repose en effet sur la division du travail, sur l'échange. Le bien social serait brisé si chacun voulait se suffire à soi-même et se passer entièrement d'autrui. Ce serait l'isolement et, par suite, la faiblesse et l'anéantissement de la civilisation. Or, ce qui serait absurde dans les relations individuelles ou même dans celles de province à province, ou de commune à commune, ne l'est pas moins quand il sagit de relations internationales. Du moment où elle considère tout achat comme une perte, comme un tribut payé, et toute vente comme un profit et comme un tribut reçu, une nation doit se croire intéressée à vendre et à ne pas acheter; mais, comme les hommes sont nécessairement portés à faire ce qui leur profite et à éviter ce qui leur nuit, l'antagonisme et la guerre seront donc l'état naturel de la société humaine; les hommes ne pourront arriver à la prospérité que par l'injustice et l'abus de la force. Il faudra en conclure que Dieu n'a voulu mettre nulle part l'harmonie dans la création.

L'indépendance nationale est encore un des arguments invoqués par les partisans du régime protecteur. Mais ils ne prennent pas garde que la dépendance qui résultera du libre-échange sera réciproque, que les premiers auront un grand intérêt à ne pas se fermer leurs débouchés, et que la paix aura une puissante garantie de plus.

Un autre argument qui s'applique tout aussi bien à l'emploi des machines qu'à la liberté du commerce, c'est que beaucoup d'ouvriers sont privés d'ouvrage, ou par la concurrence étrangère qui fait tomber les manufactures, ou par les instruments qui prennent la place des hommes dans les ateliers. Cet argument a quelque valeur, répond Bastiat, si l'on juge les machines et les importations par leurs effets immédiats et transitoires, au lieu d'aller jusqu'aux conséquences générales et définitives.

L'effet prochain d'une machine ingénieuse est de

rendre superflue pour un résultat donné 'une certaine quantité de main-d'œuvre. Mais là ne s'arrête
point son action. Par cela même qu'un résultat
donné est obtenu avec moins d'efforts, il est livré au
public à un moindre prix et la somme des épargnes
ainsi réalisées par tous les acheteurs leur sert à se
procurer d'autres satisfactions, c'est-à-dire à encourager la main-d'œuvre en général, précisément de
la quantité soustraite à la main-d'œuvre spéciale de
l'industrie récemment perfectionnée, en sorte que
le niveau du travail n'a pas baissé quoique celui
des satisfactions se soit élevé.

On le voit, les notions que Bastiat s'efforce de
répandre dans cette première série des *Sophismes*,
sont les plus simples, les plus élémentaires de toutes
celles qui composent la science. Mais c'est d'après
ces notions que l'opinion publique se forme, justement parce que leur simplicité les rend accessibles
à toutes les intelligences. L'art du vulgarisateur
consiste à les exposer dans une forme saisissante,
vive, qui en rende la lecture attachante. C'est cet
art que Bastiat possédait au plus degré. Aussi les
*Sophismes* resteront-ils comme des chefs-d'œuvre
de composition et de langage.

Dans la deuxième partie des *Sophismes*, il poursuit la même campagne.

Dans le pamphlet intitulé : *Cherté, bon marché*, il
démontre que le libre-échange agit comme les
routes, les canaux, les chemins de fer, comme tout

ce qui facilite les communications, comme tout ce qui détruit les obstacles.

Sa première tendance est d'augmenter l'abondance des articles affranchis de droits, et, par conséquent, d'en abaisser le prix.

Mais, en augmentant l'abondance, il accroît la demande et le prix se relève par cet autre côté, seulement il en résulte du bien-être, car c'est par suite de l'enrichissement de tous ceux qui ont d'abord profité de cette abondance que le prix s'est relevé plus tard :

« Le profit du libre-échange, dit ailleurs Bastiat, est de faire le meilleur emploi des ressources de chaque pays, de manière à ce qu'une même somme de travail donne partout plus de satisfaction et de bien-être.»

Mais il est évident que le libre-échange amènera momentanément un déplacement de travail et occasionnera des chômages, seulement le travail ne se déplacera que pour augmenter. Une fois la crise passée, on pourra constater partout un accroissement de bien-être. Pour sortir d'une ornière on peut bien traverser quelques instants pénibles. L'homme de cœur et d'énergie ne restera pas longtemps sur le pavé, et saura bien vite tirer parti de la situation nouvelle qui sera faite au travailleur.

De plus, on voit ce que rapporte la protection : elle permet de vendre les produits plus cher ; mais on ne voit pas ce qu'elle coûte en faisant payer plus cher ce qu'on ne produit pas soi-même. Elle augmente la cherté de la vie. Or, on sait que là où la vie devient trop chère, le travail devient trop cher aussi et ne rémunère plus suffisamment les capitaux. Aussi, à la longue, voit-on ceux-ci quit--ter le pays pour d'autres où le travail sera meilleur marché et où l'industrie s'établira dans des conditions plus favorables.

En résumé, on peut se procurer les choses par deux moyens : 1º en les faisant ; 2º en faisant autre chose et en l'échangeant. Le moyen préférable est celui qui, avec une somme de travail déterminé donne la plus grande quantité de produits.

En vain les protectionnistes diront-ils qu'avant tout il faut avoir du travail, et que, sans travail, le pain fût-il à 0 fr. 05 la livre, l'ouvrier serait forcé de mourir de faim. Ils ne voient pas que la cherté, en amenant le décroissement de la consommation, produira bien plus sûrement que la concurrence étrangère le ralentissement du travail. Celle-ci pourra bien, il est vrai, étouffer dans un pays l'industrie similaire, mais elle ne ruinera pas pour cela le pays. Elle l'obligera seulement à créer la contre-valeur des produits de cette industrie pour les acquérir par voie d'échange. Dans la guerre, le plus fort accablera toujours le plus faible ; dans le travail, le plus fort communique, au contraire, des forces au plus faible et le contraint à produire chez lui le paiement de ce qu'il achète ailleurs.

Bastiat ne se contenta pas de propager la doctrine du libre-échange au moyen de publications. Il résolut d'imiter les efforts qu'avait faits la ligue en Angleterre et de créer en France une association destinée à répandre les théories de la réforme.

Avant tout, il crut utile de faire connaître ce qui se passait de l'autre côté du détroit. Dans ce but, il réunit en un volume les principaux discours prononcés depuis la fondation de la ligue par les principaux promoteurs de cette grande association. Il donna ainsi aux lecteurs français une idée de l'éloquence des Cobden, des Fox, des Thompson. Il traduisit les comptes-rendus des meetings hebdomadaires de la ligue. Il suivit, pendant les six dernières années, les progrès de l'agitation et il termina son travail en 1845, au moment où les obstacles au triomphe du libre-échange en Angleterre allaient s'affaiblissant de plus en plus, et où l'abrogation totale de la loi sur les céréales ne rencontrait plus elle-même qu'une faible opposition.

Jusque là, la presse française ne s'était occupée de la ligue que pour insinuer qu'il s'agissait d'une question toute spéciale, d'une simple réforme dans la loi qui règle, en Angleterre, les conditions de l'exportation des grains. Mais elle n'avait pas dit que la ligue aspirait à l'entière et radicale destruction de tous les priviléges et de tous les monopoles, à la liberté absolue du commerce, à la concurrence illimitée, ce qui impliquait la chute de la prépondérance aristocratique en ce qu'elle avait d'injuste, la dissolution des liens coloniaux en ce qu'ils avaient d'exclusif, c'est-à-dire une révolution complète dans la politique intérieure et extérieure de la Grande-Bretagne.

Nous avons déjà exposé le caractère et la portée du mouvement libre-échangiste en Angleterre, nous avons donné des extraits de quelques passages des discours prononcés par quelques-uns des orateurs de la ligue. Nous les avons tout naturellement puisés dans la traduction publiée par Bastiat sous ce titre : *Cobden et la ligue;* nous n'y reviendrons pas.

Ce que cette étude de l'agitation anglaise a de plus utile, c'est de montrer la puissance que peut avoir l'association, lorsqu'elle se renferme dans la défense d'un principe et qu'elle commence par faire pénétrer dans les esprits et dans les mœurs l'idée qu'elle veut introduire dans les lois.

En même temps qu'il s'occupait de l'impression du livre de Cobden, Bastiat songeait à suivre l'exemple du grand agitateur.

« Pour moi, écrivait-il de Paris à M. Coudroy, si j'avais le temps de rester ici et une fortune à recevoir chez moi, je tenterais de fonder une sorte de ligue. »

Malgré tous les obstacles, il tenta l'entreprise. Bordeaux servit de berceau à l'association. En février

1846, elle se constitua dans cette ville avec soixante-dix à quatre-vingts membres. Bastiat se rendit alors à Paris pour recueillir des adhésions. Il eut celle du duc d'Harcourt, de J.-B. Say, de Blanqui et de Dunoyer, de plusieurs pairs, de députés, d'économistes, de banquiers et de fabricants.

Le 10 mai 1846 fut rédigé le manifeste de l'association.

« L'échange, disait ce document, est un droit naturel comme la propriété. Tout citoyen qui a créé ou acquis un produit doit avoir l'option ou de l'appliquer immédiatement à son usage, ou de le céder à quiconque, sur la surface du globe, consent à lui donner en échange l'objet de ses désirs. Le priver de cette faculté, quand il n'en fait pas un usage contraire à l'ordre public et aux bonnes mœurs et uniquement pour satisfaire la convenance d'un autre citoyen, c'est légitimer une spoliation, c'est blesser la loi de la justice.

« C'est encore violer les conditions de l'ordre, car quel ordre peut exister au sein d'une société où chaque industrie, aidée en cela par la loi et la force publique, cherche ses succès dans l'oppression de toutes les autres !

« C'est méconnaître la pensée providentielle qui préside aux destinées humaines, manifestée par l'infinie variété des climats, des saisons, des forces naturelles et des aptitudes, biens que Dieu n'a si inégalement répartis entre les hommes que pour les unir par l'échange dans les liens d'une universelle fraternité.

« C'est contrarier le développement de la prospérité publique, puisque celui qui n'est pas libre d'échanger ne l'est pas de choisir son travail et se voit contraint de donner une fausse direction à ses efforts, à ses facultés, à ses capitaux et aux agents que la nature avait mis à sa disposition.

« Enfin, c'est compromettre la paix entre les peuples, car c'est briser les relations qui les unissent et qui rendront les guerres impossibles à force de les rendre onéreuses.

« L'association a donc pour but la liberté des échanges.

« Les soussignés ne contestent pas à la société le droit d'établir sur les marchandises qui passent la frontière des taxes destinées aux dépenses communes, pourvu qu'elles soient déterminées par la seule considération des besoins du Trésor.

« Mais sitôt que la taxe, perdant son caractère fiscal, a pour but de repousser le produit étranger au détriment du fisc lui-même, afin d'exhausser artificiellement le prix du produit national similaire et de rançonner ainsi la communauté au profit d'une classe, dès cet instant la protection ou plutôt la spoliation se manifeste, et c'est là le principe que l'association aspire à ruiner dans les esprits et à effacer complètement de nos lois,

indépendamment de toute réciprocité et des systèmes qui prévalent ailleurs.

« De ce que l'association poursuit la destruction
complète du régime protecteur, il ne s'en suit pas
qu'elle demande qu'une telle réforme s'accomplisse en un jour et sorte d'un seul scrutin. Même
pour revenir du mal au bien et d'un état de choses
artificiel à une situation naturelle, des précautions
peuvent être commandées par la prudence. Ces
détails d'exécution appartiennent aux pouvoirs de
l'Etat, la mission de l'association est de propager,
de populariser le principe.

«Quant aux moyens qu'elle entend mettre en
œuvre, jamais elle ne les cherchera ailleurs que
dans les voies constitutionnelles et légales.

«Enfin, l'association se place en dehors de tous
les partis politiques. Elle ne se met au service
d'aucune industrie, d'aucune classe, d'aucune portion du territoire. Elle embrasse la cause de
l'éternelle justice, de la paix, de l'union, de la libre
communication, de la fraternité entre tous les
hommes, la cause de l'intérêt général qui se confond, partout et sous tous les aspects avec celle du
public consommateur.»

Il était impossible de résumer d'une manière
plus complète les griefs contre le régime protecteur. Le principe du libre-échangé est admirable-
ment défini dans ce document, et les associations
à venir pourront s'inspirer de ce programme si

pacifique et si modéré. Il ne comporte aucune précipitation dans l'exécution de la réforme. Son rédacteur connaissait tous les dangers qu'il y a à ne pas ménager avec soin les transitions.

Il admet le droit fiscal parce qu'il pèse sur tous et profite à tous. Ce n'est pas à l'impôt qu'il s'attaque, parce que l'impôt en lui-même n'est pas une atteinte à la liberté.

Il n'a qu'un adversaire, le principe restrictif, dont la douane s'est faite l'instrument. Il ne veut pas diminuer les ressources du trésor, mais il ne veut pas que la douane cesse d'être fiscale pour devenir protectrice. Il veut la ramener, en un mot, au but légitime de son institution et empêcher qu'elle soit aux mains d'une classe de travailleurs un instrument d'oppression et de spoliation à l'égard des autres classes.

On a reproché à ce manifeste d'être resté un peu trop dans les généralités, mais Bastiat fit remarquer que, quand au choix et à la détermination des réformes, c'était au gouvernement à qui appartenait l'action, à en prendre l'initiative. Quand le gouvernement aura pris cette initiative, l'association discutera ses projets et s'efforcera de l'éclairer dans sa marche toujours en vue du principe qu'elle défend.

La disette qui régna dans l'année 1846 vint donner raison, d'une manière éclatante aux propagateurs du libre-échange. La France et l'Angleterre se virent obligées de supprimer provisoirement tous les droits qui mettaient obstacle à l'importation des blés étrangers. C'était peu logique, car en présence de la disette on aurait dû élever encore les droits protecteurs, afin de permettre au producteur de céréales de trouver dans le prix une compensation au défaut d'abondance de la récolte.

Mais les Chambres eurent bien soin de décréter le rétablissement de l'échelle mobile pour l'année suivante.

Dans un article : *De l'influence du régime protecteur sur la situation de l'agriculture en France,* Bastiat expose que le régime protecteur nuit de trois manières à l'agriculture :

1º En forçant les agriculteurs de payer beaucoup plus cher les objets de consommation, fer, instruments aratoires, vêtements, etc... ;

2º En lui retirant ses avances pour les engager dans des industries favorisées ;

3º En décourageant la production agricole dans la mesure de ce qu'elle eût dû produire pour acquitter des services industriels, que, sous le régime de la liberté, la France eut demandés au dehors.

On objectera qu'avec le régime du libre-échange, la France, dont la richesse est surtout agricole, délaisserait l'industrie pour l'agriculture. Il est évident, au contraire, que la prospérité de l'agriculture favoriserait la fabrication, car, malgré la liberté la plus complète dans les relations des peuples, il y a toujours des matières premières qu'il est avantageux de mettre en œuvre sur place. Seulement les manufactures qui les utiliseraient, nées à l'air de la liberté, auraient le pied sur un terrain solide et inébranlable.

Pour l'agriculture, la protection n'a aucun avantage, elle est complétement illusoire ; car elle ne manque jamais d'être retirée précisément aux époques où elle aurait quelque efficacité, comme on l'a vu dans l'année 1846. Le blé n'est jamais protégé que dans les années d'abondance, c'est-à-dire quand il n'a pas besoin de protection.

L'échelle mobile ne sert qu'à déranger toutes les combinaisons du commerce, à empêcher toute régularité dans les opérations commerciales relatives au blé ; de telle sorte que, lorsqu'un déficit se produit dans la récolte, la spéculation n'est jamais prête à approvisionner le pays. Les moyens de transport lui manquent, rien n'est organisé pour faciliter l'importation des blés étrangers, et le grain n'arrive jamais dans l'instant où le besoin s'en fait sentir.

De plus, ces grandes importations extraordinaires et imprévues déplacent des quantités considérables de numéraire. Faute de relations de longue main, les peuples auxquels nous achetons le grain ne se sont pas accoutumés à consommer les produits de notre industrie. Et, au lieu de les payer

en étoffes, en vins, en soieries, nous sommes obli‑
gés de ne leur donner que du numéraire.

La disette de 1846 a, du reste, amplement prouvé
qu'il n'y avait pas lieu de craindre que la liberté
amène une inondation de grains étrangers. L'Etat,
en effet, a été obligé d'appliquer aux approvision‑
nements les deniers publics et les vaisseaux de
l'État.

L'échelle mobile ne sert donc qu'à amener des
crises, pendant lesquelles les classes laborieuses
souffrent.

En vain dit-on que l'ouvrier est désintéressé dans
la question du régime commercial, parce que son
salaire subit les mêmes fluctuations que le prix des
choses; cela est inexact, et les livres des hôpitaux,
des hospices, des prisons, des monts-de-piété,
prouvent malheureusement le contraire. L'intérêt
du peuple et le libre-échange sont liés l'un à
l'autre. Sous l'influence d'une législation qui dimi‑
nue l'ensemble de la richesse, qui met obstacle à
l'abondance, les classes laborieuses doivent néces‑
sairement subir des privations.

Et, cependant, ceux qui se disaient les amis du
peuple firent au libre-échange une opposition
haineuse.

Ils rêvaient tous de réaliser dans le monde la
perfection idéale au moyen de combinaisons aussi
variées qu'insensées. Aussi repoussaient-ils les
réformes partielles et dédaignaient-ils cette action

incessante que la société exerce sur elle-même pour se déliver de ses erreurs et de ses maux.

Rien ne pouvait les contenter de ce qui laissait aux générations futures quelque chose à faire.

Victor Considérant entama une polémique avec Bastiat, dans laquelle il soutenait la protection et ne s'élevait que contre la fiscalité de la douane.

Les socialistes admettaient bien le libre-échange en principe, mais ils en ajournaient l'avènement après la réalisation d'un de leurs systèmes quelconques.

L'exemple de ce qui arrivait alors en Angleterre démontrait cependant tout ce que pouvait la liberté dans l'intérêt des classes laborieuses.

Depuis l'abolition des droits sur les céréales, malgré l'abondance des récoltes, l'importation était toujours croissante, ce qui prouvait que l'on mangeait en Angleterre plus de pain que jamais et que, par conséquent, le peuple se nourrissait mieux. Mais ces faits passaient inaperçus des réformateurs socialistes.

Indépendamment de la rédaction du journal le *Libre-Echange*, Bastiat parcourait la France, faisant dans les grandes villes des discours en faveur de la réforme. Il en prononça à Bordeaux, à Paris, à Lyon, à Marseille.

Dans un discours prononcé à Bordeaux, le 23 février 1846, devant les premiers membres de l'association qu'il venait de créer, il disait : « Le moment est venu, élevons intrépidement principe contre principe ; il faut savoir enfin de quel côté est la vérité. Si nous nous trompons, si l'on nous démontre qu'on enrichit les peuples en les isolant, poussons la protection jusqu'au bout. Renforçons nos barrières internationales, ne laissons rien entrer du dehors, comblons nos ports et nos rivières, et demandons à nos navires, pour dernier service, d'alimenter pendant quelques jours nos foyers. Que dis-je, et pourquoi n'élèverions-nous pas des barrières entre tous les départements ? Pourquoi ne les affranchirions-nous pas tous des *tributs* qu'ils se paient les uns aux autres, et pourquoi reculerions-nous devant la *protection du travail local* sur tous les points du territoire, afin que les hommes forcés de se suffire à eux-mêmes soient partout *indépendants* et qu'on cultive le sucre et le coton jusqu'aux glaces des Pyrénées ? Mais, si nous sommes dans le vrai, enseignons, réclamons, agitons, tant que nos intérêts seront sacrifiés et nos droits méconnus.

« Proclamons le principe de la liberté, et laissons au temps d'en tirer les conséquences. Demandons la réforme et laissons aux monopoleurs le soin de la modérer. Il est des personnes qui reculent devant l'association parce qu'elles redoutent la liberté immédiate. Ah ! Qu'elles se tranquillisent ! Nous ne sommes point des législateurs ; la réforme ne dépend pas de nos votes, la lumière ne se fera pas instantanément, et le privilége a tout le temps de prendre ses mesures. Ce mouvement sera même un avertissement pour lui et on doit le considérer comme un des moyens tant recherchés de transition. Levons-nous calmes, mais résolus.

« Il s'agit de savoir si nous entrerons enfin, dans les mœurs constitutionnelles..... si les Français, comme on les en accuse, trouvant trop longue la route de la légalité et de la propagande, ne savent poursuivre que par des moyens violents des réformes éphémères, Il s'agit de savoir s'il y a encore parmi nous du dévouement, de l'esprit public, de la vie, ou si nous sommes une société assoupie, indifférente, léthargique, incapable d'une action suivie et tout au plus animée encore par quelques rares et vaines convulsions. »

Quel admirable programme il traçait ainsi à l'association du libre-échange ! Patience, modération, énergie, calme, telles sont les vertus desquelles il faisait la condition du succès. Jamais notre pays n'avait entendu un tel langage, jamais il n'avait assisté à une propagande faite dans un semblable esprit. Au moment où une révolution aussi violente qu'irréfléchie (celle du 24 février 1848) allait éclater, quel magnifique exemple il donnait au parti avancé. Malheureusement celui-ci n'en devait pas profiter, et fidèle à ses traditions, il devait compromettre dans une émeute la cause du progrès, dont le succès eût été assuré par les moyens pacifiques et légaux.

Dans un autre discours prononcé à Lyon, en Août 1847, Bastiat revint sur l'influence du régime protecteur à l'égard des salaires, et, avec les mêmes arguments qu'il avait employés dans les Sophismes, il démontra que c'était une erreur de soutenir que le taux des salaires augmentait grâce à la protection, et que, si l'ouvrier payait plus cher ce dont il avait besoin, il gagnait davantage, de telle sorte qu'il y avait compensation.

A Marseille, dans une assemblée dont faisait partie M. Lamartine, il développa sa théorie que les services s'échangent contre des services : « Elle doit détruire, disait-il, jusque dans leurs germes les jalousies internationales. Remarquez ceci : la nature n'a pas distribué ses bienfaits sur le globe d'une manière uniforme ; un pays a la fertilité, un autre l'humidité, un troisième la chaleur, un quatrième des mines abondantes etc.... Puisque ces avantages sont gratuits, on ne, peut nous les faire payer. Par exemple, les Anglais, pour nous livrer une quantité donnée de houille, exigent de nous un service d'autant moindre que la nature a été pour eux plus libérale relativement à la houille et que, par conséquent, ils prennent à cette occasion une moindre peine.

« Ainsi l'économie politique bien comprise démontre que chaque peuple, loin d'envier les avantages des autres peuples, doit s'en féliciter, et il s'en félicitera certainement dès qu'il comprendra que ces avantages ont beau paraître localisés par l'échange, ils sont le domaine commun et gratuit de tous les hommes. »

Il termina ce discours par ces paroles qu'il empruntait à M. de Lamartine : « La liberté fera aux hommes une justice que l'arbitraire ne saurait leur faire »

Et M. de Lamartine, prenant la parole à son tour, s'écriait en s'adressant au personnes présentes : « Vous vous souviendrez alors, vous et vos enfants; vous vous souviendrez alors avec reconnaissance de ce missionnaire de bien-être et de richesse qui est venu vous apporter de si loin et avec son zèle entièrement désintéressé, la vérité gratuite, dont il est l'organe et la parole de la vie matérielle, et vous placerez le nom de M. Bastiat, ce nom qui grandira à mesure que sa vertu grandira elle même, vous le placerez à côté de Cobden et de Fox et de leurs amis de la grande ligue européenne, parmi les noms des apôtres de cet évangile du travail émancipé, dont la doctrine est une semence sans ivraie, qui fait germer chez tous les peuples sans exception de langue, de patrie ou de nationalité, la liberté, la justice et la paix ! »

Ce rang que M. de Lamartine assignait à Bastiat dans la postérité, l'opinion commence un peu tardivement peut-être à le lui accorder. Espérons qu'avec le temps il lui sera fait entière justice.

Nous n'insisterons par davantage sur cette partie

de l'œuvre de Bastiat qui se rapporte au libre-échange.

Nous n'analyserons pas les nombreux articles qu'il a publiés dans le journal hebdomadaire qu'il avait fondé. Nous avons fait connaître à peu près dans leur ensemble les raisons qui le portaient à préférer la liberté à la restriction. Ces raisons, il les a développées bien souvent et il les a présentées sous toutes les formes que son esprit si ingénieux lui suggérait. La nature l'avait doué d'une verve intarissable qui le rendait merveilleusement apte à remplir l'utile mission qu'il s'était assignée. En exposant ses idées, nous les avons dépouillées de cette richesse de développements, de cet éclat d'expressions que Bastiat leur avait donnés et que la lecture de ses œuvres peut seule permettre d'admirer.

# CHAPITRE V.

## Effets de la liberté du commerce.

---

Négociations avec l'Angleterre. — Résistance du Corps
Législatif. — Initiative impériale. — Traités du 22 janvier
1860. — Leur caractère. — Suppression de l'échelle mobile. — Traités avec la Belgique, le Zollverein, la Suisse,
les Pays-Bas, l'Espagne, l'Italie, l'Autriche. — Difficultés
de la transition. — Etat de l'industrie au moment des traités. — Condition de l'ouvrier. — Etat de notre agriculture.
Effets des traités sur nos importations et nos exportations. — Révolution dans l'outillage. — Bienfaits du nouveau régime. — Développement de la consommation. —
Notre agriculture après les traités. — Nos vins. — Nos
produits de ferme. — Souffrances de quelques industries.
Métallurgie. — Cotons.

Bastiat mourait dans les derniers jours de l'année
1850. S'il avait vécu quelque temps de plus, il
aurait eu la satisfaction de voir le triomphe de ses
idées assuré dans un avenir prochain. Dès 1849,
l'Angleterre qui venait d'achever sa réforme économique en abolissant les droits différentiels dont
avait joui jusqu'alors la marine britannique, entama

des négociations avec le gouvernement français
en vue d'obtenir de notre part une certaine réciprocité, et de donner une plus vive impulsion aux
échanges entre les deux pays.

Mais, ces négociations traînèrent en longueur à
cause de l'opposition qu'elles rencontrèrent de la
part de nos industriels. En 1853, l'Angleterre abais-
sait spontanément les droits qui grevaient encore
quelques-uns des principaux articles de notre
industrie et nos produits agricoles, dont l'exportation devenait une source puissante de richesse pour
nos provinces de Bretagne et de Normandie. Le
gouvernement impérial aurait voulu, à titre de
réciprocité, lever les prohibitions qui frappaient
les produits de l'industrie anglaise, mais il dut y
renoncer en présence de la résistance qu'il trouva,
en 1856, dans le sein du corps législatif où le régime
restrictif comptait de nombreux défenseurs.

Et cependant, des faits récents venaient de prouver que notre pays n'avait rien à redouter de la
concurrence étrangère. Ainsi, en 1853, la taxe de
cinquante francs par tête de bœuf, qui était perçue
à l'entrée, avait été remplacée par un droit de trois
francs et il en était résulté un accroissement d'importation très considérable. La moyenne, qui était
de 1653 bœufs avant la réduction de la taxe,
s'était élevée, pendant les années 1854, 1855, 1856,
1857, 1858 et 1859, à plus de 30,000. Malgré cela,
le prix de la viande n'avait pas cessé de hausser.

C'est que le contingent que la concurrence étrangère apportait sur le marché était d'une proportion trop faible en présence du développement continu de la consommation. De plus, par l'effet de l'exportation, le prix de cet article avait augmenté dans les pays producteurs, où il tendait à s'élever au niveau des prix établis dans le pays d'importation.

Cela montrait que, si la liberté de l'échange a pour résultat de procurer les choses aux contrées qui en manquent et d'ouvrir des débouchés sérieux pour les produits qui surabondent, le nivellement de prix qui en est la conséquence s'opère rarement au préjudice du producteur du pays d'importation et profite presque toujours à celui du pays d'exportation.

D'ailleurs, les préjugés et les timidités qui faisaient obstacle à tout changement dans notre régime commercial, ne devaient pas prévaloir longtemps. Quelques nations voisines, et notamment la Belgique, venaient d'effectuer leur réforme économique, ce qui rendait la nôtre de plus en plus urgente.

En 1860, l'extinction de certaines annuités de sa dette permit à l'Angleterre d'opérer de nouvelles réduction de droits. Elle proposa à notre gouvernement de faire porter ces réductions sur des produits français à la condition qu'on lui accorderait une certaine réciprocité.

Le gouvernement ne voulut pas laisser échapper

une occasion aussi favorable d'inaugurer une nouvelle politique économique, et usant des prérogatives que la constitution d'alors accordait au chef de
l'Etat, il conclut, sur des bases libérales, le traité
de commerce qui nous régit encore aujourd'hui.
Ce traité, préparé par MM. Cobden et Michel Chevalier et négocié par lord Cowley et MM. Baroche
et Rouher, fut signé le 22 janvier 1860.

Ce grand acte se ressent nécessairement des doctrines différentes qui dominaient dans chacun des
deux pays. Avant le traité, l'Angleterre déjà conver-
tie au libre-échange, admettait en franchise la plupart de nos produits. Nos vins, quelques objets manufacturés et nos soieries étaient à peu près les
seuls articles qui fussent encore frappés de droits;
en ce qui concernait les soieries, Sir Robert Peel
avait même déjà abaissé les tarifs de près de la
moitié, et, sous l'impulsion de la concurrence
étrangère, les fabricants anglais avaient perfectionné leurs procédés à tel point qu'ils étaient les premiers à demander la suppression des droits dont
ces tissus restaient grevés.

La France, au contraire, encore attachée au régime prohibitif, excluait un grand nombre de produits anglais et frappait les autres de droits protecteurs très élevés.

Le traité du 22 janvier subit l'influence de cette
situation. Nos voisins, qui avaient moins de pas à
faire que nous pour atteindre à la vraie liberté com-

merciale, ne demandèrent qu'un délai de deux ans pour effacer entièrement de leur législation tous les droits protecteurs. La France, attardée, avança seulement de la *prohition* à la *protection* : elle se contenta de substituer aux prohibitions absolues des droits protecteurs encore assez élevés pour ménager les préjugés de notre industrie et pour lui permettre de se préparer à la lutte.

Ainsi, tandis que l'Angleterre s'engageait à admettre en franchise les objets manufacturés tels que les tissus de soie de toute nature, l'orfévrerie, la bijouterie, les articles dits de Paris (bronzes, modes, fleurs artificielles), la ganterie, la mercerie, etc .., la France levait seulement les prohibitions qui pesaient sur les objets d'origine ou de manufacture britanniques, tels que le sucre raffiné, le fer forgé, les produits chimiques, les fils de laine, de coton, de soie, de chanvre, la coutellerie, les aciers, les machines, les voitures. A ces prohibitions étaient substitués des droits dont le maximum était fixé à 30 °|o, et devait être réduit à 25 °|o au 1er octobre 1864.

Mais la stipulation la plus avantageuse du traité était celle qui concernait nos vins; c'était celle qui devait exercer l'action la plus considérable sur le développement de notre richesse agricole. Le tarif anglais ne conservait plus à l'égard de nos vins, de nos papiers, de nos eaux-de-vie, que des droits fiscaux également imposés aux produits similaires du pays. De cinq shillings par gallon, la taxe était immédiatement réduite à trois. Quatorze mois plus tard, elle devait descendre à un shilling pour les vins contenant moins de quinze pour cent à l'épreuve. C'était une réduction des 4[5 sur les tarifs antérieurs. Ce droit devait s'élever, par une gradation modérée, jusqu'à deux shillings, proportionnellement à la quantité de spiritueux contenue dans le vin; mais cette gradation n'avait pas le caractère d'un droit protecteur, elle avait seulement pour but d'éviter au trésor anglais les conséquences de l'importation des vins fortement alcoolisés, dont la distillation aurait pu faciliter une fraude aux droits de douane ou d'accise sur les eaux-de-vie.

En retour de cette importante concession, nous abaissions nos tarifs sur les articles non prohibés, tels que la houille et le coke, les fers, fontes et aciers, les ouvrages en métaux, les tissus de lin et de chanvre. De cette manière, nous faisions profiter nos voisins des richesses que nous devions à notre climat, tandis que ceux-ci nous faisaient bénéficier de celles que renfermait leur sol carbonique.

Dans la session de 1860, le Corps législatif vota le dégrèvement des matières premières, telles que les laines, les cotons, l'indigo, les sels et les produits propres à la teinture; il vota également le rachat de douze canaux pour donner au gouvernement les moyens d'abaisser les frais de transport, la loi qui prêtait 40,000,000 à l'industrie. Les tarifs des objets de grande consommation, sucres, cafés, cacaos, thés, furent abaissés pour faciliter le développement de cette consommation, qui assure à la classe la plus nombreuse une meilleure alimentation. A partir de ce moment, les réformes se succédèrent rapidement; le branle était donné.

Ainsi, le 2 mai 1861, le gouvernement proposa et fit voter au Corps législatif la suppression de l'échelle mobile. Ce régime établi pour prévenir la disette, n'avait jamais rendu aucun service ; dans les années de mauvaise récolte, on s'était vu forcé de le suspendre. Il enlevait toute sécurité au commerce sans profiter à l'agriculture. On lui substitua un droit fixe de cinquante centimes par quintal métrique de blé importé ; ce droit insignifiant équivalait à une liberté entière d'importation. Le seigle, le maïs, l'orge, le sarrasin, l'avoine étaient exempts de tous droits ; une seule disposition protectrice en faveur de la marine nationale, maintenait les droits différentiels sur les importations par navires étrangers.

La même année 1861 intervint un traité avec la Belgique, qui avait pour objet d'étendre le tarif d'importation appliqué aux marchandises anglaises à celles de ce pays. La liste des articles dénommés dans ce traité est même plus longue que celle qui est contenue dans le traité avec l'Angleterre ; la tarification est plus modérée. Les prohibitions à la sortie disparaissent du tarif français. Celles qui exis-

taient pour le chiffon et la pâte à papier font place
à un droit de 12 francs les 100 kilog. Les droits de
sortie sur les tourteaux et les bois de noyer disparaissent entièrement.

En somme, le traité avec la Belgique a été un
nouveau pas dans voie libérale.

D'autres traités intervinrent ensuite avec le Zollverein, la Suisse, la Suède, les Pays-Bas et l'Espagne. Le 17 janvier 1863, on en conclut un avec
l'Italie. C'est le plus défectueux de tous ceux qui
ont été passés par le gouvernement de l'empire.
Tous les avantages se trouvent du côté de l'Italie.
Ainsi, les vins qui d'Italie viennent en France,
acquittent un droit uniforme de 30 centimes par
hectolitre. Les vins français allant en Italie, en
fûts, paient 5 fr. 77 par hectolitre. Cette différence
en faveur de l'Italie lui permet de nous envoyer
dans les années d'abondance ses vins les plus communs, tandis qu'ils nous est impossible de lui faire
consommer les nôtres.

La même inégalité existe pour les froments, les
fruits, les alcools, les machines agricoles.

L'exemption de droits portait sur les cocons de
vers à soie, le lin et le chanvre peigné, les bois de
construction, la viande fraîche, le lait, le beurre,
les pommes de terre et les betteraves.

Le 11 décembre 1866, un traité était passé avec
l'Autriche. Il contient encore de nouveaux dégrè-
vements.

On le voit, depuis 1860 la France est entrée hardiment dans la voie des réformes libérales en matière commerciale. Nous sommes assurément bien loin du libre-échange. La situation actuelle n'est même à proprement parler qu'un acheminement vers ce régime. On a renoncé définitivement aux prohibitions, c'est un grand pas de fait; mais on a conservé le principe de la protection, en limitant le maximum des droits protecteurs à 25 0|0 et même pour la fonte à 30 0|0.

Cette réforme a soulevé bien des réclamations. La transition d'un régime à un autre fait naître toujours nécessairement de grandes difficultés. Elles ont été aggravées par la crise cotonnière amenée par la guerre de sécession aux Etats-Unis. Mais ce n'est point d'après les sacrifices qu'elle a coûtés qu'on doit juger une réforme, c'est d'après les résultats obtenus. Pour apprécier ces derniers, nous allons exposer quelle était la situation de l'industrie française, avant les traités et sa situation actuelle. On verra ainsi quels efforts ont été faits par nos industriels pour s'élever à la hauteur de leurs concurrents étrangers, et le profit et l'honneur que le pays en a retirés.

La concurrence intérieure n'était pas suffisante pour faire naître chez nos fabricants cette émulation féconde qui est la condition de tout progrès. Notre industrie était plongée dans une sorte d'engourdissement. C'est l'inconvénient, en effet, des prohibi-

tions et des protections d'abaisser le caractère industriel d'un pays, en rendant la lutte trop facile.
Maîtresses du maché intérieur, accoutumées à ne
lutter qu'entre elles, nos manufactures vivaient de
routine, dépensaient peu d'activité, engageaient peu
de capitaux, évitaient tous les perfectionnements
coûteux et se contentaient d'encaisser chaque année
de beaux bénéfices aux dépens de la consommation.
Ainsi, tout le monde connaît les révolutions que
la science a fait subir à l'outillage des manufactures.
Dans l'industrie textile notamment, les métiers à
bras ont disparu pour faire place au *Mull-Jenny* et
le Mull-Jenny pour faire place au *Self-acting*. Avant
le traité de commerce, nos fabricants employaient
encore les métiers à bras pour le tissage de la laine
et de la soie. Ils se servaient des nouveaux métiers
pour le tissage du coton.

On ne comptait qu'un très petit nombre de
machines à vapeur à Lyon et à Sedan. Et encore
les usines qui employaient le moteur mécanique ne
possédaient qu'un matériel qui remontait aux premiers essais, qui était lourd, inutilement compliqué,
dangereux pour l'ouvrier et qui donnait peu de
produits. Un des plus grands manufacturiers de
notre pays; et un de ceux qui se sont montrés les
plus prompts à marcher dans la voie du progrès,
M. Jean Dolfus, a fait cet aveu qu'il avait gardé
chez lui jusqu'aux dernières années quelques métiers
à filer le coton dont la construction remontait à 1809.

Il y avait eu depuis lors trois ou quatre générations de
métiers successivement disparues. Il les conservait,
remettant toujours à l'année suivante pour les remplacer. Le tarif des douanes, par son exagération,
lui permettait de faire des profits avec ces métiers
arriérés. Et ce qui n'est pas moins frappant, c'est
que, lorsqu'il les a eu démontés et mis de côté, il
s'est présenté des manufacturiers pour les lui
acheter et les installer dans leurs fabriques. Rien ne
prouve mieux à quel point l'émulation de la concurrence étrangère était nécessaire à l'industrie
nationale.

La situation de l'ouvrier se ressentait de cet état
de l'outillage. Il se trouvait réduit à faire le travail
qu'une machine aurait pu exécuter bien mieux et
bien plus rapidement que lui. Il était nécessairement peu payé. La nature du travail auquel on
l'occupait ne permettait pas de lui donner un salaire
élevé. De plus, les chômages étaient fréquents :
toutes les fois qu'une crise se produisait, le manufacturier arrêtait sa fabrication. Il limitait ainsi sa
perte au travail déjà exécuté. Comme sa mise de
fonds n'était pas considérable, il perdait peu et il
vivait de son revenu, et de ses bénéfices antérieurs,
en attendant des temps meilleurs. Pendant ce temps,
l'ouvrier mourait de faim. Lui, à qui les bonnes
années ne rapportaient rien que du travail, il subissait la conséquence de la crise plus durement que
son patron. Si l'industrie avait exigé une mise de

fonds plus considérable, les industriels auraient été obligés de travailler à perte, parce que le chômage absolu leur aurait causé une perte encore plus grande, en les empêchant de prélever aucun amortissement pendant toute sa durée. Les ouvriers auraient été ainsi à couvert des crises industrielles. Un autre inconvénient du défaut de concurrence, c'est que notre industrie n'étudiait pas les besoins de la consommation et ne cherchait pas à les satisfaire. Ainsi, les étoffes de laine commune et à l'usage du peuple seulement, étaient depuis longtemps un des principaux articles du commerce de l'Angleterre. Ces étoffes, qui constituaient d'importantes et d'heureuses spécialités, étaient inconnues en France. Grâce à la prohibition, elles ne pouvaient y pénétrer. Aussi, nos fabricants qui ne redoutaient pas l'importation ne songeaient-ils nullement á les imiter. Ils continuaient à s'occuper presque exclusivement de produits de luxe. Le consommateur était réduit à payer très cher les vêtements de laine ou à s'en passer. Les prix élevés formaient ainsi un obstacle insurmontable aux progrès de la consommation. Le bon marché, cette condition essentielle de bien-être pour les classes laborieuses, et de développement pour la production, était sacrifié à l'intérêt mal compris de la classe industrielle enfoncée dans la routine et dans des pratiques surannées.

Notre commerce d'exportation subissait lui aussi

l'influence d'une pareille situation. Nos manufacturiers ne recherchaient pas les marchés étrangers, où ils n'étaient pas protégés par des prohibitions et des tarifs, où ils perdaient tous leurs avantages. Beaucoup ne produisaient pas pour l'exportation ; ils se contentaient du marché intérieur, où ils ne rencontraient pas de concurrents et ils pouvaient vendre plus cher. Le régime restrictif conduisait en effet à cet étrange résultat, que la marchandise fabriquée à l'intérieur était payée plus cher par le regnicole que par l'étranger chez lequel elle était importée. Ainsi, en 1858, la France exportait pour 484,000,000 francs de marchandises, dont les similaires étaient prohibées en France ; c'étaient des tissus de laine, de coton, de soie, du linge, des habillements, des peaux préparées et ouvrées, du sucre raffiné, des ouvrages en métaux, de la verrerie, des produits chimiques, de la garancine, de la tabletterie, du savon, de la coutellerie, des plaqués, des voitures. Tous ces produits étaient vendus à l'étranger en pleine concurrence et à meilleur marché que chez nous, malgré les frais de transport et les risques d'un crédit commercial difficile à vérifier.

En ce qui concernait notre production agricole, le régime prohibitif ne nous était pas moins préjudiciable. Nos vins manquaient de débouchés, et la culture de la vigne ne pouvait pas se développer. Les années d'abondance amenaient l'encombrement.

L'Angleterre recevait bien déjà une grande quantité de nos produits de ferme, tels que le beurre, les œufs, les fruits ; mais cette exportation, que les moyens de transport rendaient de plus en plus facile, devait prendre une bien plus grande extension à mesure que les rapports commerciaux des deux pays se multiplieraient.

Ainsi, en résumé, la réforme ne pouvait que profiter à notre agriculture, en surexcitant la production par les débouchés, à notre commerce en développant les transactions internationales, aux classes ouvrières en leur assurant de meilleurs salaires, en leur évitant les chômages et en abaissant le prix des objets de première nécessité. Elle devait aussi donner à notre industrie un caractère plus viril et des vues plus élevées, elle devait la faire sortir de l'ornière où la retenaient les timidités et l'indifférence égoïste de nos manufacturiers.

Tous les progrès accomplis dans ce siècle ont toujours suivi l'affranchissement du travail : « C'est à la suppression des maîtrises, des jurandes et de toutes les gênes imposées à l'industrie, disait Mme de Staël, qu'il faut attribuer l'accroissement des manufactures et l'esprit d'entreprise qui s'est montré de toutes parts ; enfin une nation depuis longtemps attachée à la glèbe est sortie pour ainsi dire de dessous terre. » (1).

L'abolition des prohibitions et des tarifs devait

_______________

(1). Mme de Staël, *Considérations sur la Révolution française.*

marquer une nouvelle étape dans la même voie d'affranchissement et de progrès. En développant la puissance productive, en appliquant sur la plus grande échelle possible la division du travail et la spécialité des aptitudes, elle devait favoriser la diffusion de l'aisance et rendre le bien-être aussi général qu'il peut l'être.

Certes, je ne suis pas de ceux qui pensent que le régime protecteur ait toujours été mauvais. Il a rendu de grands services au moment où la France débutait dans l'industrie. Sans lui, de 1815 à 1830, notre pays n'aurait vu se créer que très peu de manufactures. L'industrie anglaise, qui depuis longtemps avait atteint la virilité, aurait étouffé nos premiers essais. Mais, si l'emploi du tarif a été bon temporairement, il devait avoir son terme quand l'éducation de l'industrie a été finie, parce que toute industrie, qui a atteint sa croissance, doit cesser d'être protégée. Le même intérêt national qui avait fait établir les prohibitions en exigeait l'abolition. Notre industrie était assez forte pour la lutte ; il y allait de son honneur de ne pas la différer plus longtemps.

Le tableau que nous avons fait de la situation industrielle de la France avant le traité de commerce n'est pas un tableau de fantaisie. Il suffit de faire appel à des souvenirs qui ne sont pas encore bien lointains pour vérifier son exactitude. Nous allons examiner maintenant quels changements les traités ont apportés à cet état de choses. Nous ne citerons que des faits incontestables afin de rendre notre démonstration plus décisive.

Que s'est-il passé après la conclusion du traité du 22 janvier 1860?

Les bienfaits du nouveau régime se sont fait sentir immédiatement. Ainsi, en 1861, par suite de la guerre de la sécession en Amérique, le commerce du monde entier traversait une crise terrible. En France, cette crise s'aggrava encore par la disette des grains. Ces influences réunies agirent fortement sur le mouvement de nos marchandises. Nos importations dépassèrent nos exportations de plus de 500,000,000 francs, sur lesquels 400,000,000 francs avaient été dépensés en achat de blé. L'année fut désastreuse; mais elle l'eût été bien davautage sans les traités. Sans la suppression de l'échelle mobile, il est impossible de prévoir à quel prix le pain eût monté. Mais, grâce aux dispositions de la législation nouvelle, le commerce français put en liberté et en temps préparer des importations directes des contrées lointaines où il était allé s'approvisionner avant même que l'Angleterre eut songé à lui faire concurrence, au lieu d'être obligé d'acheter à celle-ci de deuxième et de troisième main comme cela arrivait autrefois. On échappa ainsi à une cherté excessive des grains et des céréales, et les prix restèrent accessibles à tous les consommateurs.

D'autre part, l'Amérique n'achetait plus nos soieries. La fabrique lyonnaise souffrait. Les Anglais vinrent enlever sur notre marché une masse considérable de soieries dont la suppression des droits permettait l'entrée facile en Angleterre. L'industrie des soieries échappa à la ruine.

Pour les cotons et les laines, articles pour lesquels nos manufactures mal outillées auraient difficilement supporté la concurrence, l'importation n'augmenta que dans la proportion de 6 pour 0[0 de la production. D'ailleurs, la plupart de nos fabricants comprirent les obligations que leur imposait la situation nouvelle qui leur était faite. Ainsi, à Roubaix, à St-Quentin, à Lille, à Amiens, la fabrication avait lieu auparavant au moyen de métiers à bras appartenant à des ouvriers disséminés dans les campagnes. Dès 1861, le travail mécanique commença à remplacer le travail à la main. Le travail isolé fit place au travail en commun. Ce fut une révolution profonde qui s'opéra dans les habitudes de nos populations ouvrières du nord; ce fut le point de départ de ces grandes agglomérations d'ouvriers dont le danger a été signalé au point de vue moral, mais dont l'utilité au point de vue industriel est incontestable.

Les manufacturiers qui purent disposer d'assez de capitaux pour faire cette transformation en furent largement récompensés. L'emploi des moteurs dans le tissage leur a assuré, en effet, 20 à

25 0[0 de bénéfices sur l'emploi direct des bras. C'était une marge assez belle pour couvrir les frais du premier établissement qui, d'ailleurs, s'imposaient à eux sous peine de ruine.

. Les grandes manufactures et les moyennes n'hésitèrent pas un instant; avec une promptitude de décision qui fait honneur au génie français, elles se hâtèrent de se mettre au niveau des manufactures étrangères. Les petites usines seulement succombèrent faute de capitaux pour se transformer. Cela était inévitable; tous les progrès coûtent des sacrifices et causent des souffrances. Il en avait été de même quand la grande manufacture avait enlevé le travail aux fileuses de la Bretagne et de la Flandre, et avaient amené la ruine de la petite fabrique. Sur les champs de bataille du travail, comme sur ceux de la guerre, il y a des blessés et des vaincus dont la ruine n'entraîne pas cependant la défaite des nations auxquelles ils appartiennent.

L'année 1861 fut une année d'épreuves pour nos industries textiles, qui étaient celles que menaçait le plus la concurrence étrangère. Nos fabricants consacrèrent toute cette année à se préparer à la lutte. Ils eurent à surmonter de grandes difficultés; c'est, pour ainsi dire, sous le feu de la concurrence qu'ils renouvelèrent leur outillage et qu'ils se mirent au niveau des perfectionnements les plus récents. Et ici se montre la puissance et le ressort du caractère français; dès l'année suivante, notre industrie textile reprenait le cours de ses succès. L'importation de la soie et de la bourre de soie, comme matières premières, était supérieure de 30,000,000 kilog. à celle de 1861. L'exportation des tissus fabriqués se développait dans la même proportion. Le marché anglais remplaça définitivement pour ces produits le marché Américain que la guerre venait de fermer. Ce fut un grand bienfait pour les ouvriers qui étaient menacés de chômages indéfinis. Leurs salaires eux-mêmes s'élevèrent et ils gagnèrent ainsi en sécurité et en bien-être.

Aprés le traité, les fabriques anglaises de tissus de laine avaient cherché à jeter sur notre marché une grande quantité de leurs articles à bas prix, mais de qualité inférieure, qu'elles espéraient populariser en France où les similaires n'existaient pas. Mais elles eurent peu de succès, et la consommation nationale resta fidèle à nos produits, quoique plus chers. Nos draps de luxe trouvèrent, au contraire, des débouchés inattendus. A Elbeuf notamment, le genre *draperies nouveautés* prit dès 1862 un tel développement que le nombre des ouvriers se trouva insuffisant, et que les salaires montrèrent une tendance très-accentuée vers la hausse.

Il en fut de même pour les toiles de lin, très-recherchées en Italie et en Espagne.

La moyenne des importations, pendant les cinq années qui avaient précédé le traité, avait été de 2,590,200,000 francs; celle des exportations de

2,813,000,000. En 1861, par suite de la disette des grains, l'importation avait été de 3,085,400,000 fr. tandis que l'exportation n'était que de 2,660,200,000. Mais, en 1862, elle se relevait à 3,049,900,000 dépassant ainsi tous les chiffres qu'elle avait atteints jusque là. L'importation restait à 2,899,200,000. A partir de ce moment la progression a été constante.

Ces faits, survenus en 1862, étaient de nature à rassurer ceux qui dans le premier moment avaient pu s'effrayer d'une concurrence qui avait pour eux tout le danger de l'inconnu. Des industries défendues jusque là par des prohibitions ou par des taxes exagérées, et qui ignoraient leur propre vitalité et la puissance de leurs ressources, apprirent à les connaître. Mises plus directement en contact avec l'étranger, elles apprirent aussi à compter sur elles-mêmes et elles prouvèrent qu'elles étaient capables non-seulement de soutenir la lutte, mais encore de triompher de leurs rivaux. Si le marché français s'ouvrit à des produits qui, avant la réforme économique, ne pouvaient y trouver accès, nos marchandises trouvèrent de larges compensations sur les marchés extérieurs, notamment sur ceux de l'Angleterre et de la Belgique. Producteurs et consommateurs trouvèrent leur profit dans le nouvel état de choses. Le consommateur put s'approvisionner à meilleur marché ; le producteur, grâce à un outillage plus perfectionné et à des débouchés plus étendus, put fabriquer plus économiquement et en plus grande quantité ; enfin le commerce trouva un champ beaucoup plus vaste à ses opérations.

En 1863, la situation s'améliora encore ; à Lyon la même activité que l'année précédente se manifesta. Le prix de la main d'œuvre se maintint au taux qu'elle avait atteint les deux années précédentes, et assura ainsi un salaire convenable à l'ouvrier.

La fabrication des draps prit un développement extraordinaire pour les étoffes à bas prix. Nos manufacturiers avaient compris quel danger leur faisait courir la concurrence des tissus à bon marché de l'Angleterre. Ces tissus d'adord dédaignés, pouvaient d'un jour à l'autre devenir en vogue. Afin de rester maîtres du marché intérieur, ils profitèrent de leur outillage perfectionné pour livrer à la consommation des articles communs qui eurent un grand succès et qui opérèrent, au profit de l'hygiène publique et de l'économie domestique, une révolution complète dans le vêtement. Les classes peu aisées remplacèrent sans augmentation de prix, par des vêtements chauds et salubres, des cotonnades dont l'usage n'était pas sans danger dans notre pays sujet à tant de variations atmosphériques.

Dans la soierie, il en fut de même : nos fabricants renoncèrent en partie aux étoffes de grand luxe pour produire à bon marché des tissus inférieurs.

L'usage de la soie se démocratisa comme celui

de la laine, et, sous ce rapport comme sous tant d'autres, les conditions de la vie tendirent à se niveler entre les diverses classes. La hausse générale des salaires et un goût de plus en plus vif de la population laborieuse pour un habillement se rapprochant de celui de la population aisée, favorisa ce changement ; seulement, il était naturel que le niveau de la qualité s'abaissât avec le prix, d'autant plus que les nouveaux consommateurs se montrèrent en général disposés à accorder dans le vêtement plus d'importance à la forme qu'au tissu. Mais, comme aucune amélioration ne peut s'opérer dans l'industrie sans faire quelques victimes, il arriva que les cotonnades délaissées souffrirent beaucoup. Leur malaise a été attribué à l'influence des traités de commerce; il serait plus juste d'en voir la principale cause dans les faits que nous venons de signaler, et que, malgré cette conséquence fâcheuse, il nous paraît difficile de regretter.

Sans les traités de commerce, il est vrai, ces progrès n'auraient pas pu se réaliser à cause de l'insuffisance des matières premières que le pays pouvait fournir. Depuis la supression des droits d'entrée, le mouvement d'importation de celles-ci a dépassé dans des proportions énormes tout ce qui avait été observé jusque là ; pour la laine notamment, l'accroissement moyen annuel a été de 13,900,000 kilog. qui ont été absorbés par la consommation intérieure. Tandis, en effet, que l'Angleterre réexporte la moitié environ de ce qu'elle achète, notre réexportation est insignifiante. Pour les soies, les importations faites en Angleterre pendant la période de 1861 à 1867 ont diminué de 1,300,000 kilog. ; celles de la France, au contraire ont augmenté de la même quantité. Cela prouve que pour la soie comme pour la laine, l'Angleterre n'a pas gagné de terrain sur nous depuis le traité, et que c'est nous, au contraire, qui nous sommes rapprochés d'elle. Encore quelques efforts, et bientôt tout écart disparaîtra.

Les progrès de l'aisance se sont manifestés aussi par le développement de la consommation, et, conséquemment, par celui de la production du sucre indigène, ainsi que par l'importation des des sucres étrangers et des cafés. La production du sucre indigène qui était en 1857 de 111,000,000 de kilogrammes environ, s'est élevé, en 1861, à 140,903,000, en 1865, à 209,648,000, en 1866, à 246,806,000, en 1870, à 277,731,000, en 1873, à 415,727,000 ; elle a donc presque triplé en 13 ans.

La consommation de la viande s'est accrue également dans des proportions très-considérables. Aujourd'hui, l'usage de la viande, comme celui du sucre et du café, est devenu commun à presque toute la population, dont le bien-être s'est sensiblement amélioré.

Aussi, le Trésor lui-même n'a-t-il rien perdu à l'abaissement des droits, car l'accroissement de la consommation en a compensé largement la diminution. Sur les sucres, par exemple, la perception, qui était de 43,901,000 francs en 1857, s'est élevée en 1866 à 55,108,000 francs.

Mais la branche de notre production nationale qui a le plus profité des traités, c'est notre agriculture. On sait que l'agriculture occupe en France les 2|3 environ des bras; tandis, en effet, que la population industrielle comprend au plus 11,000,000 de personnes, la population agricole s'élève à près de 20,000,000. Peu de pays sont aussi propices à la culture des céréales que le nôtre. Quant à nos vins, ils sont les premiers du monde; ni l'Allemagne avec ses vins du Rhin, ni l'Italie avec ses vins de Sicile, ni même l'Espagne, ne peuvent rivaliser avec la France sous ce rapport. La supériorité de nos crûs du Bordelais et de la Bourgogne est universellement reconnue.

Notre admirable situation géographique, notre réseau de chemins de fer, qui s'étend tous les jours, nous permettent même de tirer un avantageux parti de tous nos produits de ferme, et l'exportation de nos beurres, de nos fruits, de nos œufs, de nos volailles, etc., est devenue pour nos agriculteurs une source de profits considérables. En supposant même que les traités aient été défavorables à l'industrie nationale, les avantages qu'ils ont procurés à l'agriculture seraient suffisants pour les faire maintenir.

Aucune des craintes que ces traités avaient fait naître pour l'avenir de cette branche de produc-tion ne s'est réalisée. Ainsi, on croyait que la suppression de l'échelle mobile lui porterait un préjudice sérieux et que le prix des grains ne serait plus suffisamment rémunérateur; on pensait qu'à l'égard de ce produit, l'intérêt de l'agriculteur serait sacrifié à celui du consommateur.

Il n'en a rien été. Tout ce que la liberté a fait, a été d'entretenir constamment l'abondance sur nos marchés et d'empêcher qu'à l'avenir nos prix ne s'élèvent à des taux exorbitants; elle a eu pour effet d'assurer le maintien des cours moyens. Dans certains pays de production, à Odessa, par exemple, le prix des grains n'est guère que de la moitié des prix du blé en France. Mais les transports, les bénéfices du commerce doublent et au-delà ce prix, et la qualité est bien inférieure. Aussi, dans les bonnes années et dans les années moyennes, le cours du blé sur nos marchés a-t-il été supérieur ou tout au moins égal à celui qu'il avait avant les traités. Ainsi, en 1863, les cours des céréales avaient un moment fléchi par suite de l'abondance de la récolte. Mais, ils se sont relevés vers la fin de l'année, grâce à une forte exportation pour l'Angleterre. C'est, en effet, le grand avantage de la liberté de faire cesser l'encombrement, comme de remédier à la disette. Avant 1861, l'influence d'une bonne ou d'une mauvaise récolte se faisait sentir pendant plusieurs années. Les bonnes récoltes laissaient après elle un stock considérable qui dépréciait les récoltes des années suivantes. Le fait contraire se produisait après une mauvaise récolte. Aujourd'hui, il n'en est plus ainsi : le mouvement commercial fait disparaître l'excédant ou comble le déficit dès qu'il se produisent. Les crises alimentaires ont été ainsi atténuées dans une large mesure. Le prix du froment a oscillé entre 25 francs le quintal, qui a été le cours de 1863, et 35 francs, qui a été le cours de 1861. Ces deux années ont vu la plus grande disette et la plus grande abondance que nous ayons eues depuis le traité. En 1861, l'importation a été d'environ 16,000,000 d'hectolitres. Elle a été supérieure à celle de 1847, qui avait été de 11,000,000 et à celle de 1856, qui s'était élevé à 9 millions ; et cependant durant ces deux dernières années le prix du blé avait été bien supérieur : il avait dépassé 38 francs l'hectolitre.

En 1872, au contraire, la récolte en céréales avait été exceptionnelle ; aussi notre exportation avait-elle été considérable. Dans le premier semestre de 1873, on avait exporté 1,505,211 quintaux à raison de 33 fr. 50, ce qui était un prix fort rémunérateur. Mais, en 1873, la récolte fut mauvaise et, par suite de l'épuisement de notre stock, une forte importation fut nécessaire. Elle dépassa l'exportation de 4,933,977 quintaux. Grâce à elle, le maximum de la hausse ne dépassa pas 39 fr. 50.

Comme en 1861, le commerce sut mettre à profit les moyens rapides de transport et d'informations que lui fournissaient la vapeur et le télégraphe pour parer au déficit.

Un autre avantage de la liberté a été de permettre l'introduction temporaire de grandes quantités de grains à moudre qui sortent en farines par le Nord, après être rentrés en nature par le Midi. Cela donne lieu à une énorme fabrication qui a attiré à l'intérieur les froments de la Méditerranée accumulés à Marseille. Si le bon marché et la facilité des transports ne se font pas trop attendre, on peut espérer voir la France devenir le marché de céréales le plus important de l'Europe, tout au moins pour les provenances de la mer Noire et de la Méditerranée. En effet, d'une part, la position géographique de la France en fait le plus court chemin pour conduire ces blés en Angleterre et en Belgique, et, de plus, la bonne fabrication de la meunerie française, aidée par le fonctionnement des acquits-à-caution qui affranchissent ces blés du droit insignifiant dont ils sont encore grevés à l'entrée, permet non-seulement d'en faire le transit, mais encore de les moudre à façon pour la réexportation vers les pays consommateurs. Indépendamment des bénéfices du commerce, notre agriculture profite de l'immense quantité des sons et issues restés en France après la réexportation.

En résumé, les producteurs de céréales, depuis

la suppression de l'échelle mobile, vendent moins cher pendant les années de disette, mais ils se dédommagent pendant les années d'abondance. On n'a plus vu dans les prix ces variations énormes qui jetaient une perturbation profonde dans le budget des familles pauvres et qui les réduisaient à la misère L'alimentation publique est devenue plus assurée. En même temps que les nouvelles conditions de l'industrie et de l'outillage mettaient l'ouvrier à l'abri de ces chômages fréquents, qui le privaient de son salaire, la liberté du commerce des grains lui a épargné ces hausses excessives des prix du pain, qui épuisaient son épargne. De cette manière, son existence est devenue moins précaire à tous les points de vue.

Quant au producteur, l'abondance a cessé d'être pour lui un embarras ; l'exportation lui a procuré l'écoulement facile et avantageux des denrées qui l'encombraient naguère. En un mot, la liberté a sauvegardé tous les intérêts et a permis une meilleure utilisation des biens que nous accorde la Providence.

Une autre branche de notre production agricole à laquelle les traités ont été éminemment favorables, c'est la production vinicole. Le vin, nous l'avons déjà dit, est le plus riche produit de la France. La vigne est cultivée dans 79 de nos départements ; elle est la plus grande richesse de notre pays ; elle est, par suite, notre plus grand intérêt.

C'est elle qui rendra toujours le monde entier notre tributaire, car, sur aucun autre point du globe, on ne pourra faire concurrence à ses produits. Il nous importe avant tout que l'usage du vin entre dans les habitudes de tous les peuples, car une fois qu'il y sera entré, il ne pourra plus en sortir. Pour cela, il est indispensable que l'entrée de tous les pays lui soit ouverte ; or, nous ne pouvons l'obtenir qu'en recevant chez nous les produits de ces contrées.

Depuis le traité de commerce, la culture de la vigne a pris en France un immense développement. En 1788, elle n'occupait qu'environ 1,346,000 hectares. Aujourd'hui sa superficie atteint près de 2,500,000 hectares, c'est-à-dire la seizième partie de notre sol cultivable, et plus de la moitié de l'étendue totale des vignes à vin cultivées dans les cinq parties du monde. Sa culture occupe environ 6,000,000 d'habitants. Elle entretient en outre plus de deux millions de fournisseurs d'industriels, de transporteurs et de commerçants. Dans un certain nombre de nos départements, elle s'est élevée au rang d'industrie. Dans celui de l'Hérault, on a vu disparaître les dernières parcelles ensemencées en céréales ; partout on a planté des vignes. Nos envois pour l'Angleterre ont varié du simple au décuple. L'exportation totale de vins français dans ce pays était en 1858 de 571,993 gallons ; en 1868, elle a été de 4,501,931 gallons, soit 8 fois plus considérable. Et cependant, le droit dont nos vins sont frappés en Angleterre, est encore très-élevé ; il est de plus de 27 francs par hectolitre. C'est ce qui fait obstacle à l'exportation de nos petits vins, qui n'ont pas été appréciés par nos voisins d'outre-Manche. Il est vrai qu'ils ont pris le chemin de la Suisse, où ils ne paient que 3 francs de droit d'entrée et de l'Italie, où ils sont reçus moyennant 6 francs environ. Ils ont été utilisés, de plus, pour les coupages et ils ont remplacé, dans la consommation nationale, les vins de qualité supérieure expédiés en Angleterre. L'exportation vignicole a été ainsi une source abondante de richesses pour une grande partie de nos populations rurales. Quelques parcelles de vignes sont devenues dans certains pays un véritable patrimoine, dont les propriétaires peuvent vivre dans l'aisance. Le développement du commerce des vins, en augmentant le bien-être d'une partie de notre population, a ouvert ainsi des débouchés importants aux autres produits de notre sol et de notre industrie, et il n'a pas été étranger à cet accroissement de la consommation, qui a été le fait caractéristique des quatorze dernières années.

En ce qui concerne les produits de ferme, notre agriculture n'a eu également qu'à se louer des résultats de la nouvelle législation économique. Les départements du Nord, du Pas-de-Calais, de l'Aisne, de la Somme, ont trouvé en Angleterre d'importants débouchés pour ces sortes de produits. Les ports de Boulogne et de Dunkerque expédient chaque jour des œufs, du beurre, des légumes, des fruits, des volailles, du gibier, à destination de la Grande-Bretagne. Sur tout le littoral et même vers le centre, notre agriculture produit de plus en plus pour cette exportation.

Une chose digne de remarque, c'est que l'exportation de toutes ces diverses denrées n'influe pas sensiblement sur les prix, ce qui prouve que la production augmente presque en raison directe de la consommation. Ainsi, en 1850, la valeur des œufs exportés n'était que de 6,000,000 de francs; en 1865, elle s'est élevée à 37,048,000 francs. Dans la même période, celle du beurre s'est accrue de 3,100,000 fr. à 55,667,000 fr. Et cependant, le prix de ces produits est resté presque stationnaire sur nos marchés intérieurs. C'est qu'antérieurement à l'ouverture de ces débouchés, notre agriculture négligeait presque complétement cette production, qui ne devient rémunératrice qu'à la condition d'être faite sur une large échelle. Elle ne donnait lieu qu'à un commerce local excessivement limité. La consommation se faisait sur place, et la vente dédommageait à peine des frais de culture.

Le même phénomène s'est produit pour la fabrication du sucre indigène. Grâce à l'abondance, des betteraves, une production presque doublée n'a pas affecté considérablement la valeur de cette denrée. Là encore, le développement de la production ne rencontrait d'autre obstacle que l'insuffisance des débouchés. De pareils faits condamnent mieux que ne pourrait le faire aucun raisonnement, le régime si faussement appelé protecteur. Il élevait une barrière insurmontable devant le progrès du bien-être; il frappait de stérilité une grande partie de nos richesses, et il en tarissait la source.

Une seule production s'est montrée jusqu'à ce jour insuffisante. C'est celle de la viande. Elle ne s'est pas maintenue au niveau des besoins. Mais, il y a tout lieu d'espérer qu'au moyen de prairies artificielles, et qu'en utilisant mieux les cours d'eau, notre agriculture saura se mettre à la hauteur des exigences croissantes de la consommation.

En résumé, au point de vue de l'agriculture, l'expérience a démontré d'une manière décisive les avantages immenses du nouveau régime économique. L'agriculture est improtégeable par sa nature, et elle ne peut être que contrariée par la protection accordée soit à elle-même, soit aux autres industries. L'inépuisable fécondité de notre sol, la variété de ses produits dont les principaux n'ont pas de similaires dans le monde, font de la liberté la condition de tous nos progrès agricoles. Elle seule peut mettre en valeur toutes nos richesses et développer notre prospérité.

En regard de tous les avantages que le nouveau régime économique nous a procurés, je ne méconnais pas qu'il a causé quelques souffrances.

Toutes les plaintes qu'ils a soulevées ne sont pas dénuées de fondement. Beaucoup d'industries ont eu à souffrir par suite des dépenses considérables et inattendues qu'il leur a fallu faire pour la transformation rapide de l'outillage et des relations commerciales. A des locaux insuffisants, le plus souvent privés d'air et de lumière, il leur a fallu substituer des ateliers vastes, aérés, salubres. Pour cela, elles ont dû reconstruire leurs usines. Elles ont dû aussi accroître leurs approvisionnements et leur personnel.

D'autre part, les différences qui se sont produites entre le gain passé et le gain actuel les ont obligées à atteindre un chiffre d'affaires bien supérieur pour pouvoir réaliser les mêmes profits qu'auparavant. Elles ont dû changer complétement d'allure. Mais comme tout le monde n'a pas pu se procurer les capitaux nécessaires pour de telles transformations, il en est résulté des ruines et des malaises profonds.

Quelques industries ont même subi de véritables désastres. Je citerai comme exemple l'industrie du fer au bois. Nous avons en France trois sortes de hauts-fourneaux : ceux au bois, ceux à la houille et ceux qui emploient simultanément le bois et la houille. Sur 330 fourneaux au bois, plus de la moitié ont été éteints, et, sur 87 qui employaient le bois et la houille, le tiers environ a péri. Il est vrai que le nombre des hauts-fourneaux à la houille a augmenté.

Mais les souffrances de l'industrie des fers au bois ne tiennent pas uniquement aux traités de commerce. Elles ont surtout pour cause la découverte du procédé Bessemer, qui permet de faire de l'acier avec du fer à la houille de seconde qualité. L'industrie du fer au bois est devenue presque inutile.

L'industrie du fer à la houille a souffert de son côté de la suppression des prohibitions. Nos maîtres des forges supportent péniblement la concurrence. Cela est assurément fâcheux; mais le fer est un instrument si nécessaire à la pratique de tous les arts, qu'il vaudrait mieux sacrifier la production nationale plutôt que d'imposer des entraves à l'importation de ce précieux métal.

Macaulay a dit qu'on pouvait mesurer le rang d'une nation à la quantité de fer qu'elle consomme. Or, nous consommons deux fois moins de fer qu'en Belgique, et quatre fois moins qu'en Angleterre; nous ne pouvons donc accueillir les plaintes d'une industrie dont les prétentions sont contraires à l'intéret général et au développement de toutes les autres. En rétablissant les prohibitions qui protégeaient la métallurgie, on élèverait le prix de l'outillage et on placerait notre industrie et notre agriculture dans des conditions de concurrence très-défavorables avec les autres pays.

Il en est de la houille comme du fer : il importe avant tout de s'en procurer au meilleur marché possible et en abondance ; ce sont des denrées de première nécessité aussi bien que le blé. Elles alimentent toutes les autres industries. On redoutait beaucoup pour nos mines de houille les effets du nouveau régime. La houille coûte plus cher en France qu'en Angleterre ou qu'en Belgique. C'est même là une cause d'infériorité très-réelle pour notre pays. L'abolition des prohibitions a produit une baisse dans le prix de la houille et, un moment, on a pu craindre que les Compagnies ne fussent obligées de congédier leurs ouvriers ou de travailler à perte. Mais ici encore, le grand développement que les traités de commerce ont donné à la production nous a sauvés. La consommation de la houille a doublé pendant les cinq premières années et a compensé ainsi l'abaissement du prix. En 1859, l'exploitation des mines françaises avait donné 76 millions de quintaux métriques ; en 1865, elle en a fourni 122 millions. Pendant la même période l'importation de houille étrangère n'a augmenté que de 47 0\0. L'accroissement de la production a permis pour cette industrie, comme pour toutes les autres, de se contenter d'un gain beaucoup moins élevé que par le passé. La concurrence étrangère lui a servi ainsi de stimulant utile, mais n'a pas diminué sa prospérité.

Nous avons déjà dit ailleurs à quelles causes tenait le malaise de l'industrie cotonnière. Ce fut d'abord la crise qui suivit la guerre de sécession ;

puis, la révolution qui s'opéra dans l'habillement par la substitution des étoffes de laine aux indiennes. Assurément, les souffrances de cette industrie sont réelles, mais ce n'est pas le libre-échange qui les a occasionnées, et sa suppression ne les amoindrirait pas.

# CHAPITRE VI

## Effets de la liberté du commerce.

### (*Suite*).

---

Les Traités de commerce et la marine marchande. — Plaintes
des armateurs. Situation de la marine avant les traités
de 1866. — La grande et la petite pêche. — Le cabotage.
La navigat.on de concurrence. — Premiers traités avec
l'Angleterre. — Traité du 19 mai 1866. — Ses effets. —
Sommes-nous en décadence? — Témoignage des chiffres.
Griefs des armateurs. — Véritables causes des souffrances de la marine marchande. — Les marines nouvelles. — La marine à voiles et la marine à vapeur. —
Causes de supériorité de cette dernière. — Notre inap-
titude pour le commerce à l'étranger. — Comparaison
avec l'Angleterre. — Projet de loi soumis aux chambres.
Surtaxe d'entrepôt. — Quels seraient ses résultats. —
Primes à la construction et à l'armement. — Les réfor-
mes possibles : patentes; droits de mutation, etc... —
Coup d'œil d'ensemble sur les effets du libre-échange.—
Les vœux du commerce français.

Il nous reste à examiner les effets des traités de
commerce sur une industrie qui constitue une de nos

principales forces nationales : Je veux parler de la marine marchande. Depuis de longues années cette industrie fait entendre des plaintes répétées. Elle se prétend en détresse, elle dit qu'elle va périr si l'on ne vient pas à son aide et, par la voix de ses armateurs et constructeurs, elle demande comme compensation de l'abolition des surtaxes de pavillon qu'on élève les surtaxes d'entrepôt et qu'on lui accorde des primes à l'armement et à la construction.

Ces plaintes qui, si elles étaient fondées, nous feraient craindre la ruine prochaine de notre marine, méritent la plus grande attention. Dans une pareille question, il importe de ne point s'attacher à des apparences et de pénétrer, s'il est possible, jusqu'au fond des choses. Nous ne sommes pas de ceux qui disent: Périsse notre marine plutôt que de sacrifier le principe du libre-échange. Les grands intérêts nationaux doivent passer avant le triomphe d'une théorie. Aussi serions-nous disposés à faire toutes les concessions de principe s'il nous était démontré que le salut de notre marine les réclame.

. Mais ces plaintes sont-elles bien fondées ? L'état de malaise de notre marine ne tient-il pas à d'autres causes que les traités de commerce et n'est-ce pas à tort qu'on incrimine les traités à propos de souffrances que nous ne méconnaissons pas, mais auxquelles ils sont étrangers ?

Pour répondre à ces questions, nous allons examiner, en premier lieu, quelle était la situation de notre marine avant les traités de 1866 qui ont aboli la surtaxe de pavillon.

En second lieu, nous examinerons sa situation depuis les traités; nous verrons si elle est véritablement en décadence ou si, au contraire, elle ne traverse pas une de ces crises d'où elle sortira fortifiée après avoir subi une transformation nécessaire. Nous indiquerons enfin les réformes qui nous paraissent de nature à améliorer sa condition.

Nous ne nous occuperons bien entendu, dans cette étude, que de la navigation de concurrence, la seule que notre régime économique international intéresse. La petite pêche, en effet, est réservée. C'est le patrimoine de nos marins. D'ailleurs, elle est prospère : En 1857, elle occupait 7,186 bateaux d'une jauge de 50,000 tonneaux, montés par 31,800 marins; en 1870, le nombre des bateaux s'est élevé à 9,100 d'une jauge totale de 90,000 tonneaux et celui des équipages à 43,600 marins.

La grande pêche jouit, elle aussi, d'un régime de protection. Elle touche, chaque année, plus de 4 millions de primes. De plus, la morue étrangère est assujettie à des droits supérieurs à sa valeur. Il est vrai que malgré cette subvention importante et cette protection exorbitante, qui a pour effet de restreindre la consommation d'une denrée alimentaire estimée de nos populations industrielles et agricoles, la grande pêche ne se développe pas. Depuis longtemps elle est stationnaire et depuis quelques années elle semble en décadence. De 1857 à 1866, son tonnage s'est élevé à 141,085 tonneaux. De 1867 à 1876 il n'a atteint que 129,238 tonneaux. Un pareil fait ne démontre-il pas mieux que tous les raisonnements l'inefficacité de la protection pour développer les industries? Le plus sûr moyen d'encourager notre grande pêche, serait certainement d'étendre la consommation de la morue en supprimant l'énorme taxe dont cette denrée est surchargée.

Le cabotage ou navigation de port à port est, lui aussi, exclusivement réservé au pavillon français : Il emploie 260 navires jaugeant 117,000 tonneaux. Il fait entendre depuis longtemps des plaintes et sa situation n'est pas prospère. Mais les traités de commerce sont étrangers à ses souffrances, comme ils le sont à celles de notre marine de grande pêche subventionnée et protégée.

Les traités n'ont pu avoir d'influence que sur notre navigation de concurrence. Aussi est-ce de celle-là que nous devons nous occuper exclusivement.

Les premiers traités avec l'Angleterre n'avaient pas touché à notre marine. L'article 3 du traité du 23 janvier 1860 avait expressément réservé à la France le droit de traiter son pavillon maritime comme elle l'entendrait.

A cette époque, notre marine était protégée :

1º Par le pacte colonial qui ne permettait pas aux

colonies de vendre et d'acheter ailleurs qu'en France et de transporter autrement que par des navires Français.

2º Par les surtaxes de droits de douane imposées aux pavillons étrangers, et qui étaient plus ou moins élevées, suivant que ces navires venaient d'.en deça ou d'au-delà des caps Horn et de Bonne-Espérance.

3º Par les droits de navigation qui étaient de 3 fr. 60 pour le pavillon tiers et de 1 fr. 20 pour les navires français par tonneau de jauge.

4º Par le régime des surtaxes d'entrepôt qui frappent d'un supplément de droits les marchandises qui, au lieu de venir directement des pays d'origine en France, sont importées des entrepôts d'Europe.

Tout ce régime a été, en grande partie, aboli au mois de novembre 1860 par une annexe aux traités de janvier; on commença par supprimer les surtaxes d'entrepôt sur certains articles et à les abaisser sur d'autres.

Le traité de 1861 avec la Belgique stipula que les matières premières, telles que les cotons, les laines, les jutes, etc., qui seraient importés en Belgique et en France pourraient entrer librement dans les deux pays, à la condition de passer par les frontières de terre. C'était placer les marchandises qui débarquent dans les ports de la Belgique dans la même condition que celles qui sont importées par les ports francais.

L'Angleterre demanda et obtint un traitement égal à celui qui avait été accordé à la Belgique pour les matières premières. C'est à partir de cette époque que notre marine entra sérieusement en concurrence avec la marine britannique et que les entrepôts de Liverpool et de Londres commencèrent à nous expédier des quantités de marchandises qu'on peut évaluer à environ 150,000 tonnes par an.

Le traité du 19 mai 1866 supprima d'une manière absolue les surtaxes de pavillon. Les surtaxes d'entrepôt furent maintenues mais avec des exceptions et des abaissements tels que sur la plupart des articles on peut les considérer comme abolies. Le coton, les laines, les cafés, les épices.en sont affranchis complètement.

Peut-on dire que depuis qu'elle est ainsi soumise au régime de la libre concurrence notre marine est en décadence ? Beaucoup de personnes le prétendent. Elles vont même jusqu'à soutenir que si la protection de l'Etat ne lui est pas restituée sous la forme de surtaxes ou de primes, elle périra dans un temps prochain.

Les chiffres ne sont guère d'accord avec ces sombres prédictions. Loin d'accuser une décadence, ils semblent, au contraire, indiquer un progrès. Jamais, en effet, à aucune époque, dans la navigation de concurrence du commerce français, le mouvement de notre pavillon n'avait atteint un chiffre aussi élevé. En 1861, notre part dans ce mouvement était de 2,241,000 tonneaux ; en 1874, elle a été de 3,385,000. Dans cette période de treize annés elle s'est accrue, par conséquent, de 1,144,000 tonneaux.

Le nombre des marins est, lui aussi, un peu supérieur à celui de 1860. A cette époque, il était de 150,826; en 1874, il était de 151,586. Sur ce nombre, la navigation au long cours occupait 23,106 marins; en 1860 elle en occupait 24,394. Cette légère différence n'a rien d'alarmant si l'on tient compte de ce fait que les navires à vapeur dont le nombre s'est beaucoup accru durant ces treize années, emploient beaucoup moins de matelots que la marine à voiles.

Quoiqu'il en soit, est-il possible de fournir de pareils chiffres comme une preuve de la décadence de notre marine? D'après les armateurs, ces chiffres n'auraient rien de concluant et c'est à tort qu'on y chercherait une réponse à leurs assertions relatives aux souffrances de la marine. Ils font remarquer que pendant la même période de treize années le commerce général de la France s'est élevé de 5,341,000,000 fr. à 9,124,000,000 fr., c'est-à-dire qu'il a presque doublé. Notre mouvement maritime est loin d'avoir suivi la même progression et la part de notre pavillon qui était en 1861 de 33 0\0, n'était plus en 1874 que de 29 0\0.

Ne pourrait-on pas leur objecter que ce fait du développement du commerce général dont ils tirent ainsi argument contre le nouveau régime économique a pour cause le libre-échange lui-même et que ce n'est point en lui portant atteinte qu'on augmenterait le profit que la marine marchande peut en retirer.

Sans doute le progrès que nous avons fait est moindre que celui de nos concurrents, mais il n'en est pas moins incontestable. Il a été de 50 0[0 de 1861 à 1874. Est-il sérieux de dire qu'on marche à la ruine parce qu'on ne fait pas des bénéfices aussi élevés que certains de ses voisins?

Les armateurs font remarquer aussi que ce développement de notre marine durant les treize années qui ont suivi les traités a été inférieur au développement qui s'était produit dans les périodes antérieures de même durée. Ainsi de 1847 à 1860 la part de notre pavillon s'est élevée de 1,048,000 tonneaux à 2,294,000 tonneaux, soit de 119 0[0. Dans la période de 1861 à 1874, elle s'est accrue de 50 0[0 seulement et dans ce chiffre les lignes subventionnées figurent pour 937,400 tonneaux. Avant 1860, dit-on encore, la France occupait le deuxième rang dans la navigation de concurrence, tandis qu'aujourd'hui elle est descendue au sixième, après l'Angleterre, les Etats-Unis, la Suède et Norwège, l'Italie et l'Allemagne.

Dans le mouvement général de la navigation de concurrence, notre part, qui était de 41 pour cent en 1865, n'a plus été que de 29 pour cent en 1876, et même de 18 pour cent, si l'on défalque la part afférente à la marine à vapeur subventionnée.

Les constructions navales déclinent : en 1873, elles produisaient 39,000 tonneaux; en 1876, elles n'en ont plus donné que 32,000.

Cette décadence, continuent les partisans de la protection, tient à beaucoup de causes. Elle tient, en premier lieu, à ce que le fret de sortie nous manque. Tandis que l'exportation des produits anglais représente le 60 p. 100 du tonnage des navires qui partent des ports de la Grande-Bretagne, l'exportation de nos produits ne représente que le 25 pour 100 de notre tonnage et même le 20 pour 100 en ce qui concerne la navigation avec les pays hors d'Europe.

La navigation de cabotage qui est restée réservée à notre pavillon souffre elle-même de cette absence de fret par suite de la concurrence des chemins de fer. Les grandes compagnies, au moyen de tarifs dits de détournement et dont les prix sont inférieurs aux frais de revient, ont engagé contre notre marine de cabotage une lutte dont l'État paie les frais, puisqu'il rembourse chaque année à ces compagnies le déficit de leur exploitation en vertu de la garantie d'intérêts.

Le fret de sortie n'est pas le seul qui fasse défaut à notre marine marchande. Par suite de la suppression des surtaxes d'entrepôt, le commerce français trouve avantageux, au lieu de s'approvisionner directement dans les pays de production, de faire

venir les marchandises dont il a besoin, spécialement
les matières premières, des grands entrepôts établis
à l'étranger, notamment de ceux de Londres et de
Liverpool où elles sont apportées par la marine
anglaise.

Nos armateurs se plaignent enfin de la lourdeur
des patentes, qui décourage l'esprit d'association ;
elles s'élèvent, en effet, proportionnellement au
nombre des associés. Ils demandent aussi la suppression ou tout au moins la réduction des droits de
mutation sur les navires; la suppression des droits
de quai, de tonnage, de pilotage pour les vaisseaux
qui rentrent dans les ports d'armement.

Nous ne méconnaissons pas la réalité d'une partie
de ces griefs, notammen¹ de ceux qui sont relatifs
à la concurrence abusive des chemins de fer, aux
patentes et aux droits de toute nature dont est grévée
l'industrie maritime ; mais nous croyons les plaintes des armateurs fort exagérées sous tous les autres
rapports. Dans tous les cas les remèdes qu'ils pro-
posent nous paraissent pires que le mal. Ils impli-
quent en effet, un retour plus ou moins déguisé au
régime protecteur.

Il résulte des chiffres que nous avons indiqués
plus haut, que si notre marine n'est point dans une
situation aussi prospère que la plupart de nos autres
industries, sa décadence est, néanmoins, plutôt
relative qu'absolue : Bien que son tonnage ne se
soit pas accru dans la même proportion que pen-

dant les années qui ont précédé les traités, nous voyons cependant qu'il s'est encore sensiblement augmenté et que s'il ne s'est pas développé aussi largement que notre commerce général, il a néanmoins profité, lui aussi, du grand mouvement d'affaires que le libre échange a entrainé.

Ce développement a rencontré des obstacles dans un certain nombre de causes qui sont étrangères au nouveau régime économique et que nous allons essayer d'indiquer.

C'est d'abord la concurrence de marines nouvelles appartenant à des nations jeunes qui sont venues prendre leur part du trafic général. Nous pouvons citer notamment les États-Unis dont la population s'accroît avec une rapidité extraordinaire et qui prend une place de plus en plus importante dans le monde, l'Italie où la constitution de l'unité a donné un essor prodigieux au commerce et à l'industrie, la Suède et Norwège, dont la population a doublé depuis le commencement du siècle. Toutes ces nations possédent des côtes beaucoup plus étendues que les notres. La misère qui y est grande, du moins en ce qui concerne la Suède et l'Italie, sollicite les habitants à embrasser le rude métier de marin et à chercher dans la navigation les ressources que leur refuse leur pays.

D'ailleurs il n'est pas exact de dire, comme l'ont fait les partisans de la protection, que la France n'occupe plus que le sixième rang au point de vue maritime et qu'elle soit descendue au-dessous de tous les pays que nous venons de citer. Ce n'est là qu'une apparence qui peut tromper seulement les esprits superficiels ou bien ceux qui ont un intérêt à l'être.

Si l'on compare, en effet, le tonnage total de notre flotte avec le tonnage total des flottes étrangères, on trouve qu'il est inférieur à celui des marines anglaise, américaine, suédoise, italienne et allemande. Mais une pareille comparaison ne doit être faite qu'en distinguant le tonnage des navires à voiles de celui des navires à vapeur. Un seul navire à vapeur vaut, en effet, trois ou quatre navires à voiles. La plus grande rapidité avec laquelle il effectue ses voyages lui permet de rendre trois ou quatre fois plus de services. C'est certainement là un élément de comparaison dont il importe de tenir compte quand on veut assigner à une marine la place qui lui appartient. Or, la France, qui n'est qu'au sixième rang pour le tonnage total, est au troisième pour le tonnage à vapeur. Nous devons ajouter que la marine à vapeur tendant de plus en plus à se substituer à la marine à voiles, c'est d'après le nombre de ses navires à vapeur qu'il faut surtout apprécier la puissance et l'avenir maritimes d'un pays. Il en est de cette transformation comme de celle de l'outillage pour toutes les autres industries. Elle impose de grands sacrifices, mais ceux qui hésitent à l'opérer se condamnent à être dans un temps plus ou moins prochain supplantés par leurs rivaux.

Cette question de la transformation de la marine est peut-être en ce moment la principale cause de la crise qu'elle traverse. Il est incontestable que depuis quelques années, et même antérieurement aux traités, la marine à voiles est en décadence. De 1870 à 1874 seulement, elle a perdu 78,000 tonneaux; mais pendant le même espace de temps le tonnage de la marine à vapeur s'est augmenté de 43,131 tonneaux. Cet accroissement, en tenant compte des plus grands services que peuvent rendre les navires à vapeur, compense largement la diminution qui s'est produite dans le nombre des voiliers. La loi fatale du progrès condamne, d'ailleurs, ces derniers à disparaître peu à peu pour toute navigation autre que celle de grande et de petite pêche. Le cabotage lui-même est destiné à lui échapper et déjà nous voyons beaucoup de navires à vapeur faire le service des transports entre nos ports.

L'Angleterre a bien vite compris la nécessité d'une transformation de sa marine et elle l'a opérée très promptement. Elle a créé dans toutes les directions des lignes et des services réguliers de steamers. Chez elle aussi on peut signaler depuis vingt ans une diminution considérable dans la construction des voiliers. En 1860 on en a construit la moitié moins qu'en 1840. D'après les états de statistique de ce pays, son effectif de navires à voiles, en 1864, était de 4,930,219 tonneaux; en 1874, il était descendu à 4,108,220 tonneaux. La diminution en dix ans a été de 821,999 tonneaux. Dans la même période, le tonnage des bateaux à vapeur s'est augmenté d'environ 1 million de tonneaux.

Les avantages nombreux qu'offre la navigation-à vapeur sur la navigation à voiles explique suffisamment la décadence de cette dernière.

Nous allons essayer d'indiquer brièvement ces avantages.

A la vérité, la construction d'un steamer revient plus cher que celle d'un voilier: la dépense par tonneau est supérieure d'un tiers environ; mais quand on considère le service ininterrompu et rapide du steamer, la somme énorme de fret sur laquelle il opère, on voit que le capital engagé dans sa construction est relativement insignifiant. De plus, la durée d'un navire à vapeur en fer est beaucoup plus longue que celle d'un voilier. Elle varie de 25 à 28 ans et l'amortissement peut être calculé à 5 et même à 4 1|2 pour 100 par an, tandis que pour les navires à voiles il est de 10 pour 100 pendant les cinq premières années, de 15 pour 100 pour les cinq années suivantes, de 25 pour 100 pour les trois dernières années.

L'entretien du navire à voiles est beaucoup plus coûteux que celui du navire à vapeur. On a calculé qu'en moyenne un navire à voiles se trouvait entiè-

rement reconstruit au bout de 7 à 8 ans. Pour le
navire à vapeur l'entretien est évalué, y compris
les frais de machine, à 6 pour 100 par an.

Aux frais d'amortissement et d'entretien, il convient encore d'ajouter pour la navigation à voiles,
des frais d'assurances beaucoup plus élevés que
pour la navigation à vapeur. En ce qui concerne
notamment. l'assurance des marchandises, elle est
beaucoup plus onéreuse à raison de la durée plus
longue des voyages et des risques plus nombreux
qui en résultent. Lorsqu'il s'agit de marchandises
riches, la différence est importante et est une des
causes pour lesquelles le commerce se sert de préférence de la marine à vapeur.

Un autre avantage des steamers sur les voiliers,
c'est l'économie de personnel qu'ils permettent de
réaliser: tandis, en effet, qu'il faut au moins vingt-
cinq hommes d'équipage pour manœuvrer un voilier de 800 tonneaux, il en faut à peine vingt pour
le steamer du même tonnage. La dépense en ce qui
concerne ce dernier se répartit en outre sur un
beaucoup plus grand nombre d'opérations, puisqu'il
peut faire quatre voyages dans le même temps que
le voilier en fait un seul.

Ainsi que nous le disions plus haut, les navires
à vapeur sont généralement employés par le commerce de préférence aux autres pour le transport
des marchandises de prix. Indépendamment de
l'économie sur l'assurance, ils permettent, grâce

à la rapidité de leur marche, de réaliser aussi
un bénéfice sur l'intérêt des sommes que représentent les marchandises. Le temps passé en mer
est, en effet, perdu pour la vente ; les capitaux se
trouvent momentanément immobilisés et ne rendent aucun profit. Bien plus, le commerçant peut
toujours craindre que, si le voyage dure trop longtemps, le besoin qui avait déterminé l'envoi des
marchandises n'existe plus à leur arrivée et que des
variations de cours considérables en soient la conséquence. Aussi, depuis longtemps la navigation à
vapeur a-t-elle enlevé à sa concurrente le transport
des marchandises de valeur, les seules qui puissent
payer un fret élevé,.et ne lui a-t-elle laissé que les
marchandises encombrantes et de peu de valeur qui,
par leur nature, peuvent supporter des retards d'expédition plus ou moins prolongés. Il arrive même
fréquemment que les steamers, après avoir composé une partie de leur cargaison de marchandises
riches, acceptent pour la compléter des marchandises pauvres à des prix inférieurs à ceux des voiliers et enlèvent ainsi à ces derniers le seul élément
de fret qui leur reste.

Une dernière cause enfin de supériorité de la
marine à vapeur sur la marine à voiles c'est d'avoir
à subir une concurrence beaucoup moindre. Le
steamer, en effet, qui a besoin d'un fret de retour
assuré, évite de parcourir les lignes de navigation
qui sont desservies déjà par un service régulier de

navires à vapeur ; il choisit de préférence celles où aucun service n'existe encore et il s'efforce de s'en emparer exclusivement. Le voilier, au contraire, qui navigue la plupart du temps à l'aventure, qui ne connait ni l'époque de son arrivée à sa destination, ni celle de son retour, ne peut point aspirer à créer un service régulier d'un point à un autre. Aussi est-il souvent obligé d'attendre longtemps avant de pouvoir reprendre la mer et revenir au port d'armement.

Tous les avantages que nous venons de signaler en faveur de la navigation à vapeur, constituent les véritables causes de la décadence de la marine à voiles, la seule qui souffre réellement et qui accuse chaque année une nouvelle diminution de son effectif. Nous croyons qu'aucune protection ne peut porter un remède à ses souffrances et qu'elle est destinée à disparaitre comme les transports par chevaux ont disparu devant les chemins de fer. Elle a fait son temps et ce serait une folie de la part du gouvernement de l'encourager par des secours dans une concurrence impossible.

On ne saurait donc considérer comme un signe de décadence, la diminution qui se produit dans la construction des voiliers. C'est sur le développement de notre flotte à vapeur qu'il convient surtout d'avoir les yeux fixés. Sous ce rapport, on a remarqué avec raison que l'accroissement de notre mouvement maritime était inférieur à l'accroissement du mouvement de notre commerce général. Ce dernier a presque doublé depuis les traités, tandis que notre marine dans la navigation de concurrence a gagné à peine 50 0|0, d'où il semblerait résulter que nous exportons surtout ceux de nos produits que l'étranger vient acheter chez nous, mais que nous n'allons guère les lui vendre nous-même directement. – C'est là, en effet, le principal obstacle qui s'oppose au développement de notre marine. C'est là ce qui constitue la véritable supériorité de la marine anglaise. Sous tous les autres rapports les conditions sont à peu près égales : les frais de construction ne sont pas moins élevés en Angleterre qu'en France ; les navires en fer nous coûtent peut-être un peu plus cher, mais les navires *composites* c'est-à-dire ceux pour la construction desquels on emploie le fer et le bois, nous reviennent à un prix légèrement inférieur ; il en résulte une sorte de compensation. Les salaires de nos marins sont moins élevés que ceux des marins anglais. Le prix du charbon seul crée à notre préjudice une inégalité qui n'a pas une bien grande importance parce que les navires ne font pas tout leur approvisionnement de combustible dans leur port de départ et que dans le cours du voyage, les prix sont les mêmes pour toutes les marines.

. La véritable et unique cause de notre infériorité vient du peu d'importance relative de notre commerce extérieur. Par suite du petit nombre de maisons françaises établies dans les pays d'outre-mer une grande partie de notre propre exportation se fait par navires étrangers. A part nos colonies qui, malgré l'abolition du pacte colonial, ont continué à se servir presque exclusivement du pavillon national, les autres peuples emploient peu nos navires. Ils viennent acheter nos produits, ils nous envoient les leurs, mais ces échanges s'effectuent au moyen de leur propre flotte. Presque tous les commission- naires établis en France sont anglais ou allemands et ils emploient presque exclusivement leur pavil- lon national.

Notre caractère national, les guerres de la révolu- lution et du premier empire, qui nous ont retenus dans notre patrie, nos lois militaires peu favorables à l'expatriation, le régime protecteur qui nous a longtemps isolés au point de vue commercial, toutes ces causes ont contribué à empêcher notre expan- sion au dehors. Un très petit nombre de nos natio- naux se sont établis à l'étranger, où nous ne possé- dons par suite que des relations commerciales très restreintes.

Tandis qu'un courant régulier d'émigration va peu- pler des continents lointains d'Anglais, d'Allemands, d'Italiens, la France réussit avec peine à coloniser des contrées qui sont à sa porte et où flotte son drapeau. L'instabilité de nos gouvernements, trop occupés, d'ailleurs, des questions intérieures, les a empêchés d'apporter aucun esprit de suite dans le

développement de notre influence au dehors. L'initiative iudividuelle a été livrée à elle-même et il
faut convenir qu'elle ne s'est pas toujours exercée
d'une manière profitable à notre prestige et à l'extension de nos relations.

Il en a été tout autrement en Angleterre : on
rencontre ses nationaux partout. Son gouvernement
s'est appliqué, avec une habileté et une persévé-
rance inouïes, à absorber au profit du marché
anglais le commerce du monde entier. Sa flotte
militaire, la plus puissante qu'on vît jamais, est
exclusivement employée à assurer à ses navires
marchands l'accès de toutes les mers et de tous
les ports. Ses forteresses commandent tous les
détroits; son commerce possède des entrepôts sur
tous les points du globe. Nous citerons comme
exemple de son admirable organisation commerciale
son grand établissement de Singapore dans l'archi-
pel Malais. D'une île presque déserte, longue de
de 55 milles et large de quatorze, qui ne produit
rien, mais qui se trouve placée dans une situation
exceptionnelle, l'Angleterre a fait le point où se
concentrent les transactions d'une moitié de l'Asie
avec l'autre moitié et avec l'Europe. Elle en a fait
une sorte de bureau de répartition où elle envoie de
Londres toutes les marchandises destinées à la
la Chine, au Japon, à Java ou à Siam. Une fois
arrivées, ces marchandises sont répandues de ce
centre par 1,279 navires jaugeant 471,000 tonneaux

dans toutes les contrées de l'extrême Orient. A leur tour, celles-ci envoient à Singapore leurs produits variés : l'Inde, du blé, de la gomme et de l'opium; la Chine, de l'or, du thé, du camphre, de l'alun; le Cochinchine, du riz; Manille, du tabac et du sucre; l'Australie du charbon et des chevaux. Nos propres colonies asiatiques sont devenues les tributaires de ce grand marché.

Ce sont, d'ailleurs, les Anglais qui ont initié l'Orient au commerce. Les premiers comptoirs y ont été fondés par leurs nationaux. C'est de Londres que sont venus les premiers produits de l'industrie européenne qu'on y ait vus.

Il en coûte peu à l'Anglais de s'expatrier. Dès que sa flotte militaire ou ses voyageurs lui ont ouvert un pays nouveau, son commerce s'empresse d'y envoyer des représentants. Chez ce peuple admirable, chacun sait que la prospérité et la grandeur de la mère patrie dépendent bien moins de sa puissance militaire que de l'initiative, de l'esprit d'entreprise et de la valeur morale de ses enfants.

Le développement de la marine anglaise a été le fruit de pareils efforts. Grâce à des relations solidement établies sur toute la surface du globe, elle n'a nullement souffert de la concurrence des marines à bon marché de la Suède, de l'Italie et de la Grèce. C'est que, comme l'a très justement fait remarquer la chambre de commerce de Bordeaux, le navire est l'accessoire du fait commercial. Toutes les lignes de navigation qui s'appuient sur des affaires organisées à l'étranger, prospèrent. Celles, au contraire, qui existent pour des contrées ou le commerce national n'a pas de représentants, végètent.

C'est donc du développement du commerce extérieur que dépend la prospérité maritime d'une nation. Si les relations commerciales avec l'étranger ne faisaient pas défaut à la France, notre marine se trouverait dans les mêmes conditions que toutes les autres. Son fret de sortie serait plus considérable et surtout elle en trouverait sur son chemin. La navigation, en effet, est un circuit. Le navire qui n'a pas trouvé un fret suffisant à son point de départ pourra s'en procurer dans le cours de son voyage, s'il possède sur tous les points où il s'arrêtera des relations établies. Ainsi les navires étrangers, ceux qui viennent, par exemple, d'Amérique au Havre et qui n'y trouvent pas de fret de retour, vont en chercher en Angleterre pour retourner en Amérique. Les marines italiennes et suédoises qui ont beaucoup moins de fret de sortie que nous, font de même : Elles s'en procurent dans les ports où elles s'arrêtent.

Rien n'empêche un navire français qui ne trouve pas à l'étranger de fret pour la France, de prendre du fret pour les divers pays où il s'arrêtera et qui nous traitent aussi libéralement que nous les traitons, par exemple pour l'Angleterre. C'est, d'ailleurs, ce quelques armateurs ont compris. Ainsi, une grande partie des navires qui font les transports de Bordeaux au Chili, au Pérou et à la Californie, se chargent très-souvent au retour de marchandises destinées aux ports de la Grande-Bretagne. Cela est contraire à nos traditions, car le régime protecteur avait habitué nos armateurs au rôle aisé de simples transporteurs, exerçant leur industrie dans un champ réservé ; mais leur nouvelle situation leur impose de nouvelles obligations et ils ne doivent reculer devant aucun effort pour prendre leur place dans le concert des marines européennes.

Ils accusent les marines étrangères de drainer au passage une partie du fret qui, suivant eux, devrait rester leur patrimoine exclusif; ils se plaignent que la part du pavillon français ait diminué dans le mouvement maritime du pays. Le même fait s'est produit partout depuis l'assimilation des pavillons. Il a été observé en Angleterre même. Partout les marines nationales ont perdu le monopole exclusif des transports. Seulement la plupart d'entr'elles ont trouvé une compensation à cette perte dans la part qu'elles ont prises dans le mouvement maritime des autres pays.

Nous sommes convaincus qu'à la longue nos armateurs et nos commerçants comprendront la nécessité de ne plus rester isolés et de se mêler davantage à cette vie commune qui s'établit entre toutes les nations. Ce n'est pas le tout que de travailler et de produire, il faut savoir répandre ses produits et en retirer par un échange avantageux le meilleur parti possible. Producteur incomparable, grâce aux qualités de son sol et à son génie national, le Français est inférieur aux autres peuples notamment à l'Anglais et à l'Italien comme commerçant. On a dit qu'il manquait d'initiative. Je crois qu'il manque surtout d'habitudes et de traditions commerciales.

Si le gouvernement tient à intervenir dans ces questions qui ne sont pas de son domaine, il doit s'efforcer surtout d'encourager la création d'établissements français à l'étranger, par exemple en accordant des permis d'expatriation temporaire aux jeunes gens qui désirent se livrer au commerce hors d'Europe, ou dans les colonies françaises. Les services qu'ils rendraient au pays ne seraient pas moins périlleux que le service effectif sous les drapeaux et ils ne contribueraient pas moins à la grandeur et à la prospérité du pays.

Mais le gouvernement doit s'opposer avec énergie au rétablissement de tarifs protecteurs. En ce moment un projet de loi sur la marine marchande est soumis aux Chambres. Il propose l'extension de la surtaxe d'entrepôt, et la création de primes à la construction.

En faveur de la surtaxe d'entrepôt le projet fait valoir des considérations qui ont produit une certaine impression même sur de bons esprits sincèrement attachés à la doctrine du libre-échange.

D'après le projet ces surtaxes n'auraient pour objet que d'encourager la grande navigation, en forçant le commerce français à se créer des relations lointaines et à s'approvisionner aux sources mêmes de la production, au lieu de se faire le client des entrepôts voisins. Il en résulterait des relations agrandies, des comptoirs créés sur tous les points du globe, la conception, le besoin et l'habitude des grandes affaires.

Si les surtaxes d'entrepôts devaient produire de pareils résultats, nous serions les premiers à applaudir au projet de loi. Mais nous croyons que les rédacteurs du projet s'abusent sur l'influence que pourraient exercer ces surtaxes. Elles existent en ce moment sur un certain nombre d'articles, car on sait que la loi du 19 mai 1866 sur la marine marchande ne les a pas abolies. Elle les a maintenues justement en vue de favoriser l'importation directe en France des matières premières venant des pays de production. Elle espérait que cette importation directe profiterait à notre marine; il n'en a rien été. Au lieu d'aller décharger leur cargaison dans les grands entrepôts de Londres ou de Liverpool par exemple, les navires étrangers qui n'ont pas reçu de destination au moment du départ, viennent toucher à Cadix, Belle-Isle ou Falmouth et de là, ils se dirigent sur ceux des ports français

où les marchandises qu'ils transportent sont demandées et où le placement de leur cargaison est
assuré. Grâce à l'assimilation des pavillons, ils
n'ont à payer aucune surtaxe. Il leur suffit de justifier qu'ils viennent bien des lieux de production.
De cette manière ils échappent à la surtaxe d'entrepôt en même temps qu'ils évitent des transits
onéreux. Depuis l'ouverture de la navigation par
l'isthme de Suez tous les navires qui viennent de
l'Orient à quelque marine qu'ils appartiennent, se
rendent presque toujours directement anx lieux de
consommation. Les surtaxes d'entrepôt sont devenues par suite, pour notre industrie, une gêne qui est
sans aucune compensation pour notre marine. Notre
industrie, en effet, n'a intérêt à s'adresser aux entrepôts d'Europe que pour les besoins soudains et
le plus souvent pour de menus articles qu'elle ne
peut recevoir des lieux d'origine par cargaisons
entières. Les surtaxes ont pour effet de lui imposer
une charge qui ne profite à personne.

Il existe encore un autre côté de la question qui
a échappé à l'attention des auteurs du projet de loi.
C'est que, nous aussi, nous possédons des entrepôts
où l'étranger vient s'approvisionner.

Il résulte, en effet, des tableaux relatifs au mouvement commercial de la France, qu'en ce qui concerne les denrées exotiques les plus importantes,
telles que les sucres, les cafés, les cacaos, les poivres, nous exportons dans les divers pays de l'Eu

rope une grande partie de nos importations. Il est à craindre que si nous voulions donner l'exemple de nouvelles rigueurs dans l'application des surtaxes d'entrepôt, les réprésailles auxquelles nous nous exposerions n'aient pour conséquence de nous faire perdre beaucoup plus que nous n'aurions gagné.

Le projet de loi propose encore pour venir en aide à notre marine, l'institution de primes à la construction et à l'armement. Ce serait un retour déguisé au régime de la protection. On remplacerait les surtaxes de pavillon par des subventions.

Nous avons démontré que la prétendue décadence de notre marine n'existait pas en réalité ; qu'au contraire celle-ci s'était sensiblement développée depuis les traités. Il est vrai que ses progrès paraissent insignifiants si on les compare à ceux de la marine anglaise. Mais les causes de notre infériorité vis-à-vis de cette dernière ne sont pas de celles qu'on fait disparaître avec des subventions. Les primes à la construction et à l'armement ne nous donnerons pas cette extension de notre commerce extérieur qui nous fait défaut.

D'ailleurs, ce système n'est pas nouveau. Il a déjà été appliqué à notre marine de grande pêche et cependant celle-ci est restée stationnaire ; elle est demeurée sans élan et sans vie, et on ne peut guère espérer que les primes donneront de meilleurs résultats pour la navigation de concurrence.

Leur institution n'aurait probablement pour effet que de créer au gouvernement des difficultés dans la négociation des traités de commerce avec les nations étrangères. Celles-ci réclameraient vraisemblablement des avantages compensant ceux que les primes assureraient à notre marine. La situation de cette dernière ne se trouverait ainsi pas améliorée, puisqu'elle perdrait l'équivalent des avantages que les primes lui donneraient.

Les auteurs du projet de loi feraient mieux, à notre avis, de s'en tenir à quelques réformes de détail qu'ils indiquent et dont l'expérience a démontré la nécessité.

Notre marine a besoin avant tout d'être dégrevée de cette foule de charges aussi onéreuses qu'injustes qui pèsent sur elle, et d'être placée dans les conditions de toutes les autres industries.

Ainsi la marine est assujettie au paiement de droits de toute espèce qui se chiffrent, pour les grands navires, par des sommes considérables. Depuis longtemps il est question de les supprimer ou tout au moins de les diminuer. Toutes les commissions d'enquête qui se sont succédées depuis 1866 en ont exprimé le vœu. Mais rien n'a été fait encore à cet égard; au contraire, par une inconséquence étrange, le législateur, en même temps qu'il se préoccupait de la protection qu'il devait accorder à la marine, augmentait les charges qui l'écrasent.

Notre industrie maritime éprouverait certainement une amélioration sensible de sa situation présente dans l'abaissement des patentes qui découragent notamment l'esprit d'association en s'élevant proportionnellement au nombre des associés. Toute participation individuelle dans une opération d'armement est frappée, en effet, d'une patente additionnelle fixée à la moitié de celle de l'armateur titulaire ; de telle sorte que si l'association comprend huit ou dix membres, comme cela arrive souvent, la patente est 4 ou 5 fois plus élevée que lorsqu'il y a un armateur unique.

Un pareil régime fait obstacle surtout au développement de la marine à vapeur, qui, à raison de la mise de fonds considérable qu'elle exige, ne peut grandir qu'au moyen de l'association des capitaux.

Il y aurait lieu de modifier à cet égard notre législation sur les patentes, en même temps que de supprimer certains droits tout à fait exceptionnels, qui grèvent l'industrie maritime. Je veux parler du droit fixe que les armateurs paient pour leurs navires, en outre du droit fixe et du droit proportionnel qu'ils paient sur les locaux qu'ils occupent, comme tous les autres industriels.

Une autre réforme, tout aussi nécessaire, est le retour à la loi du 21 avril 1818, qui soumettait la mutation des navires à un droit fixe de deux francs. Cette loi a été abrogée par celle du 30 janvier 1872 qui les a assujettis au droit *ad valorem* de deux francs quarante centimes. Depuis ce moment les armateurs Français achètent des navires étrangers de préférence aux navires français. Pour les premiers, en effet, ils n'ont à payer qu'un droit de francisation de deux francs par tonneau, soit, pour un navire en fer de mille tonneaux valant huit cent mille francs, une somme de deux mille francs, tandis que le droit *ad valorem*, pour un navire de même nature et de même valeur acheté en France, dépasserait vingt mille francs. La loi de 1872 a, par conséquent, établi une véritable prime au profit du navire étranger. Elle est un obstacle à la transmissibilité des navires français et une gêne pour l'industrie de l'armement.

Indépendamment des deux réformes que nous venons de signaler, il en est quelques autres que le projet de loi indique et auxquelles nous donnons tout notre assentiment.

Il s'agit de modifications à apporter au titre II du *Code de commerce*, de la création d'institutions de crédit destinées à fournir à la marine les capitaux dont elle a besoin, de l'amélioration de l'institution de l'inscription maritime, etc...... Toutes ces réformes de détail amélioreraient, nous n'en doutous pas, la situation de la marine. C'est dans l'affranchissement de ses charges, dans la liberté de plus en plus grande de ses mouvements, qu'elle trouvera le remède à son malaise momentané. Qu'elle accomplisse sa transformation déjà si avancée, qu'elle étende le champ de ses opérations, secondée en cela par une expansion plus grande de notre activité commerciale à l'étranger, et nous sommes convaincus que quelques années ne s'écouleront pas sans qu'elle ait repris, dans le mouvement maritime du monde, la place qui lui appartient. Mais qu'elle n'attende pas sa prospérité d'une protection qui la condamnerait à l'isolement en l'excluant de la navigation internationale et qui lui ferait perdre toutes chances d'avenir.

Nous venons d'examiner successivement la situation de presque toutes les industries que les traités de commerce ont touchées. Il ne nous reste plus qu'à conclure.

En résumé, s'il est vrai de dire que la transition d'un régime à l'autre ne s'est pas opérée sans causer un certain malaise, tout permet d'espérer que les résultats définitifs ne seront désastreux pour aucune branche de notre production nationale. On ne verra succomber que les industries qui ont perdu une partie de leur raison d'être, par suite des progrès de la science ou du bien-être. On peut déplorer le sort des victimes, mais on ne peut regretter le fait en lui-même.

Le libre-échange a montré que toutes les craintes

tes que son application a fait naître étaient vaines.
L'expérience a fait justice de tous les préjugés que
les partisans de la doctrine opposée avaient entre-
tenus si longtemps ; elle a donné complétement
raison aux prévisions de la science. La fameuse
théorie de la balance du commerce est aujourd'hui
abandonnée ; la possession du numéraire n'est plus
regardée comme préférable à celle de tout autre
objet d'échange. On ne fait plus consister, comme
autrefois, l'intérêt commercial d'une nation à vendre beaucoup et à acheter le moins possible. C'est
par l'importance du mouvement général des importations et des exportations qu'on juge maintenant du plus ou moins de richesse d'un pays. Ainsi,
dans la dernière période quinquennale, l'excédant
de nos importations sur nos exportations est loin
d'avoir augmenté dans la proportion de l'accroissement du mouvement de notre commerce. Il a été
en moyenne de deux cent soixante-treize millions.
Ce chiffre n'est guére supérieur à celui qu'on obte-
nait antérieurement à la réforme. Mais on a compris que le numéraire était une marchandise
comme une autre, et qu'il y avait le même inconvénient à en importer des quantités excessives que
s'il s'agissait de tout autre produit. Là, en effet,
où le numéraire surabonde, il s'avilit. L'exemple
de la Prusse vient de le prouver tout récemment.
Les cinq milliards que nous lui avons payés ont
produit chez elle une perturbation profonde. Ils

ont fait hausser le prix de toutes les choses, ainsi que celui salaires, et ils ont placé l'industrie prussienne dans des conditions telles qu'elle ne peut plus aujourd'hui supporter la concurrence de l'industrie étrangère, et qu'elle éprouve la nécessité de se protéger par des tarifs sur ses marchés intérieurs.

Un phénomène analogue s'était produit en Espagne à l'époque où elle importait d'Amérique de grandes quantités d'or. Ainsi que l'a si bien démontré M. Marc Maurel dans le remarquable rapport qui sert de préface à cet ouvrage, ces métaux précieux, acquis sans peine et sans déboursement d'une valeur équivalente de produits nationaux, jetés tout d'un coup sur le marché de la métropole y ont produit une brusque perturbation dans le prix de toutes les choses, à tel point que les détenteurs de l'or durent s'adresser au dehors pour l'acquisition d'une foule d'objets. Aussi l'or émigra-t-il bien vite et un jour, lorsqu'il fut épuisé, le pays se trouva sans or et sans produits. L'Espagne ne s'est jamais relevée des conséquences fatales de sa richesse d'un jour et elle l'a expiée par de nombreuses années de misère, et par une décadence qui semble irrémédiable.

On a compris que la vraie richesse c'est l'abondance des choses utiles, que ces choses consistent en numéraire ou bien en produits quelconques. Cette vérité qui était considéré comme un sophisme

quand Bastiat l'a proclamée pour la première pour
la première fois, est aujourd'hui incontestée. Tout
le monde reconnaît que c'est dans l'abondance de
plus en plus en plus grande des choses que se
trouve la solution des grands problèmes sociaux.
Pour que les avantages autrefois réservés à un
petit nombre de privilégiés, deviennent accessibles
à tous, il faut, en effet, que la société ait une
richesse collective beaucoup plus grande, afin que
la quote-part de chacun soit plus forte.

Ce résultat ne peut-être obtenu qu'en développant la puissance productive du travail sans augmenter néanmoins l'effort physique. L'abondance
de la matière première est la condition essentielle
d'un travail fructueux. Or, il faut bien reconnaître
que l'importation des matières premières a pris
depuis le traité de commerce un développement
inconnu jusque-là, et cela malgré la fermeture
pour nos exportations du marché des Etats-Unis,
par suite de la guerre de la sécession. Des quantités
de produits de plus en plus considérables sont
entrées dans la consommation qui s'est ainsi accrue
dans des proportions très-notables. Les conditions
d'existence de nos populations se sont sensiblement
améliorées.

L'importation d'une grande quantité de numéraire n'aurait certainement pas eu les mêmes
effets; elle n'aurait été que la source de crises
ynancières ruineuses. L'activité des échanges, au

contraire, en mettant à la portée de l'industrie nationale les éléments dont elle avait besoin pour augmenter sa production, a plus fait pour les progrès du bien-être que si nos exportations étaient devenues triples de nos importations. Considérée à ce point de vue, la liberté du commerce a été le couronnement nécessaire de ce grand mouvement de rénovation, dont le perfectionnement des moyens de transport a été le point de départ, et qui s'est continué par l'amélioration des instruments de crédits. Elle a été un des agents qui ont entraîné les sociétés humaines dans cette voie nouvelle, où elles ont rencontré des horizons plus larges et un avenir dont le présent permet déjà de prévoir l'éclat.

La dernière guerre a montré quelle influence le nouveau régime commercial pouvait avoir sur la destinée des peuples. En les tirant de l'isolement où ils étaient autrefois, elle a établi entre eux un lien de solidarité grâce auquel les calamités qui frappent l'un d'entre eux, deviennent moins lourdes parce qu'elles sont partagées dans une certaine mesure par tous les autres. Notre relèvement si rapide après les catastrophes de 1870, est dû en partie à nos relations avec l'étranger. Notre pays ruiné n'offrait plus de débouchés à la production, et notre industrie et notre agriculture auraient langui pendant bien des années si les marchés étrangers ne leur avaient pas été ouverts.

Ce fait a été signalé par un de nos grands industriels, M. Nathalis Rondot, dans un rapport qu'il a présenté à la quatrième section de la commission permanente des valeurs en 1872 :

« Dans notre nation, a-t-il dit, il existe de tels ressorts qu'à peine sortie de la guerre, elle s'est remise au travail avec énergie. Crédit, fabrication, relations, échanges, tout s'est constitué avec une rapidité qu'arrêtait à peine l'insuffisance malheureuse de nos moyens de transport ; un milliard d'effets prorogés ont été payés en 6 mois.

« La vente à l'étranger nous a sauvés : elle a alimenté nos usines ; nos ouvriers lui doivent du travail et la hausse de leurs salaires, nos cultivateurs la hausse de leurs laines et de leurs denrées. Elle nous a permis de rétablir promptement de fait notre circulation métallique. Cet élan a été d'une ardeur qu'on n'avait jamais connue ; il n'a été ni réfléchi, ni éphémère, il s'est soutenu avec fermeté et il a déterminé cette longue période de hausse du prix des matières premières et des façons.

« Le profit a-t-il été au bout de toutes ces affaires ? Non, mais toutes ces affaires, même les moins heureuses, ont eu leur utilité, et nous osons le dire, leur honneur.

« Chaque industrie avait une situation différente. Ici les magasins étaient encombrés et les ressources épuisées, il fallait vendre, même au prix de sacrifices, pour refaire le capital, redonner au crédit son élasticité, reprendre la fabrication lucrative. Là,

le prix des fils et des tissus n'était pas en rapport
avec le prix de la matière première, et, se contentant du bénéfice le plus modique, quelquefois du
prix de revient, on écoulait néanmoins pour entretenir l'activité dans les ateliers, et reprendre pied
sur les marchés étrangers. Ce n'est pas sans en
recevoir une profonde atteinte que, durant dix mois,
la vie industrielle et commerciale d'un pays est
pour ainsi dire suspendue. Nos rivaux s'efforçaient
de prendre partout notre place.

« Nous avions transformé nos industries et monté
des usines qui marchent de pair avec celles de
l'Angleterre. Mais, voici qu'au jour où les obstacles
sont plus grands et la rivalité plus rudes, nos produits sont renchéris par les impôts et l'augmentation des salaires. »

Sans les traités de commerce, cette résurrection
de notre industrie n'aurait certainement pas pu se
produire ; les capitaux n'auraient pas pu se renouveler, les magasins n'auraient pas pu se vider, le
travail n'aurait pas pu reprendre. C'eût été la ruine
pour nos fabricants et nos capitalistes, et une misère affreuse pour nos populations ouvrières. La
crise industrielle et les chômages auraient achevé
la perte de notre malheureux pays. Au lieu de
cela, la perturbation a été générale sur tous les
marchés du monde, mais ses effets ont été d'autant moins désastreux qu'ils se sont fait sentir sur
un champ plus vaste.

Aujourd'hui l'expérience est faite. Tous les esprits, que n'aveuglent point le parti pris ou un intérêt personnel, reconnaissent les bienfaits de la liberté du commerce.

Le gouvernement vient d'ouvrir une grande enquête sur la question de savoir s'il y a lieu de renouveler les traités que la France a conclus avec les principaux Etats de l'Europe et qui expireront en 1877. Toutes les chambres de commerce ont été appelées à examiner s'il convenait que nous reprenions la liberté de nos tarifs, ou s'il était préférable, au contraire, de se lier avec les autres pays par des traités nouveaux. On leur a demandé de faire connaître quelles pouvaient être les meilleures bases de tarifications, et s'il serait possible d'obtenir, par une augmentation des droits de douane, des ressources permettant de diminuer quelquesuns des impôts qui actuellement font supporter au commerce et à l'industrie de lourdes charges.

Plusieurs Chambres de commerce, et les plus importantes ont déjà fait connaître leur avis. Sauf une seule exception, les vœux en faveur de la liberté commerciale ont été unanimes. Celles de Lyon, de Bordeaux, de Marseille, de Nimes, de Montpellier, de Reims, de Sédan, etc., ont affirmé hautement leur conviction libre-échangiste. Celle de Rouen seulement est restée attachée au régime protecteur. Toutes les autres ont même demandé qu'il fut fait un nouveau pas dans la voie libérale,

et que des modérations de droits et des adoucisse-
ments fussent introduits dans les réglements en
vigueur. La Chambre de commerce de Honfleur a
appelé l'attention du gouvernement sur l'élévation
du tarif appliqué en Angleterre à nos viandes de
boucherie. Celles de Cette et de Montpellier ont
signalé l'inégalité qui existe à l'égard de nos vins
dans le traité avec l'Italie. Lyon demande l'uniformité du régime douanier et des traités de commerce.
Bordeaux désire qu'on persiste dans la voie ouverte
par le traité avec la Russie. La France n'a pas craint
d'accorder à la Russie certains avantages sans exiger
de réciprocité. Les négociants Russes, satisfaits de
leur chiffre de vente, chercheront à réaliser de
nouveaux bénéfices, en prenant les articles français;
à partir de ce moment, ils plaideront nécessairement pour un abaissement de droits en Russie.

La Chambre de commerce de Grenoble a constaté que l'essor rapide donné à l'industrie gantière
est contemporain de la liberté commerciale. Aujour-
d'hui, Grenoble exporte pour 30 millions de gants
en Angleterre, aux États-Unis, en Australie.

Toutes les Chambres de commerce consultées
repoussent énergiquement tout impôt qui frappe-
rait les marchandises importées en France. Celle de
Bordeaux fait remarquer avec raison qu'on ne se
procurerait des sommes un peu considérables qu'en
taxant les matières brutes, car nos importations de
produits manufacturés ne donnant qu'un rende-

ment fiscal assez modique, une augmentation de droits à moins d'être très-forte et par conséquent prohibitive, ne fournirait que des surcroîts de revenus insuffisants. Nous importons, il est vrai, de grandes quatités de matières brutes, mais ces matières sont les aliments de nos fabriques, et il convient bien plutôt de les attirer de plus en plus sur nos marchés que de les repousser en les rendant plus chères.

Le vœu général du commerce français, parlant par la voix de ses représentants les plus autorisés, est que, bien loin de revenir sur les réformes accomplies, le gouvernement saisisse l'occasion du renouvellement des traités pour en réaliser de nouvelles. Il demande notamment l'abaissement des tarifs de chemins de fer, afin de diminuer les frais de transport des marchandises, l'abolition de la loi de 1807 sur l'intérêt de l'argent. Sur ce dernier point, il fait remarquer que le commissionnaire français, qui a des créances à recouvrer sur des débiteurs lointains à l'étranger, ne peut dépasser le taux de 6 pour % pour les sommes remboursables en France. Il en résulte que le débiteur n'est jamais pressé d'acquitter une dette dont l'intérêt ne peut dépasser un taux inférieur quelquefois de moitié à celui qu'il paierait dans son pays.

En résumé, l'enquête à laquelle vient de se livrer et se livre encore le gouvernement, démontre avec éclat la nécessité non-seulement de n'élever aucunes entraves, mais encore de détruire celles qui s'opposent au libre développement des relations commerciales. Le libre-échange sortira donc triomphant et plus fort de la lutte suprême à laquelle il vient de donner lieu. La science l'emportera sur les préjugés et on reconnaîtra que les vérités qu'elle proclame ne sont pas contraires au bien général et au progrès social.

Ainsi se trouveront vérifiées ces paroles que prononçait M. Rouher au Sénat, le 15 janvier 1870: « Le traité de commerce, on l'a bien attaqué, on a jeté sur lui bien des calomnies, on l'a bien dédaigné. Allez, qu'on change, qu'on modifie, qu'on détruise, il n'en restera pas moins comme un grand monument dominant l'espace et le temps, fortifiant l'industrie française, étendant ses ramifications sur notre monde et sur les mondes plus lointains... Le commerce, c'est la grande richesse des peuples. Il a fallu arriver à toutes ces élucubrations pénibles qui ont séparé les nations les unes des autres, il a fallu inventer des tarifications de toutes sortes pour décider que le Français avait moins d'intelligence que le Belge, que le Suisse avait plus de capacité que le Français qu'il n'y avait pas dans chaque nation des forces, des vitalités, des puissances, des grandeurs, des aptitudes égales.... Vous avez douté de Dieu, mais Dieu dans sa grandeur a pu diversifier les aptitudes, il n'a pas constitué des infériorités humaines. »

# CONCLUSION

Nous avons suivi dans toutes ses phases le grand
mouvement qui a amené le triomphe du libre
échange non-seulement en France, mais dans les
principaux états de l'Europe ; nous avons examiné
ses résultats. Suivant les pays où elle s'est impo-
sée, cette grande réforme a revêtu un caractère
démocratique et social plus ou moins accentué. En
Angleterre, par exemple, où elle se liait à la question du bon marché des subsistances, elle a pris
les caractères d'une véritable révolution. Nous
avons parlé des luttes auxquelles elle a donné
lieu. En ouvrant les ports de la Grande-Bretagne
aux produits agricoles des autres contrées plus favorisées, elle a été le triomphe de l'intérêt des
consommateurs, c'est-à-dire du plus grand nombre,
sur l'intérêt de l'aristocratie, qui était propriétaire
eu sol et qui avait le monopôle des subsistances.
Les classes laborieuses lui ont dû une améliora-

tion notable de leur condition. Elle a ouvert, de plus, au commerce anglais des débouchés nouveaux, en développant ses échanges avec les pays d'où il tire les produits dont il a besoin. Elle a modifié enfin l'ancienne politique de l'Angleterre, qui, depuis cette époque, n'a plus fait dépendre seulement de l'accroissement de sa puissance coloniale l'extention de ses relations commerciales. La seule chose à laquelle l'Angleterre tienne désormais, c'est la liberté de ses communications avec toutes les contrées du globe.

En France, où l'on juge les événements beaucoup plus d'après le bruit qu'ils font que d'après leurs résultats pratiques, on en est encore aujourd'hui à discuter l'opportuuité et les effets du libre échange. On n'a pas vu qu'il était la conséquence nécessaire du grand mouvement économique de notre époque et du rapprochement que les moyens nouveaux de communication ont créé entre les peuples. On n'a pas vu qu'il était un des plus puissants agents appelés à procurer aux hommes ce bien dont la possession résoudra tous les problèmes, c'est-à-dire l'abondance des choses.

- Créer l'abondance des choses, c'est-à-dire utiliser pour le plus grand profit des consommateurs, les produits de tous les pays; encourager la production partout où les conditions lui sont favorables, en lui ouvrant des débouchés illimités, n'est-ce pas là le moyen le plus sûr de combattre la

misère et de favoriser le bien-être ! Ce n'est point,
en effet, en réorganisant la société de fond en comble comme le rêvent les socialistes, en troublant
tous les rapports économiques qu'on pourra obtenir ce résultat désirable. Tous les plans imagina-
bles seront impuissants à faire rendre à notre sol
et à nos fabriques un sac de blé, une pièce d'étoffe
de plus, et alors, quelle que soit l'habileté du ré-
partiteur, on ne pourra pas empêcher que bien
des gens manquent encore du nécessaire. La misère
en ce monde, vient moins de ce que quelques-uns
ont trop et les autres pas assez, que de ce que la
quantité des produits n'est pas assez considérable.
Pour suffire à tous les besoins, qu'on crée l'abondance, sans se préoccuper de quelle manière la répartition se fera, qu'on laisse agir à cet égard la
liberté : rien ne se perdra, et chacun finira par
avoir sa part du bien commun. En vain objectera-
t-on que cela ne servira de rien d'augmenter la
quantité des produits, si l'on ne donne pas aux
consommateurs les moyens de les acheter. Qu'on
se rassure, ces moyens d'achat, c'est-à-dire d'é-
change, chaque pays les trouvera bientôt dans sa
production propre, qu'il n'aura qu'à développer du
côté où il trouvera le plus d'avantages, c'est-à-dire
dans les branches où il aura une supériorité reconnue sur les autres. Et cette supériorité, s'il ne l'a
pas encore, il la cherchera, il la créera s'il le faut,
en étudiant plus attentivement les ressources de

son sol et les aptitudes particulières de son peuple; car, pour rappeler un mot que nous citions plus haut, il n'y a pas d'infériorités humaines.

Une émulation féconde fera place ainsi aux rivalités qui divisent les nations ; des liens d'intérêt s'établiront entre elles et feront obstacle aux conflits qui sont encore si fréquents. Le commerce, délivré de toute entrave, s'occupera sans cesse d'élargir le champ de ses opérations. Son initiative augmentera. Les relations de peuple à peuple se multiplieront au grand profit de leurs intérêts respectifs et de la civilisation. On verra se manifester partout plus de hardiesse dans les entreprises, plus de largeur dans les vues. Les nations, comme les hommes ne se développent que par le contact qu'elles ont les unes avec les autres. En échangeant des idées, en s'empruntant des procédes, des méthodes, des institutions, elles avanceront ensemble dans la voie des perfectionnements et des progrès illimités. La science remplacera la routine, les opinions raisonnées les préjugés.

La France a plus besoin qu'aucun autre pays d'échanger des relations avec l'étranger. Nous vivons trop chez nous. Le courant de nos idées ne se renouvelle pas assez fréquemment. Nous nous complaisons trop dans nos souvenirs, dans nos routines et dans nos querelles intestines qui rétrécissent notre esprit et qui entravent l'essor de notre génie national. Nos intérêts se ressentent vivement d'une pareille situation. Il est démontré que les souffrances de notre marine marchande tiennent surtout à ce que nous manquons de relations à l'étranger, à ce que nous ne savons pas être nous-mêmes les marchands de nos propres produits. C'est par des négociants et des commissionnaires étrangers que se fait la plus grande partie de notre exportation. Tandis que l'Angleterre possède partout des entrepôts, que ses nationaux, répandus sur toute la surface du monde, lui créent partout des débouchés, soutiennent son influence, étendent son prestige, la France semble incapable d'expansion au dehors et concentre au dedans de ses frontières toute l'intensité de sa vie sociale.

Que l'esprit des jeunes générations se porte davantage vers les études économiques et géographiques. Ces études développeront en elles l'intelligence de notre époque, de ses besoins, de ses aspirations et des progrès de tout genre qu'elle peut réaliser. De grands événements se produisent tous les jours qui doivent modifier dans un temps donné les conditions d'existence de tous les peuples. Jamais le monde n'a marché plus vite qu'à notre époque. Un mouvement de transformation sans précédents, et dont les résultats sont incalculables, se manifeste partout et agit d'une manière ininterrompue. Il emporte avec lui les anciennes pratiques, les traditions, nos habitudes elles-mêmes. On voit partout des peuples changer d'état et d'institutions, et rompre avec tout leur passé pour adopter des formes qui leur paraissent plus d'accord avec leurs intérêts économiques et avec les nécessités du temps.

C'est sur ces faits si graves qu'il importe de tenir l'attention continuellement éveillée, car ils renfer-ment l'avenir. Notre pays a plus besoin qu'aucun autre, en ce moment, d'une bonne direction écono-mique. Il faut qu'à la faveur d'une politique de paix, à l'intérieur comme à l'extérieur, notre acti-vité nationale, dégagée de toute entrave et de toutes préoccupations, prenne un nouvel essor et montre à l'étranger une expansion plus grande qu'elle ne l'a fait jusqu'ici. Si nous agissons autrement, notre prospérité sera menacée. De graves symptômes nous l'indiquent. Je n'en citerai qu'un : C'est cette surabondance des capitaux que l'épargne accroît sans cesse et qui s'avilissent faute d'emploi. En ce moment, nous les voyons encombrer les caves de la Banque, ou bien se disputer quelques placements qui leur paraissent présenter des garanties excep-tionnelles de sécurité. On dirait que la seule force qui agisse encore chez nous, c'est l'épargne; mais cette force, d'une puissance incomparable quand elle est utilisée, reste stérile quand l'esprit d'entre-prise et le travail ne viennent pas la mettre en œuvre. Aujourd'hui, à la différence de ce qui s'est passé jusqu'ici, le malaise économique se traduit par les hauts cours de la Bourse et l'abondance de l'argent.

Un pareil fait a son importance : il montre à quel point il est nécessaire que le champ des entreprises et du travail national s'agrandisse. Le temps est venu d'étendre, dans des proportions toutes nouvelles, notre action industrielle et commerciale. Pour cela le gouvernement doit se hâter de faire disparaître toutes les charges et toutes les entraves qui gênent encore le développement de notre production, créer de nouvelles voies de communication, abaisser les tarifs des chemins de fer, même au prix de quelques sacrifices momentanés, dégrever la marine marchande des droits de toute nature qui l'écrasent, réduire les impôts de consommation. Notre temps ne comporte plus les petits calculs et les vues étroites : il demande des conceptions larges et des idées nouvelles. Q'on s'inspire de l'expérience à jamais mémorable de Robert Peel : il a enrichi le Trésor anglais en abaissant les Taxes qui pesaient sur les denrées alimentaires. Accroître la production en favorisant la consommation intérieure et extérieure, telle doit être aujourd'hui la principale préoccupation du gouvernement. Ainsi il créera l'abondance, c'est-à-dire le bien-être.

FIN

# TABLE DES MATIÈRES

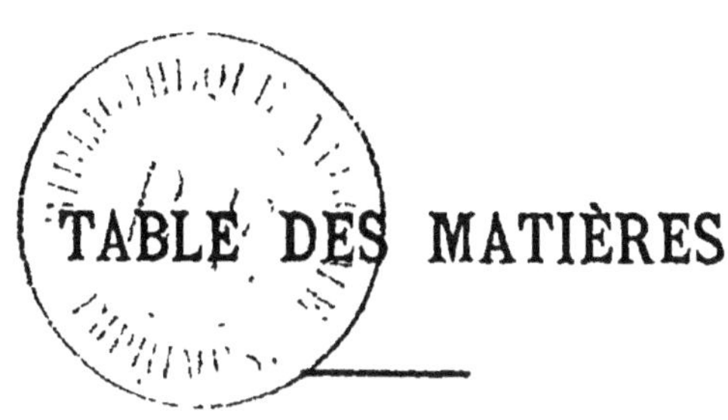



Théorie de Bastiat sur la rente. — Sa comparaison avec les systèmes d'Adam Smith et de Ricardo. — Ses rapports avec l'ensemble de la doctrine de Bastiat. — Conséquence des systèmes opposés.



La Révolution de 1848 et le libre échange. — Influence du *Contrat social* et de l'école Jacobine. — *Omnipotence de la loi* en matière d'organisation sociale. — L'État-providence. — Promesses du gouvernement provisoire. — Les réformateurs Saint-Simon, Fourier, Louis Blanc. — Proudhon et ses théories. — *La Mutualité.* — Bastiat et les nouvelles doctrines. — Ses Pamphlets. — Le Progrès par la Liberté. — Lettre à Richard Cobden. — La *Ruche populaire.* — La brochure *Capital et rente.* — Le journal *la*

# ERRATA

A ia page 294, ligne 8, au lieu de : la navigation à voile explique, etc., lire, la navigation à voile expliquent, etc.

A la page 303, ligne 23, au lieu de : qu'elles ont prises, etc., lire, qu'elles ont prise, etc.